FRANZ WANSCH

WOHNEN PLANEN

FRANZ WANSCH

WOHNEN

PLANEN

Der erfüllte Traum

von den eigenen

vier Wänden

Mit 56 Zeichnungen von Alexander Rendi

VERLAG CHRISTIAN BRANDSTÄTTER

Die Deutsche Bibliothek – CIP-Einheitsaufnahme

Wansch, Franz

Wohnen: Der erfüllte Traum von den eigenen vier Wänden

Wien: Brandstätter, 1995

ISBN 3-85447-616-7

Der Entwurf des Schutzumschlags, die graphische Gestaltung des Werkes sowie die Zeichnungen stammen von Alexander Rendi. Die technische Betreuung besorgte Josef Embacher, das Lektorat Christine Wessely.
Die Satzerstellung erfolgte durch das Studio Lothar Schall, Wien.
Druck und Bindung Wiener Verlag, Himberg bei Wien.

Dieses Buch erscheint mit Unterstützung von
Erwin Berghammer, TEAM 7,
auf Initiative von Erek Stoisser, Tricom Werbegesellschaft.

ISBN 3-85447-616-7
Christian Brandstätter Verlagsgesellschaft m. b. H.
A-1080 Wien, Wickenburggasse 26, Telephon (++43-1) 408 38 14

Inhalt

Zu diesem Buch

Wenn Sie heute, nach einem Ihrer ganz normalen Alltage, heimkommen, ankommen, zu sich kommen, von Ihrer Außen- in Ihre Innenwelt kommen, was bringen Sie dann heim, was soll sich angenommen, aufgenommen, zu Erholung, Entspannung oder zur Lebendigkeit gebracht, wie von selbst verstanden und berücksichtigt fühlen, wenigstens an diesem einen Platz auf der Welt, an dem Sie sich zu Hause, aufgenommen, angekommen fühlen wollen, ganz Sie selbst? - Bitte, werden Sie ganz genau! Wie soll Ihr Körper, wie Ihr Denken, wie Ihr Fühlen sich, ganz speziell für Sie persönlich, ganz in seinem Wohl, ganz in seiner Wonne, ganz in seinem Wohnen fühlen? Wie muß, für Ihre Augen, Ihre Ohren, Ihre Haut, wie muß Ihr Riechen und Schmecken sein, daß Sie sich in Ihrer bestmöglichen Umgebung, daheim nämlich, fühlen dürfen, ganz bei sich selbst. Was muß auf Sie dort warten, wo Sie ganz zu sich zu kommen eingeladen und aufgefordert sind. Das nämlich kann Wohnen sein.

So daß Ihre Erholung bereits beginnt, wenn Sie nur an diesen einen Platz denken, den Sie ganz zu Ihrem Wohl gestalten könnten, wo Erholung Ruhe oder auch Bewegung bedeutet, was eben Ihr Körper im Augenblick, jeder Teil an ihm, nach Ihrem Alltag in Ihrer üblichen Außenwelt von Ihrem Körper, der Sie sind, verlangt. Ruhe für jedes Zuviel, Betätigung für jedes Zuwenig: Welcher Raum in welcher Ausstattung und mit welchen Möbeln in welcher Ordnung? Welche Helligkeit, Wärme, Entfernung? Was bedeutet Ihnen Abgeschlossenheit, für sich sein? Was Zusammenleben und Geselligkeit, Partnerschaft? Sie können, was Sie künftig für Ihr geistiges, ihr seelisches Wohl brauchen werden, schon jetzt planen. Und was wollen Sie, ganz ehrlich, weil Sie sich ja genau kennen, für Ihren Nachwuchs? Und, bitte, sehen Sie nach, wieviel Kraft und Zeit bleibt Ihnen nach der ersten Begeisterung für Ihr Wohnen, Ihr Wonne-haben daheim wirklich, bevor es nichts weiter ist als monotone Hausarbeit? Jetzt, wenn Sie an Veränderung oder Kontrolle Ihres Wohnens denken und noch ein halbes Jahr lang, bevor Sie sich endgültig gewöhnen und danach kaum noch was verändern wollen, haben Sie die Chance, daß alle Dinge so werden, wie Sie Ihrer Lebendigkeit wirklich nützen. Sie können die für Sie richtigen Dinge an den für Sie richtigen Platz stellen. Und Sie können die Menschen, als wichtige Teile Ihres Lebens daheim, genau dorthin planen, wo sie Ihnen guttun, und Ihre Mitbewohner Sie selbst dorthin planen, wo Sie jeder und jedem Ihrer Wohnung nach deren und dessen Planung wirklich gut tun, so daß Sie ganz sicher sein werden, daß Sie willkommen sind. Und möglicherweise müssen Sie, wenn Sie sich abgrenzen können gegen diese anderen Menschen, sich auch nicht von ihnen trennen...

Und diese Planung für Ihr Zusammenleben mit den ihnen zur Zeit wichtigen Menschen und mit ihnen gemeinsam ist wichtig. Heute wichtiger denn je zuvor. Denn, so die Statistik, bereits jede zweite heute geschlossene Ehe wird geschieden, jedes dritte Kind wächst schon „alleine erzogen" heran, immer weniger einmal Verheiratete riskieren eine zweite Ehe und in den Ballungszentren dieser westlichen Welt leben bereits siebzig Prozent der Erwachsenen als Singles, sie trauen sich offenbar das Zusammenleben in diesem Wohnen von heute nicht mehr wirklich zu. Für ihr körperliches, geistiges und fühlendes Leben ist offenbar in jenem Zusammenleben, das dieses Wohnen von heute regelt, alleine besser zu sorgen als in der Familie, entscheiden letztlich die Erwachsenen. Und die Kinder in diesen heute üblichen vier Wänden, die ihre Eltern auseinander trieben?

Was also muß Wohnen, was muß Planung sein?

Von der Hochkultur der Azteken wird berichtet, daß dort zuerst acht Jahre lang Medizin, danach acht Jahre lang Theologie studieren mußte, wer sich danach acht Jahre lang an das Studium der Architektur wagen wollte. Wer für Menschen die räumlichen Voraussetzungen zu deren psychischer und physischer Gesunderhaltung planen und bauen durfte, mußte also zuerst Priester, dann Arzt gewesen sein und danach alles fürs Bauen und Ausstatten und Einrichten gelernt haben. Denn wer für das Wohnen plant, begonnen von der Standortwahl, also der Wohnumgebung und Ver- und Entsorgung angefangen, denkt für körperliche, geistige, soziale und seelische Gesundheit voraus, läßt nichts zwischen seine inzwischen ungeheuer teuer gewordenen vier Wände, nichts unter sein Dach, was Körper, Geist, Seele, die wahrhaftig eingestandenen Sehnsüchte desillusionieren oder frustrieren könnte. Nichts, was den sogenannten guten Willen braucht, nichts Fremdes, Neues also, kein modisches Abenteuer, ausschließlich, was zu den eigenen, in der eigenen Vergangenheit erprobten, reizvollen, interessanten und bewährten Gewohnheiten, zu den bewußtgemachten Anforderungen des Alltags, zu den Hoffnungen für eine eigene bessere Zukunft wie von selbst paßt. Denn die Menschen, auch Sie selbst, sind, wie auch die Dinge, mit denen Sie sich umgeben, unveränderbar. Und welcher Raum, welche Ordnung, welches Ding in seinen Proportionen oder in seinen Materialien, darf von Ihnen ultimativ Veränderung dessen verlangen, was Sie bis heute geworden sind und was jetzt nach Heimat sucht?

So will Sie dieses Buch zu Bewußtheit für jenen Menschen führen, den Sie am besten kennen und für den Sie nun die bestmögliche Heimat suchen, zu Ihnen selbst. Sie werden erleben, wie modern, wie klug und vorbildhaft das Wohnen dieses Menschen ist, wenn Sie nichts tun, als allein auf sich selbst zu achten mit all Ihrer Sinnlichkeit...

Daß dieses Buch mit der Unterstützung von Herrn Erwin Berghammer, Geschäftsführer des international renommierten österreichischen Vollholz-Möbelerzeugers TEAM 7 aus Ried, erscheint und Ihnen angeboten wird, mag all jenen zusätzlich Mut machen, die an ihr Bauen, Renovieren, Ausstatten und Einrichten denken: In der so wichtigen Einrichtungsbranche soll Planung sehr viel mehr werden als ein Abstimmen vorhandener, üblicher, standardisierter Räume auf ebensolche Möbel, als wäre das menschengerechte Wohnen bereits unumkehrbar erfunden: Von nun an könnte Bau- und Wohnplanung dort beginnen, wo sie in einer ständig menschenfeindlicher werdenden Umwelt erlösend wirken müßte, beim Menschen, bei Ihnen selbst ganz persönlich. Mit diesem Buch beginnt der Einzug eines völlig neuen Planens in bisher etwa 350 Möbelfachgeschäfte im deutschsprachigen Raum und in Japan, eines Planens, das von Ihnen ganz persönlich ausgeht, im Erkennen Ihrer Gewohnheiten, Ihrer Ansprüche aus Ihrem Alltagsleben, Ihrer Hoffnungen auf bessere Bedingungen am privaten Schauplatz Ihres Lebens im Zusammenleben mit Menschen und Dingen.

Dr. Franz Wansch
Hamburg, 21. Juni 1995

Den besonderen Reiz dieses Buches machen die 56 Zeichnungen von Alexander Rendi aus. Er hat den Text durchgearbeitet und seinen persönlichen Eindruck zu Papier gebracht.

Wohnen wörtlich

Wohnfühlen – Wohlfühlen

Wie anders als durch Träumen wollen Menschen ihr Traumwohnen kennenlernen? Träumen bedeutet: die Wirklichkeit nur ein kleines Stück verlassen, sich in entspannter Ruhe zurücklehnen, es dem Körper bequem machen, das kritische, zweifelnde Denken behutsam auf später vertrösten, um möglichst ungestört in uns hineinsehen, hineinhören, hineintasten, hineinriechen und hineinschmecken zu können. Es bedeutet, die Sinne, die oft nur auf die Welt draußen gerichtet sind, auf uns selbst neugierig zu machen, für unser Inneres zu sensibilisieren. Dazu dient die folgende Übung.

Den betreffenden Text können Sie – dies gilt auch für viele weitere Übungen – nach der ersten Lektüre langsam selbst auf eine Tonbandkassette sprechen, um sich danach von der eigenen Stimme führen zu lassen. Machen Sie dabei Pausen, damit Sie nachher genug Zeit für eigene Bilder und Assoziationen haben. Legen Sie auch Papier und Schreibzeug bereit, und suchen Sie nun die stillste Stunde Ihres Tages und den stillsten Ort. Lassen Sie sich dort so bequem wie möglich nieder.

Sie schließen die Augen und entspannen sich. Sie stellen sich vor, Sie öffnen eine Tür und betreten einen Raum: Ihr Traumzimmer.
Schon an der Tür empfängt Sie jene Helligkeit, jene Temperatur, jene Farbigkeit, jene Weite, die Sie immer schon erwartet haben. Der Klang im Raum, sein Geruch, wie er Sie nun aufnimmt und schützt, alles entspricht genau Ihren Vorstellungen und Träumen. Hier sind Sie daheim.
Sie stehen einfach da und fühlen und genießen Ihre Empfindungen. Und nun schließen Sie die Tür. Sie fühlen mit Ihren Händen, mit Ihren Fingern, wie sich diese Tür anfaßt, die Sie vor der Außenwelt schützt und die Sie öffnen können, um Ihren Raum auch wieder zu verlassen, sobald Sie das wollen.

Sie wissen, wie Ihre Tür aussieht, die wie für Sie gemacht ist. Sie fühlen ihr Gewicht, wenn sie sich bewegt. Sie erkennen ihr Material, ihre Oberfläche und die Form. Sie tasten und sehen die Tür ganz deutlich.

Und Sie fühlen auch die Wand daneben, die Sie sich nun beschreiben – das Material, die Oberfläche, die Wärme, die Farbigkeit, die Glätte, die Trockenheit.

Sie wenden sich nun langsam dem Raum zu. Sie sehen die Einrichtung Ihres Traumzimmers. Sie zählen sich, Stück für Stück, auf, was Sie sehen. Alles ist genau so, wie Sie es sich wünschen. Sie sehen und fühlen die

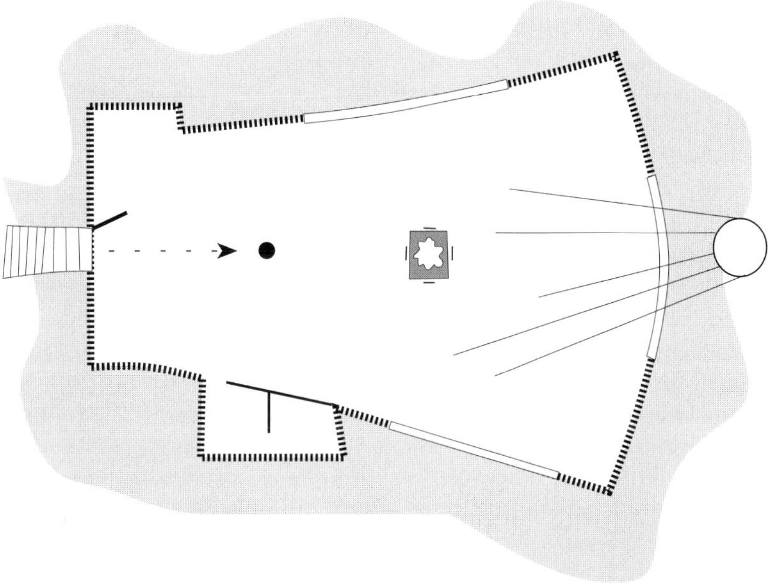

PLAN VON AR

Größe und die Form jedes Gegenstandes und wo er aufgestellt ist. Was Sie sehen, ist Ihnen vertraut. Ihre Hände wissen vom Gewicht, von der Glätte, von der Wärme jedes Gegenstandes. Sie sehen die Farbe, die Helligkeit. Sie erkennen die Materialien und Formen und benennen und beschreiben nun jedes Detail der Einrichtung. Und Sie zeichnen es auf.

Sie wissen, wozu Ihnen jeder Gegenstand in diesem Raum dient. Sie wissen, was jeder Gegenstand für Sie aufbewahrt und bereitstellt.

Und alles, was Sie nun fühlen, stimmt. Alles ist richtig. Sie befinden sich in Ihrem idealen Zimmer, angekommen und daheim.

Ihre Fußsohlen fühlen den Fußboden. Seine Elastizität, seine Farben, seine Griffigkeit, seine Helligkeit, seine Temperatur. Sie gehen in diesen Raum hinein und messen ihn mit Ihren Schritten aus. Sie gehen von der Tür bis zur gegenüberliegenden Wand und zählen die Schritte. Sie fühlen und wissen die Proportionen Ihres Traumzimmers, seine Höhe, seine Breite, seine Tiefe. Sie nennen sich die Maße. Sie sehen, woher das Licht kommt, und beschreiben sich die Lichtquelle. Sie sehen die Fenster und Türen. Sie fühlen und wissen, was sich hinter Ihrem Raum, hinter jeder Wand, hinter jeder Tür und jedem Fenster und was sich über Ihrer Decke und unter Ihrem Fußboden befindet. Alles ist Ihnen vertraut. Hier kennen

Sie sich genau aus. Hier sind Sie wirklich sicher und geborgen und daheim. Alles ist so, wie Sie es sich immer schon gewünscht haben und wie Sie es brauchen. Sie beschreiben sich jedes Detail und öffnen jeden Ihrer Sinne für alles, was Sie fühlen.

So genießen Sie die Wirklichkeit Ihres Traumzimmers, solange Sie wollen. Sie erholen sich dabei und gewinnen Kraft.

Und nun kommen Sie langsam zurück an jenen Ort Ihres Lebens, an dem Sie sich zum Träumen niedergelassen haben.

Sie haben hier sehr entspannt und bei vollem Bewußtsein geträumt. Nun recken Sie Ihren Körper wie nach dem Erwachen.

Wie fühlen Sie sich?

Die meisten Menschen beginnen in dieser Zeit der Erkundungen und Planungen, der Auseinandersetzung mit sich selbst, wenn sie mit dem Wohnen den privatesten Teil ihres Lebens einrichten und dabei möglichst viel richtig machen wollen, so etwas wie ein Tagebuch. In ihm halten sie das Erlebte und ihre Gedanken dazu fest. So entsteht für sie, solange die Erinnerungen an den Aufenthalt noch frisch sind, ein erster, meist sehr genauer Plan einer eigenen kleinen Welt.

Solche Pläne sind allerdings keineswegs in der Fremdsprache der Architektur abgefaßt. Sie beschreiben vor allem die Wirkungen, die die Dinge auf den Menschen ausüben, der sich ihnen aufmerksam zuwendet. Und viele verstehen schon jetzt, daß diese Dinge auch wirken, wenn sie nicht beachtet werden.

Manche Menschen haben anfangs während solcher Entspannungsübungen mit scheinbar unüberwindlichen Widerständen ihres Denkens zu kämpfen. Fast eifersüchtig will es beschäftigt sein und meldet seine Zweifel an. Seine Störversuche sind durchaus normal und klingen am ehesten ab, wenn man es auf später vertröstet, wo es mit Recht seine Fragen und Bedenken äußern darf. Bis dahin aber muß es doch wohl erlaubt sein, seine Rücksichten und Beschränkungen und den Alltag für eine stille Stunde zu verlassen.

Und nun sehen Sie sich um, wo Sie tatsächlich sitzen, um für eine Stunde Ruhe und ungestörte Entspannung zu finden. Mehr Menschen, als man glauben mag, müssen für die knappe Zeit, die sie sich für sich selbst nehmen, den kleinsten Ort ihrer Wohnung aufsuchen, das Örtchen. Und selbst in dieser ungastlichen Zelle lassen ihnen Telefon oder Familie und Alltag kaum jemals ausreichend ungestört Zeit. Diese Störungen aber sind in Phasen der Beschäftigung mit sich selbst so schmerzhaft und erschreckend, daß die meisten Menschen solche Entspannungen schon kaum mehr wagen. Wer sich aber selbst nicht mehr begegnet, wird sich völlig verlieren.

Vielen berufstätigen Frauen bleibt zum ruhigen Nachdenken, zum Durchkauen und Hinunterschlucken dessen, was ihnen der Alltag so hineinstopft, nicht einmal dieser Platz. Sobald sie heimkommen, drängen bereits die Pflichten im Haushalt, dem zweiten Arbeitsplatz in ihrem Leben.

Manche dieser Frauen schließen zu Beginn ihrer Wanderung durch ihr Traumzimmer die Tür von außen und gehen einfach weg, oft mit einem Lachen, das sie noch lange amüsiert. Sie wandern in ihrem Traum über weite Wege durch eine sonderbar friedliche, einsame Welt, bevor sie irgendwo einen Platz für sich finden und dort dem Zimmer ihrer Träume begegnen.

Es gibt scheinbar sehr geheimnisvolle Traumzimmer. Ich erinnere mich an eine Frau, die sich umgeben und eingerahmt von einem strahlenden Rundbogen zwischen Küche und Eßplatz sah. Sie hielt eine dampfende Schüssel in den Händen und kam aus ihrem Traumzimmer, einem Erker ihrer Küche, zu ihrer Familie. Ihr Mann, dem sie davon erzählte, verstand, daß sie sich mit Hilfe des Rundbogens einen Auftritt und damit Beachtung verschaffen wollte, daß sie sich und ihrer Arbeit für die Familie selbst einen Rahmen geben mußte, weil ihre Familie ihr die Anerkennung bisher verweigert hatte.

Eine andere Frau sah in ihrem Traumzimmer eine Badewanne, zu der sie über weiße Marmortreppen hochstieg, nackt, ein Handtuch hinter sich herziehend. Ihr Partner war zur gleichen Zeit in seinem Traumzimmer gewesen und hatte dort die eine Wand, die ihn von ihr trennte, sanft, als wäre sie aus Papier, durchgeschnitten. Er öffnete im Traum, was ihn von ihr trennte, und erkannte, daß er ihr willkommen war. Sie wollte sich zeigen und sehnte sich nach mehr Beachtung. Indirekt, über ihre beiden Träume, gaben sie einander Sehnsucht nach Nähe und Intimität zu. Im Traum fielen Hüllen und Mauern und führten ohne viele Gespräche die beiden dann auch im Leben näher zueinander.

Denn die Partnerschaft ist ein großes, für viele Menschen das größte Wohnproblem, das in diesem Buch aus einer neuen Perspektive betrachtet wird: Es gibt eine Reihe erstaunlicher Parallelen zwischen den Wohnträumen der Menschen!

In der Regel nehmen sich Frauen mehr Zeit als die Männer, bleiben länger konzentriert in ihrer Entspannung und ihren Träumen. Dafür beobachten sie auch genauer und geduldiger und kommen im ganzen Raum herum, den sie sich deshalb auch detaillierter beschreiben. Zentrum dieses Raumes ist meist ein bequemes, zweisitziges Möbel, das diese Frauen als Signal für eine tiefe Sehnsucht nach Zweisamkeit deuten. Mögen sie auch Kinder haben, für die sie hingebungsvoll sorgen, im Traumzimmer haben sie für den Nachwuchs keinen Platz vorgesehen. Nur der Partner ist durch den zweiten, so nahen Sitz zum Verweilen eingeladen.

Männer sehen in ihren Traumzimmern in der Regel nur einen einzigen Sitz, am liebsten einen bequemen Ohrenfauteuil mit Armlehnen, den sie ausschließlich allein benutzen wollen. Er signalisiert ihnen ihr Ruhebedürfnis. Auch wenn sie kaum lesen, wollen sie doch Bücher um sich herum, für später, wie sie sagen, wenn sie irgendwann einmal Zeit für sich selbst haben. Hier wird deutlich, wie wenig Heimat auch sie bisher gefunden haben.

Und schließlich planen auch Kinder ihr Traumzimmer fast ausschließlich für sich selbst. So abenteuerlich ihre kleinen Welten auch aussehen mögen, die sie sich erträumen, und so rasch ihre kleinen Bühnenbilder für ersehnte Abenteuer auch wechseln, weil Kinder ihren Standort und ihre Rolle darin im Spiel erst suchen und erproben müssen, so ist dort doch nur selten Platz für ein weiteres Lebewesen vorgesehen.

Damit aber erscheint Wohnpartnerschaft in einem völlig neuen Licht: Wer nach seinen persönlichen Wohnträumen, nach den Voraussetzungen für sein Wohlfühlen gefragt wird, steckt vor allem sein Revier gegen die Mitbewohner ab und regelt das Zusammenleben durch Mauern und Möbel. Von der Respektierung dieser Grenzen hängt Ihr Wohnglück ab.

Wohn-Gewohnheiten

Auch für die folgende Übung brauchen Sie wieder Papier und Zeichenstift und eine ruhige Stunde Zeit an einem ungestörten Ort, an dem Sie sich bequem niederlassen und entspannen können.

Schließen Sie die Augen, und erinnern Sie sich an Ihr Wohnen, bevor Sie zur Schule kamen, an die Wohnung Ihrer Vorschulzeit.

Gehen Sie ganz langsam zurück in diese Jahre und in Ihr Wohnen damals. Rufen Sie sich das Haus, die Wohnung, die einzelnen Räume behutsam in Ihr Bewußtsein zurück.

Was sehen Sie?

Da sind vielleicht Licht und Dunkelheit. Ganz bestimmte Gerüche. Türen und Fenster und Wände, Spielsachen und Spielplätze. Und Sie wissen, wo sich die Erwachsenen aufhalten, die sich um Sie kümmern sollen, wo Sie sie finden.

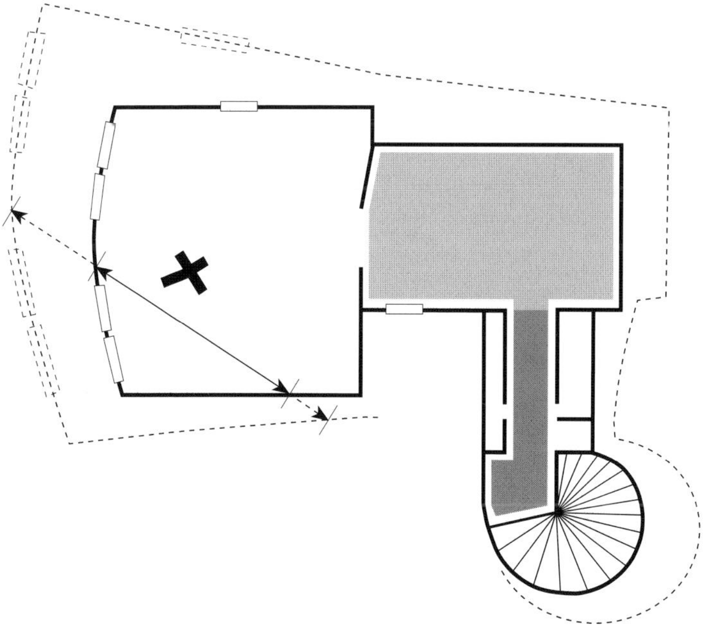

PLAN VON AR

Da ist Ihr Zimmer, an das Sie sich erinnern. Da tauchen Ereignisse auf, Gerüche, Geräusche, Getastetes, Gesehenes, Gehörtes, Gefühle wie Jubel und Freude, Einsamkeit und Wut. All diesen Erinnerungen gehen Sie nach und lassen sich von ihnen durch die Räume Ihres Vorschulwohnens führen, bis Sie sich dort wieder heimisch fühlen.

Deutlich sehen Sie vor sich, wohin Sie sich zurückzogen, wenn Sie Kummer hatten oder wütend waren. Und besonders dort schauen Sie sich genau um und achten auf alle Details: die Helligkeit, die Temperatur, die Farbe des Lichts und die Gegenstände und deren Anordnung.

Sie erinnern sich ganz deutlich, denn Sie sind nun wirklich wieder dort. Und von hier aus gehen Sie langsam durch die vertrauten Räume.

Sie sind so auf die Erinnerungen konzentriert, daß Sie nun die Augen öffnen und diese Wohnung, dieses Haus Ihrer Vorschulkindheit zeichnen können. Dabei sind Sie ganz still, so mächtig die Gefühle auch sein mögen, die während des Zeichnens auftauchen. Sie sprechen kein Wort. Sie zeichnen und schreiben statt dessen auf, was Sie wiederfinden.

Sie zeichnen die Lage der Räume zueinander. Sie halten die Möbel in diesen Räumen fest, an die Sie sich erinnern, die Türen und Fenster. Und Sie denken an die Menschen in diesen Zimmern und in der Küche. Dabei unterscheiden Sie genau, woran Sie sich erinnern, weil man Ihnen davon erzählt hat, und was Sie wirklich vor sich sehen.

Sie bleiben in der Wohnung Ihrer Vorschulzeit, solange Sie wollen. Sie genießen diesen Aufenthalt und die Erinnerungen daran.

Und bevor Sie diese Wohnung wieder verlassen, zeichnen Sie ein Kreuz dorthin, wo Sie am glücklichsten waren.

Während Sie nun langsam aus Ihren Erinnerungen in Ihrem Inneren wieder zurückkehren in die Erwachsenenwelt und an den Platz, an den Sie sich zur Entspannung zurückgezogen haben, nehmen Sie aus Ihrem Leben von damals, mit ihrem Mund, Ihrer Nase, Ihren Fingerspitzen, Ihren Augen, Ihren Ohren, so viele Eindrücke wie möglich mit in Ihre Gegenwart, in der Sie jetzt wieder erwachen. Sie recken sich und strecken Ihren Körper.

Viele Menschen fühlen sich nach diesem Tagtraum noch einige Zeit ein wenig verloren. Sie schwanken zwischen den beiden Welten ihrer Vergangenheit und Gegenwart, die einander so nahe sind, obwohl so viele Jahre inzwischen verstrichen scheinen, in denen soviel passiert ist. – Je stiller Sie nun bleiben und den Erinnerungen nachgehen, die so gegenwärtig sind, je mehr Sie auf dem Papier festhalten und gleichsam weiterträumen, desto eher kommt die Sicherheit wieder, gepaart mit den Gefühlen von damals, die immer noch Wirkung haben und nun aufgearbeitet und verstanden und zugeordnet werden können.

Manche erleben in diesem Tagtraum ihr Wohnen von damals nur von außen. Mit großer Mühe zeichnen sie die Hausfassade und finden das Fenster, hinter dem sie daheim waren, in die Räume aber können sie nicht gelangen. Wohl aber erinnern auch sie sich ganz deutlich, wohin sie sich verkrochen, wenn sie Kummer hatten und wütend waren, und was sie dann taten.

Und die allermeisten entdecken, daß sie sich heute in Konfliktsituationen immer noch ebenso verhalten wie damals. Und auch das Rückzugsgebiet, das sie sich für sich selbst wünschen und vorstellen können, gleicht dem dieser frühen Jahre.

Alle diese vielen und verwirrenden Gedanken bringen Erleichterung und Klarheit. Man kehrt zu seinen Wurzeln zurück.

Manche Menschen erkennen sofort andere Zusammenhänge und können sich nun nicht mehr zurückhalten. „Jetzt weiß ich erst“, rief ein Möbelhändler nach einer solchen Übung in die Stille des Seminarraums hinein, „warum ich keine glatten Fußböden verkaufen kann. Als Kind hatten wir in der Küche einen Linoleum- oder Kunststoffboden. Und ich, der ich barfuß laufen mußte, hatte immer kalte Füße darauf. Und ich haßte diesen Boden!“ Seine Abneigung von damals, das wußte er nun, war ihm bis ins Erwachsenenalter geblieben, ein Vorurteil, eine Verallgemeinerung, unter der vor allem seine Kunden zu leiden hatten, denen er selbst Holzfußböden verweigerte. Nun erkannte er die Zusammenhänge und korrigierte sich und war in dieser Frage zum besseren, weil objektiveren Berater geworden.

Ein anderer Mann fand seinen liebsten Platz von damals unter der großen Leuchte über dem Küchentisch wieder und verstand nun, warum er sich immer wieder große Leuchten über jedem Tisch wünschte, von denen allerdings, wie er sagte, keine so hell sei wie die seiner Kindheit. Und gerade wegen dieser Helligkeit liebe er diesen Platz so sehr. „Da war es immer hell?“ fragte ich ihn. „Auch tagsüber im Sommer, wenn kein Strom eingeschaltet sein mußte?“

Er stutzte, wurde sehr ernst und verstand. Unter der Leuchte am Tisch hatte er damals in der Geborgenheit der gesamten Familie gesessen. Aber die gab es nicht mehr. Und die würden ihm auch zehn Leuchten mit all ihrer Helligkeit nicht wiederbringen. Nach dieser Erkenntnis entwarf der Mann einen anderen, endlich seinen eigenen Tisch: Die Helligkeit als Anziehungspunkt für die Familie blieb. Allerdings brachte er eine Leuchte unter der gläsernen Tischplatte an, über die er seither weiße Tischtücher legt. Und so brennt auch während des Mittagessens bei ausreichendem Tageslicht die Glühbirne und schafft die gewünschte Atmosphäre. Seine Familie kann sich nichts Schöneres vorstellen als einen Vater, der so deutlich zu verstehen gibt, wie wichtig sie ihm alle sind.

Etwas anders erging es einer Frau, die in dem Haus, das sie plante, einen Kachelofen vorsah, von dem sie sich vor allem Behaglichkeit und Gemütlichkeit versprach und den sie gegen alle Einwände der Mitbewohner vehement, aber ohne plausible Begründungen verteidigte. Nun aber war sie im Tagtraum in ihrer Vorschulwohnung gewesen und hatte dort den Kachelofen, nach dem sie sich sehnte, wiedergefunden und ihn genau gezeichnet. Nur so sollte, mußte ihr neuer Ofen auch aussehen, denn in seiner Nähe war es immer so warm gewesen. „Und im Sommer?", fragte ich, „wenn kein Feuer brannte?" Auch dann sei dort Wärme gewesen, sagte sie und stutzte, denn auf der Bank vor dem Ofen sei immer ihr Vater gesessen, den sie liebte wie keinen Menschen sonst. Aber der Vater war schon lange tot. Und kein Kachelofen der Welt würde ihr seine wärmende Gegenwart wiederbringen. Das wurde ihr plötzlich klar, und sie hatte Tränen in den Augen, als sie sich verabschiedete. Bis zur nächsten Besprechung hatte sie sich einen völlig neuen Bauplan ausgedacht, der ihrem heutigen Leben Heimat gab und ihr die Enttäuschung ersparte, daß kein Kachelofen zurückbringen konnte, was sie von ihm erwartet hatte, die Geborgenheit nämlich, die von einer Person, nicht aber vom Ofen selbst ausging.

Solche Zusammenhänge führen immer wieder zu tiefer Unzufriedenheit mit den Einrichtungsergebnissen, zu dem Gefühl, daß irgend etwas anders sein müsse, als man es sich vorgestellt und bestellt hat. Ich erinnere mich an einen Möbelhändler, der mich empört wegen eines seiner Kunden um Rat fragte. Dieser Kunde hatte alles, was nach unendlich langer gemeinsamer Planung endlich festgelegt und bestellt worden war, wenige Tage später widerrufen und storniert. Die Planungsarbeit sollte erneut beginnen, und der Händler war äußerst verbittert darüber und hatte große Probleme mit seinen Lieferfirmen. Also setzte ich mich mit ihm und seinem Kunden zu den nächsten Planungsgesprächen zusammen und erfuhr, daß der Mann von Freunden eingeladen worden war, die fast genauso wohnten, wie er es bestellt hatte. Und nun, konkret umgeben von seinen künftigen Möbeln in fast identischer Anordnung, erinnerte die gesamte Einrichtung an den Salon in seinem Elternhaus und an all die Zwänge, die diese gutbürgerliche Stube ihm, dem Kind, auferlegt hatte. Und da wollte er seine Wohnplanung nun wirklich neu beginnen – um jeden Preis.

Andere Menschen, die dieses Glück des Erwachens nicht haben und nach Lieferung und Montage des Bestellten enttäuscht vor vollendeten Tatsachen stehen, verbeißen sich oft in die dem Möbelhandel allzu bekannte Reklamationswut. Jede Gelegenheit ist solchen Menschen recht, die Möbel wieder zurückzugeben oder wenigstens dem Berater und Verkäufer irgendwie zu schaden. Obwohl sie die Benutzerspuren auf einem alten Bauerntisch lieben, nehmen sie schon den kleinsten Kratzer beim neuen Möbel zum Anlaß, sich in wilde Streitigkeiten zu verbeißen und die Bezahlung zu verweigern. Die Wurzel ihrer unbefriedigt gebliebenen Wohnwünsche ist ihnen gewöhnlich unbekannt. Sie liegt meist in ihrer Erinnerung, die allerdings überwiegend ausschließlich auf den Augenschein beschränkt ist: Denn in ihrer Vorschulzeit, und deshalb ist sie für die Planung so wichtig, haben Menschen noch anders gelernt. Sie haben die Hand auf die rundgestreichelte Armlehne des Großvaterstuhls gelegt, wenn dieser geliebte alte Mann mit ihnen sprach. Sie haben diesen Stuhl wie einen Thron erlebt, auch mit der Handfläche. Und wenn sie nun, als Erwachsene, sich einen solchen Stuhl selbst wünschen, um vielleicht einen Teil dieser Welt von damals mit all ihrer Ruhe und Geborgenheit in ihre eigene Existenz zu bringen, hängt die Befriedigung dieses Wunsches nicht nur von der Möbelform, die ihren Augen gefällt, sondern auch von diesem Gefühl in der Hand ab, die über die Lehne strich, und das wurde durch eine bestimmte Holzart in bestimmter Bearbeitung über den Tastsinn vermittelt, nicht über die Augen. Vielleicht hat sich dieses Gefühl auch durch die Berührung mit den Lippen und damit über das Schmecken, den Geschmackssinn eingeprägt. Was also wird geschehen, wenn der neue Sessel nur so aussieht wie der des Großvaters?

In diesen Vorschuljahren erfahren die Menschen durch die Wachheit und Vielfalt der Sinne, was ihnen ein Leben lang Materialien, Verarbeitungstechniken und damit Möbelstile bedeuten werden, und sie sehnen sich nach dem Angenehmen zurück. Vielleicht kehren deshalb immer wieder bestimmte Möbelformen zurück, die zuerst als gefragter Trödel auftauchen, zu ständig steigenden Preisen verkauft und dann wegen der großen Nachfrage als Imitationen neu geschaffen werden. Die diversen Modeströmungen der letzten Jahrzehnte scheinen diese Theorie zu bestätigen. Was immer sich da von Rustikal über Jugendstil bis zur Postmoderne profilieren konnte, schien immer wieder die Großelternmöbel interpretieren zu wollen.Vielleicht hat auch unsere Sehnsucht nach großen, hellen Räumen ihren Ursprung in Erinnerungen aus jener Zeit, als wir wenigstens die Hälfte kleiner waren und deshalb doppelt so viele Schritte von Wand zu Wand brauchten, ein Augen- und Körpermaß, das wir auch heute anlegen, wenn wir neue Räume betreten und ihre Proportionen beurteilen. Und natürlich sind dann im Vergleich zum damals gebildeten Maß, zum Gefühl, wie wir es nennen, alle Räume zu eng und zu klein, da wir doppelt so groß sind.

Vielleicht hängt auch unsere Sehnsucht nach dem unverbauten Blick in den blauen Himmel oder in die Baumkrone mit solchen Erinnerungen an die Kinderzimmer zusammen. Wenn wir damals ans Fenster traten, mußten wir den Kopf heben und schauten hinauf statt hinaus, denn das Fensterbrett lag bereits in Augenhöhe. Und was wir über ihm sahen, prägt vielleicht bis heute unser Bild vom Fenster und damit eine Idealvorstellung, bis wir den

Zusammenhang erkennen und in unseren Erwartungen - erwachsener werden.

Alles Wesentliche ihres Lebens lernen Menschen somit bereits vor dem Eintritt in die Schule, intensiver und umfassender, mit allen ihren Sinnen. Und sie lernen durch Ergriffensein!

Mit welcher Aufregung und Freude leben Menschen in den Kinderjahren! Über Wochen hin experimentieren sie mit größtem körperlichem Einsatz, um beispielsweise auf die Beine zu kommen. Kein Spitzensportler trainiert für seinen Weltrekord jemals so unverdrossen hart wie ein Kind, das das Gehen als Spiel mit der Schwerkraft der Erde lernt und jedes Hinfallen noch bejubelt und es wieder und wieder versucht, bis dann - mit welcher Aufmerksamkeit! - Bein vor Bein gestellt werden kann.

In diesen Jahren und in dieser Intensität entstehen die persönlichen Beziehungen zu so gut wie allen Dingen und Details des kleinen Universums, des Wohnens nämlich. Es sind tiefgreifende Erlebnisse, die Kinder in unglaublich engem Kontakt und unvorstellbar neugierig mit der Nase, dem Mund, den Augen und Ohren, der Haut, dem ganzen Körper machen. Diese intensiven Berührungen, von denen sie sich zutiefst ergreifen lassen, formen sich zu Erfahrungen und Gewohnheiten, zu Urteilen und Vorurteilen, zu Neigungen und Abneigungen und Vorstellungen. Und alles, was danach auf sie zukommt, wird in diesen Grundspeicher eingeordnet, der Verhalten und Urteil bestimmt und als Vorbild dient, das Erwartungen schafft.

Es ist ein weiter Weg zurück zur Wiederentdeckung der eigenen Empfindsamkeit und der Selbstsicherheit, mit der man sich auf seine Sinne und damit auf sein Fühlen und nicht länger auf Vorbilder und Autoritäten verlassen will. Das Fühlen als Antrieb und verläßlicher Entscheidungsfaktor ist in all den Jahren, in denen es in seiner Entwicklung unterdrückt wurde, zurückgeblieben. Es ist sehr leise geworden, sitzt lieber still, um nicht aufzufallen, und wartet brav, bis es gefragt wird. Es durfte kaum Erfahrungen sammeln. Also muß man es zuerst vorsichtig fragen. Und dazu soll dieses Buch einen Weg weisen und seinen Lesern schon jetzt eine kleine, sehr wirksame Hilfe geben, die das Fühlen zum Maß der Entscheidungen machen kann.

Entspannen Sie sich wieder, während Sie nun ruhig weiterlesen! Stellen Sie sich Ihre Seele als das fünf- bis sechsjährige Kind vor, dem Sie in Ihrer Vorschulwohnung begegnet sind. Und lassen Sie dieses Kind überall mitreden, wo es um Ihr Wohlfühlen geht. Bei einiger Übung werden Sie lernen, dieses Kind zu befragen und es antworten zu lassen. Meist wird es dann auch selbst fragen wollen auf seine Art. Wer bist du denn, wird es das Blau fragen, von dem Sie wissen wollen, welche Bedeutung es für Sie hat und wie es auf Sie wirkt. Und das Kind wird zum Blau werden und antworten: Ich bin... Und Sie werden zuhören und verstehen, was die Dinge für Sie bedeuten, und sie danach beurteilen und nur das Bekömmlichste auswählen.

Versuchen Sie es bitte! Denn das Fühlen, sagen Menschen, die es wissen müssen, ist knapp fünf bis sechs Jahre alt und dominiert doch unser ganzes Leben.

So sonderbar dieser letzte Vorschlag auch klingen mag, er erhält mehr Gewicht, wenn Sie die unkontrollierten Reaktionen der Erwachsenen, die Ausgelassenheit, die Wut, die Liebe, die Eifersucht usw. genauer betrachten. Gefühle also, deren Mächtigkeit das Denken überholt und der Disziplin die Maske abreißt. Da kommt dann plötzlich sehr deutlich das Alter des Fühlens zum Vorschein, eine unbeherrschte Kraft, die das wahre Gesicht des Menschen zeigt und deren Unterdrückung viel Lebensenergie kostet, weil sehr selten zwischen Müssen und Wollen Übereinstimmung oder gar Harmonie möglich ist. Die Welt, in der wir leben, will es eben anders.

Mit dem Wohnen allerdings schaffen sich die Menschen eine eigene kleine Welt. Und sie könnte allein von dem bestimmt sein, was sie fühlen wollen. Hier darf dieses Fühlen den Alltag bestimmen und damit das private Leben zum Besseren, zum Wahren werden. Entdecken Sie diese Kraft, die unermüdlich für Sie sorgen will!

Gewohnte Partnerschaft

Interessant im Vergleich der Traumzimmer ist die Tatsache, daß nahezu alle Menschen ihren Raum direkt vom Freien her betreten. Kaum jemand sieht sich aus einer Diele oder einem Vorhaus kommen. Zwischen draußen und drinnen gibt es im Traumwohnen entgegen allen scheinbar so gesicherten Regeln der Architektur und Innenarchitektur keine Übergangszonen.

So praktisch und wichtig die Schleuse zwischen der Außenwelt und dem eigentlichen Wohnbereich auch erscheinen mag, so problematisch ist sie für das Zusammenleben, wie die folgende Übung zeigen soll.

Es gibt bei diesem Spiel, an dem alle Wohnpartner teilnehmen sollen, eine ganz einfache Regel, die unbedingt zu beachten ist: Es darf kein Wort gesprochen werden! Die Aufgabe ist, das tägliche Heimkommen eines jeden und alles, was dann geschieht, darzustellen, und zwar durch Trommeln mit Fäusten, Fingern, Handballen. Und getrommelt werden auch die üblichen Dialoge, die Begrüßungen, Ermahnungen, die Fragen und Geräusche des Partners. So spielt etwa in der Familie wortlos, aber desto deutlicher die Mutter jedem Kind und dem Partner, jedes Kind dem Vater und der Mutter mit Klopfen vor, wie einer das Heimkommen des anderen erlebt.

Das Spiel läßt sich noch erweitern, indem man die anderen aus den Klopfgeräuschen erraten läßt, wessen Ankunft man gerade dargestellt hat. Durch das Spiel kommt häufig zum Ausdruck, wie Menschen, die zusammenleben, einander gerade dann gegenseitig stören, wenn die besten Voraussetzungen für ein harmonisches Miteinander gegeben sein sollten: wenn der Heimkommende Geborgenheit und der Wartende den geliebten Menschen erwartet. In den allermeisten Familien zeigt sich, wie sehr der sogenannte Vorraum geheime, aber deutlich spürbare Einwände gegen diese täglich neue Begegnung geradezu provoziert. Das Spiel macht auch bewußt, wie der Wartende gleichsam eine Reihe von Verhaltensregeln schafft und deren Einhaltung überwacht, gegen die der Ankommende in eigenartiger Mechanik regelmäßig verstoßen will. Es zeigt, wie heikel der Augenblick der Annäherung tatsächlich ist und wie belastet das Zusammenleben besonders in solchen ersten Momenten des gemeinsamen Wohnens sein kann, weil der Verteidigungswille des Wartenden und die Herausforderung des Ankommenden in den meist engen Vorräumen mit ihren strengen Regeln zur Machtprobe eskalieren.

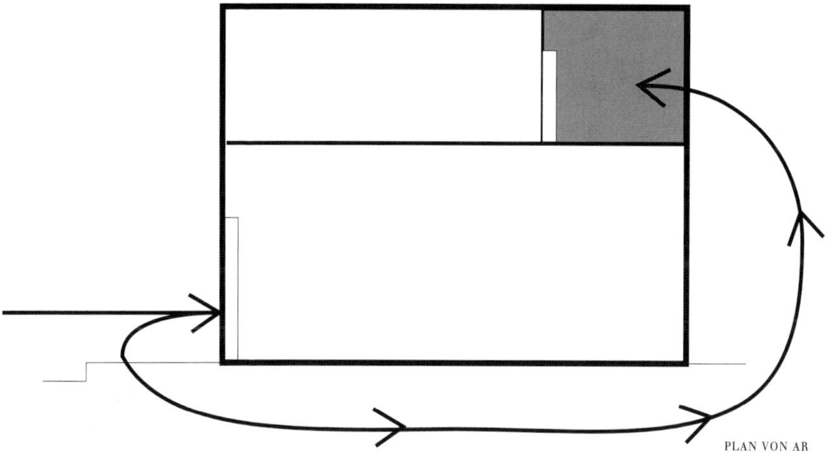

PLAN VON AR

Viele Menschen nehmen die gegenseitige Störung vor allem über die Ohren wahr. Man will, im wahrsten Sinne des Wortes, nichts hören und nicht gehört werden, seine Ruhe haben und müßte also im Traumzimmer geschieht es – die Mitbewohner in eine für sich erträgliche Hör-, aber auch Sichtweite bringen.

Dazu will ich die Geschichte von einem weltberühmten Arzt erzählen, der sich nacheinander vier Häuser in derselben Stadt bauen lassen mußte, bevor er schließlich, einigermaßen zufrieden, so heimkommen konnte, wie er es sich wünschte.

Wenn der Herr Professor heute nach Hause kommt, fährt er seinen Wagen über eine Auffahrt, wo ihn nicht einmal der Hund begrüßen kann, in die Garage. Vor dort betritt er dann durch eine kleine Tür direkt sein Zimmer.

Bei seiner Ankunft will er niemanden sehen und von keinem gesehen werden. Er braucht eine halbe Stunde für sich, damit er seine Familie, die er liebt, nicht hassen muß. Er wüßte nicht, sagt er, wofür er ohne seine Angehörigen leben sollte. Doch er kann und er will sie erst sehen, nachdem er für sich selbst Zeit hatte.

Nach einer halben Stunde, manchmal dauert es auch länger, verläßt er sein Zimmer durch eine weitere Tür. Er gelangt in einen Vorraum seines Hauses und von dort ins Wohnzimmer, wo er dann liebevoll seinen Kindern und seiner Frau zuhört, die ihm erzählen, was sie den Tag über erlebt haben. Vier Häuser hat es ihn gekostet, erzählt er verwundert, bis er diese für ihn einleuchtende Planung, den ungestörten Weg über die Garage, gegen das Kopfschütteln des Architekten und die vermeintliche Gekränktheit seiner Frau durchsetzte, bevor er irgendwo auf dieser Welt zwischen Vorträgen im Ausland, Vorlesungen an den Universitäten, den Operationssälen, der Privatpraxis und Patientenbesuchen so etwas wie Ruhe und Heimat fand.

Wenn ich diese Geschichte einer scheinbaren Sehnsucht bei Vorträgen und in Seminaren erzähle, laufen regelmäßig da und dort Männerköpfe rot an. Die Eigenbrötelei des Herrn Professor macht viele ärgerlich und wütend. Die Zuhörer werden unruhig. Eines Tages fragte eine bis dahin sehr stille Frau ihren tobenden Mann, dessen Empörung sich nicht legen wollte, ob er denn wisse, was sie Tag für Tag mit ihren Kindern anstelle, bevor er heimkomme.

Er wußte es nicht. Und sie sagte es ihm: Eine Stunde vor seiner täglichen, meist pünktlichen Ankunft mußten die Kleinen ihre Spiel- und Schulsachen aus Wohn- und Vorräumen tragen und dort Ordnung machen. Danach erhielten sie zu essen und zu trinken, wurden zur Toilette geschickt und streng dazu angehalten, in ihren Zimmern zu bleiben, bis sie zum gemeinsamen Abendessen mit ihrem Vater gerufen wurden, damit der Herr Papa, der erschöpft von Bürostreß und Stoßverkehr heimkam, seine notwendige Viertelstunde Ruhe hatte, in der er hinter der Zeitung verschwand, umgeben von der dicken Luft der Verärgerung, die drohend durch die gute Stube zog, bis er schließlich – seine Frau schrieb es den guten Düften aus ihrer Küche zu – wie von selbst der liebevolle Vater und Ehemann wurde.

Aber diese Viertelstunde, entschuldigte ihn seine Frau, brauche er wirklich. Vorher schmecke ihm auch ihr Essen nicht. Ohne diese ruhige Zeit, das habe sie frühzeitig gemerkt, wäre auch ihre Ehe in Gefahr. Und daß er diese Zeit bekomme, dafür werde sie, so schwer ihr das manchmal auch falle, schon sorgen.

Der Mann war zutiefst berührt. „Und die Kinder?“ fragte er. „Die Kinder, die auf mich warten und vorher weggeschickt werden?“

Die nähmen es hin, sagte seine Frau. Sie verstünden das. Sie seien ja selbst nicht anders. Wenn sie aus der Schule kämen, seien sie ja auch nicht ansprechbar, nicht einmal der Kleinste, und brauchten Zeit, in ihren Zimmern für sich, bevor sie andere Menschen, auch sie, die eigene Mutter, ertragen könnten. Und auch sie selbst schätze es gar nicht, wenn die Kinder sofort über sie herfielen, und gewöhne sich lieber langsam daran, daß ab mittags wieder jederzeit jemand in die Küche kommen könne. Aber natürlich wäre es ihr lieber, nicht sie, sondern ihr Mann selbst würde für sein Ruhebedürfnis sorgen.

Das klang alles sehr ergeben und allzu tolerant. Und so fragte ich sie, wie es ihr erginge, wenn sie nach dem Einkaufen schon im Vorraum überfallen würde. – Dann stelle sie mit letzter Kraft die vollen Taschen hin, erwiderte sie, und schließe sich eine Zeitlang in der Toilette ein. Und wer sie hier störe, wisse ganz genau, was er riskiere.

Sobald sich nun beide ihre unüberwindliche Abwehr eingestanden hatten, änderten sie die Planung ihres Bauvorhabens. Das neue Haus sollte zwei zusätzliche Eingänge erhalten: einen für die Frau, die bei der Neugestaltung ihres zukünftigen Reiches auflebte, und einen für den Mann, der allerdings noch lange zwischen Wut und Erschütterung schwankte. Immer nur für kurze Augenblicke verstand er, wozu er seine Angehörigen zwang, indem er auf das eigene Traumzimmer verzichtete – was in seinen Augen Opferbereitschaft war, die ihm niemand dankte. Nur äußerst widerwillig wollte er seinem Ruhebedürfnis den nötigen Raum geben und für sich selbst sorgen. Es dauerte lange, bis er begriff, daß seine Selbstverleugnung seine Angehörigen und deren Wohnen erst recht belastete und daß es viel weniger selbstsüchtig war, vor allem erst einmal für sich selbst zu sorgen.

Zeugnisse für solche Rollenspiele und unbedankte Rücksichtnahmen finden sich in vielen Wohnräumen und haben oft verheerende Folgen wie bei jenem Brautpaar, das im Einrichtungshaus nach einem Doppelbett für einen winzigen Schlafraum suchte. Das Bett durfte nicht länger als einen Meter neunzig sein. Dieses Maß entsprach genau der Körpergröße des jungen Mannes. In dem ersehnten Doppelbett, das seine Braut gegen alle Einwände der Möbelverkäufer mit verschämtem Enthusiasmus verteidigte, würde ihr künftiger Lebensgefährte sich niemals wirklich ausstrecken und somit ausschlafen können. Es war abzusehen, daß der übermüdete Mann seine zauberhafte Frau binnen kurzer Zeit unerträglich finden würde – je zauberhafter, desto unerträglicher.

Während des langen Gesprächs, in das auch ich mich erfolglos einmischte, stand der junge Mann alarmiert daneben. Er achtete allerdings streng darauf, daß niemand seiner geliebten Braut mit Gegenvorschlägen und Argumenten allzu nahetrat.

Und schließlich bezahlte er, völlig wehrlos, ein Möbel, das in knapp fünfzehn Monaten seine Ehe zerstörte.

Wahrscheinlich war dieses Schicksal der beiden sympathischen jungen Leute der letzte Anstoß für meine Suche nach einer neuen Wohnberatung und nach mehr Ehrlichkeit. Denn nichts und niemand konnte damals den jungen Mann dazu bringen, die ihm zugedachte Rolle des feurigen Liebhabers aufzugeben, um beim Bettenkauf an sein – Ausschlafen zu denken und dieses Recht auch zu verteidigen. Und nichts konnte seiner Braut klarmachen, wozu sie ihn zwang.

Meine Suche nach wirksamer Hilfe führte mich später während der fünfjährigen Vorbereitung zu diesem Buch immer wieder mit sogenannten Nestflüchtern zusammen – so nennt die Einrichtungsbranche jene jungen Menschen, die ihr Elternhaus verlassen haben und sich in einer eigenen Wohnung selbständig machen. Sie sind deshalb so interessant, weil sie mit viel Enthusiasmus an eine endgültige Abnabelung herangehen und in kühnen Plänen alles, auch das Wohnen, ganz anders machen, das Leben am liebsten für sich neu erfinden wollen.

Letztlich aber findet sich im Vergleich zwischen ihren guten Vorsätzen und Träumen und der Wirklichkeit, die sie sich schaffen, kaum ein Winkel, meist nicht ein Möbelstück aus ihrem Traumzimmer. Natürlich ist die Enttäuschung groß, wenn sie sich des gravierenden Fehlbestands und der vergebenen Gelegenheit bewußt werden.

Und dann zählen sie ihre Begründungen für das Defizit auf: Da hat ein gütiger Verwandter Geld zur Finanzierung des Starts zugeschossen. Aus Dankbarkeit versuchen die jungen Leute sich nun vorzustellen, mit welcher Anschaffung der Helfer seine Unterstützung am ehesten gewürdigt sähe. Und die kaufen sie dann auch. So kommt ins Wohnen, was letztlich keiner wirklich wollte.

Sehr oft gehen sie bei ihren Einkäufen aber auch ausschließlich von der Lust am Modischen und Neuen aus. Andere wieder sind von der Freude an der Provokation bestimmt. Sie suchen aus, was die Eltern ärgern und Freunden zugleich möglichst imponieren soll. So werden oft für Außenstehende und aus einer vorübergehenden Gefühlslage heraus Inszenierungen geschaffen, die alles Geld und allen Platz kosten und in die sich dann viele Jahre lang Alltag zu zwängen hat, in dem das Leben erstarrt und das Wohnen zur Maske wird.

Diese Erfahrungen mit Nestflüchtern lassen sich verallgemeinern: Nicht der eigene Bedarf bestimmt einen Großteil des Einrichtens, sondern eine Kette selbstgewählter Posen, so gleichgültig gegenüber Äußerlichkeiten sich der einzelne auch geben mag. Und so ist es nicht verwunderlich, daß fast alle Menschen ihre Besucher schon im Vorraum mit Entschuldigungen bezüglich der ihn erwartenden Wohnung geradezu überschütten. Es gehört schon zum Begrüßungsritual, daß der Besucher seinen Gastgeber für dessen Wohnen beinahe trösten muß.

Sie entschuldigen sich, weil sie sich durchschaut fühlen. Hinter der Konformität verbergen sie das Wichtigste: sich selbst. Und so benehmen sie sich wie Schauspieler, die ins falsche Bühnenbild geraten sind, für dessen Versagen sie nicht verantwortlich sein wollen.

Sie stehen unter einer eigenartigen Spannung: Einerseits wollen sie sich verständlich machen und verstanden sein, andererseits verlassen sie sich auf Bewährtes, Allgemeingültiges, um ihre Individualität darzustellen. Sie wagen es kaum, die Belastung zuzugeben, die ihnen die Partnerschaft abverlangt, diese Rolle, die zur Selbstverleugnung zwingt und das Wohnen zum Kompromiß macht, in dem niemand sein Zuhause findet.

Und doch ist auch diese Sehnsucht, eine Rolle zu spielen, für die das Wohnen das beste Bühnenbild sein soll, eine durchaus positive Kraft, die sich zur Planung nutzen läßt.

„Dritte Haut“ und Maske

Wieder brauchen Sie etwa eine Stunde Zeit an einem ruhigen Platz, um sich ungestört entspannen zu können. Wenn Sie das eigene Lesen des folgenden Textes an der möglichen Konzentration und Entspannung für ein schönes Erlebnis hindert, könnten Sie gerade die folgende Übung langsam auf eine Tonbandkassette sprechen, die Sie für sich in einer stillen Stunde abspielen.

Bitte lassen Sie sich so bequem wie möglich nieder, schließen Sie die Augen, und entspannen Sie sich. Wenden Sie Ihre Aufmerksamkeit Ihrer Haut zu. Fühlen Sie Ihre Haut, am ganzen Körper.

Und nun, da Sie sich dieser sechs bis sieben Quadratmeter, die Sie umhüllen, bewußt geworden sind, gehen Sie sich selbst unter die Haut. Greifen Sie von innen in Ihre Hand. Fühlen Sie mit Ihrer Hand, die von Ihrer Haut umgeben ist wie ein Handschuh, Ihren Fuß von innen, Ihre Haut, die ihn umgibt wie ein Kleid.

Fühlen Sie sich in Ihrer Haut? Mit Ihren Füßen? Ihren Waden und Ihren Schienbeinen, mit Ihren Schenkeln, Ihrem Gesäß, Ihren Hüften, Ihrem Rücken, Ihrer Brust, Ihren Schultern, Ihren Armen, Ihrem Nacken, Ihrem Schädel, mit Ihrer Stirn, Ihrem Kinn, hinter Ihren Lippen? Sie genießen die Innenseite Ihrer Haut und den Schutz und die Freiheit, die sie Ihnen gewährt. Sie entspannen sich und genießen diese atmende Hülle, die Sie weich und doch fest umgibt und die Sie ausfüllen, weil sie sich an Sie schmiegt und Ihnen wohltut.

Und nun fühlen Sie, wie diese ideale Hülle um Sie zu wachsen beginnt. Was Ihren Fußsohlen so wohltut und schmeichelt, liegt schon für Ihren nächsten Schritt bereit. Und Ihre Fußsohlen fühlen sich erwartet und aufgenommen und verwöhnt.

Sie fühlen, wie Sie Kraft aus Ihren Schritten und aus dem Boden ziehen und er jeden Ihrer Schritte aufnimmt und Ihnen die Bewegung angenehm und sicher zurückgibt, so daß Sie ganz leicht und sicher gehen und Ihre Fuß- und Kniegelenke Ihren Körper fast schon schwebend tragen.

Ihre Hülle wird Ihnen zum Raum, der Sie umhüllt. Sie befinden sich in sich selbst und fühlen Ihre Hülle, die so weit wird und so hell und angenehm, wie Sie es wollen. Ein Raum, der Sie umhüllt, lebendig, warm, weich, sicher. Und Sie genießen diesen Raum und bewegen sich und richten sich ein. Der Raum dehnt und weitet sich nach Ihren Bewegungen und macht Sie frei und gibt Ihnen durch seine Grenzen Geborgenheit.

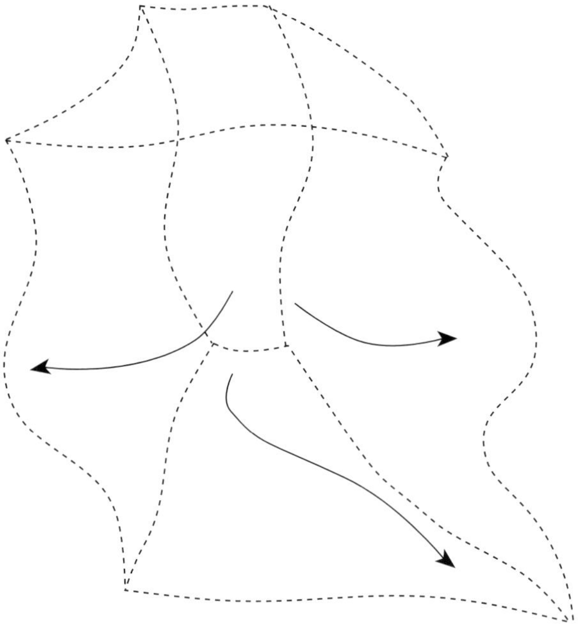

PLAN VON AR

Während Sie nun in diesen Raum hineingehen, liegt immer schon Ihr nächster Schritt wohltuend für Sie vor Ihnen bereit. Lassen Sie dabei alles Beschwerende Stück für Stück zurück. Beobachten Sie, wie Sie zum Beispiel Ihre Tasche zurücklassen. Bleibt sie schwebend im Raum? Hebt sich ihr eine Ablagefläche entgegen, auf die sie sich hinlegt? Griffbereit hinstellt? Hängt sie sich wie von selbst an einen Haken? Und wie ist der beschaffen? Und auch der Mantel, der Hut, die Schuhe werden sicher aufgenommen und bleiben zurück wie die Fragen und Sorgen des äußeren Lebens. Alles findet seinen besten Platz in Ihrer lebendigen Hülle und steht sicher wieder für Sie bereit, sobald Sie diesen Weg zurückgehen wollen. Alles Schwere löst sich und findet seinen Ruheplatz in Ihrer sicheren Hülle. Und Sie gehen langsam weiter und erleben bewußt, wie Sie alles Belastende hinter sich lassen, bis Sie leicht sind und ganz in sich selbst.

Und nun sehen Sie sich ruhig um in dem Raum, der sich aus Ihrem Innern her formte, in dem alles wie natürlich aus Ihnen gewachsen ist und für Sie bereitliegt und steht. Fühlen Sie die Höhe und Weite und Tiefe des Raums, in dem Ihr Alltag zurückbleibt. Fühlen Sie seine Wärme, die Helligkeit, die Weichheit, seinen Klang und seinen Geruch, seine Farbigkeit, all seine Eigenschaften, die aus Ihnen gewachsen sind, indem Sie alles ablegten, was Sie beschwert, und es doch wiederfinden, sobald Sie es wieder brauchen, wenn Sie sich für den Alltag rüsten. Und diese Sicherheit, in deren Zentrum Sie sich befinden, gibt Ihnen Kraft, solange Sie wollen.

Und wenn Sie den Raum, diese sichere Hülle, nun verlassen und langsam zurückkommen an jenen Platz, wohin Sie sich zurückgezogen haben, nehmen Sie viel von dieser Kraft und Ihr Wissen um Ihren Raum mit in Ihr Erwachen und in Ihre Vorstellungen und Wohnpläne.

Strecken Sie Ihren Körper nach dem Aufwachen kräftig durch, und recken Sie sich, und sprechen Sie am besten noch mit niemandem über Ihre Erlebnisse, sondern zeichnen Sie Ihren Raum, und beschreiben Sie, was Ihnen wichtig erscheint.

Wie fühlen Sie sich?

Für viele Menschen ist der Wechsel von innen nach außen und umgekehrt, diese Methode, das Wohnen und die Entscheidungen dafür unter die Haut gehen zu lassen, ein Schritt, der sie für längere Zeit verwirrt. Und doch bitten wir jeden Besucher, wie wir sagen, zu uns herein und wollen ihm dort zeigen, wer wir wirklich sind. Warum sollten wir das Privileg, das jeder Gast genießt, uns selbst verweigern?

Es ist ein Vertrauensbeweis, jemanden in den intimen Bereich einzuladen, den die Wohnung darstellt. Und der Eingeladene bleibt in der Regel an jeder engeren Stelle stehen und will weitergebeten, erneut eingeladen sein, je weiter er gehen darf. Der sogenannte Hausfriede, jener eigenartige Zauber, der über dem Wohnen liegt, über diesen nahezu überall gleichartig gestalteten Tabu- und Intimzonen vom Wohn- bis hin ins Schlafzimmer, ist gesetzlich und rechtlich fast so geschützt wie die Personen selbst.

Was also steckt hinter der geheimnisvollen Intimität des Wohnens? Einer Intimität, die manche Menschen sogar vor fremden Stimmen schützen, indem sie den Telefonapparat nur im Vorraum installieren lassen. Nicht anders die in sehr vielen Haushalten vorschnell getroffene Entscheidung über die allererste Anschaffung zur Gestaltung neuer Räume: die Vorhänge. Durch ihre Materialien, Farben, den Stil und die Musterungen auf recht großen Flächen legen sie nahezu die gesamte künftige Einrichtung der Räume bereits sehr früh fest, obwohl ihre Auswahl gar nicht ausreichend überlegt ist, weil viel mehr als die Stilfragen der Sichtschutz beim Kauf im Vordergrund steht, als müßte das Textil indiskrete Einblicke abwehren – fast so etwas wie den bösen Blick, dessen Existenz natürlich von den meisten Menschen geleugnet wird. Und trotzdem wollen sie die fremde Stimme, den fremden Einblick ausschließen. Worin unterscheidet sich die Maske, die anderen Menschen nicht nur durch Garderobe, Frisur und Kosmetik, sondern auch durch das Wohnen gezeigt werden soll, vom wahren

Gesicht dahinter? Eindeutig scheint, daß Harmonie zwischen dem, was der Mensch ist, und dem, was er scheinen will, Zufriedenheit schafft. Man macht sich rückhaltlos verstehbar, um rückhaltlos verstanden zu sein. Echtheit und Identität und damit Schutz vor dem Mißverständnis entstehen im Wohnen beispielsweise dort, wo Menschen genau all das aufstellen und ordnen, was sie tatsächlich brauchen. So zeigen sie auch, wer sie sind.

Wer sich dagegen für das Übliche anstelle des für ihn selbst Notwendigen entscheidet, wer alles, was er zum täglichen Leben braucht, aufräumt und hinter Türen verschwinden lassen muß, bevor Besuch kommt, macht sich das Leben schwer.

Es leuchtet auch ein, daß sich derjenige am allerwenigsten vor Demaskierungen fürchten oder sich für sein Wohnen entschuldigen muß, wer sich in Übereinstimmung mit seinen inneren Notwendigkeiten eingerichtet hat, wer also die Distanz zwischen angestrebter Maske und innerer Wirklichkeit verringert, so weit, bis er sein wahres Gesicht auch im Wohnen zeigen kann. So wird die Wohnung zum idealen, ungekünstelten Bühnenbild für Auftritte, bei denen möglichst wenig gespielt zu werden braucht.

Dazu dient die nächste Übung, die Sie nicht sofort an die vorhergehende anschließen sollten. Wenigstens eine Nacht sollte jeweils zwischen den Übungen liegen, damit sie ihre Wirkungen entfalten können.

Ich will deshalb zuerst die Geschichte des Professors erzählen:

Sein Zimmer, das er sich in seinem vierten Haus neben der Garage gönnte, ist ein Beispiel für Planung, die von außen kommt.

Das Zimmer des Professors ist allgemein bekannt: jener faustische Raum mit den dunklen Bücherregalen hinter dem mächtigen Schreibtisch aus dem gleichen Holz, darauf die polierte Messingleuchte, der fast immer leere Besucherstuhl mit Ledertapezierung im Stil des Bürosessels für den Hausherrn, der allerdings ein wenig höher ist und etwas prächtiger mit seinen Armlehnen. Ein Totenschädel oder ein Segelschiff im Blickfeld, dazu ein kleiner Tisch oder Wagen mit allerlei geistigen Getränken der Sonderklasse, kleine Bilder aus der geliebten Malschule im Original und mit edlen Goldrahmen unter zarten Bildleuchten vor dunkler Täfelung: gehobene bürgerliche Gelehrtenstube, Herrenzimmer, für das sich der Hausherr alles Erdenkliche an Einrichtung und Ausstattung gegönnt hat.

Wenn sich der Professor allerdings, was er manchmal gern täte, hinlegen möchte nach einem schweren Tag oder auch einmal zwischendurch, müßte er sich allzu früh und allzu nah an seiner Familie vorbei ins Schlafzimmer begeben. Da verzichtet er dann lieber auf das nötige Schläfchen.

Statt dessen greift er im Sitzen nach der Zeitung, zieht die untere Lade aus seinem Schreibtisch und legt seine Beine auf deren Rand. Das ist nicht sehr bequem. Die gediegene Vollholzkante schneidet ihm ins Wadenfleisch.

Der Professor setzt sich dann öfter anders zurecht und findet trotzdem selten die Entspannung, nach der er sich sehnt.

Der geschlossen-harmonisch-gediegene Gesamteindruck seines Zimmers, das deutlich nach kultivierter Arbeit aussieht, die er längst und fast ausschließlich in der Klinik erledigt, macht ihn dann leicht ärgerlich, weil da irgend jemand schlecht für ihn gesorgt hat und er am liebsten sofort wieder ein neues Haus bauen will, in dem allerdings neben dem Zimmer neben der Garage, am besten hinter einer unsichtbaren getäfelten Tür, auch noch Platz für ein Liegemöbel vorzusehen wäre, auf das er sich tagsüber manchmal zurückziehen könnte. Unbemerkt natürlich, denn er hält es mit seinem Weltruhm für unvereinbar, daß ein Besucher, der eine Liege im privaten Arbeitszimmer sähe, auf die Idee kommen könnte, da müsse sich tagsüber einer hinlegen. Er fühlte sich entlarvt. Schon die Gegenwart eines solchen Möbels würde allzu Intimes über ihn ausplaudem. Und bei diesem Gedanken angekommen, überlegt er, ob er nicht eine Untersuchungsliege aufstellen könnte, so etwas einleuchtend Praktisches für Patienten, nur eben etwas komfortabler und hinter einem schmucken Paravent...

Manchmal allerdings träumt der Professor auch in Gesellschaft seiner Familie und spricht dann laut darüber: Wenn die Kinder erst einmal aus dem Haus seien, werde er die freigewordenen Räume ganz für sich selbst einrichten, etwas Weiches, Meditatives, Bequemes, Privates, für den inneren Schweinehund, sagt er dann.

Er erzählt das auch vor den Kindern. Für sie klingt es dann so, als könnte ihr Vater sie gar nicht rasch genug aus dem Haus haben. Und sie verstehen das nicht, weil er doch ohnehin alles beherrscht und trotzdem nirgendwo Heimat findet. Und sie fühlen sich dafür mitverantwortlich.

Hauptschauplatz des Lebens

Unzählige solcher Standardeinrichtungen wie die des Professors finden sich in privaten Wohnbereichen ebenso wie in Beamten- und Gelehrtenstuben, in Büros und Chefetagen. Sie sind die üblichen Kulissen für die Auftritte der unterschiedlichsten Menschentypen jeder politischen Konfession und aller Altersgruppen, vom temperamentvoll kämpferischen Manager bis hin zum kühl kalkulierenden Rechner, vom sportlichen Aufsteiger bis zum behäbig abwartenden Verwalter.

Als Journalist untersuchte ich einmal ein Hochhaus. Sechsundzwanzig Stockwerke hoch die gleichgeschnittenen Küchen, Vor-, Wohn-, Schlafräume und Kinderzimmer übereinander. Und sechsundzwanzig Stockwerke hoch die Garderobenwände, die Spiegel, die Polstermöbelgruppen, die Betten, die Einbauwände, die Tische, die Stühle, die Fernsehapparate, fast überall die Stereolautsprecher, die Stehleuchten und der Beistelltisch am fast immer gleichen Platz übereinander in sechsundzwanzig Wohnungen!

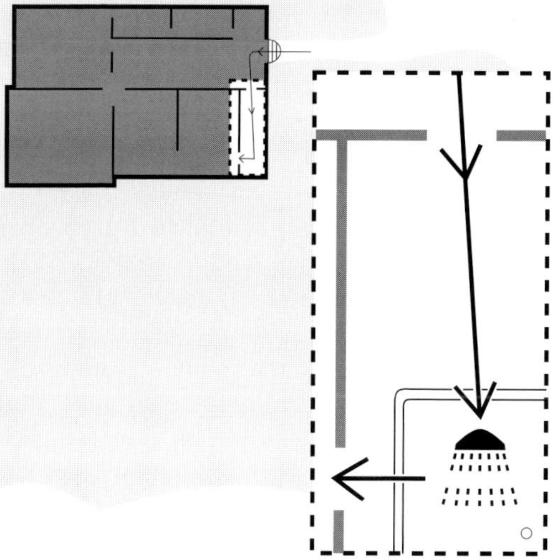

PLAN VON AR

Ein einziges, immer wiederholtes Möblierungsschema für jung und alt, für Alleinstehende, kinderlose Paare, vielköpfige Familien, für geistig und für körperlich Arbeitende, Sportliche und Bequeme, Rechte und Linke.

Ein ähnlich uniformiertes Bild ergibt der Vergleich zwischen den Grundrissen des genormten sozialen Wohnungsbaus und den selbstgeplanten Einfamilienhäusern auf der freien Wiese. Auch hier nahezu identische Raumhöhen und -größen, Ausstattungen und Möbelordnungen, Fenster, Türen, Lichtauslässe, Eintritts-, Wohn- und Aufenthalts- sowie Ruhezonen.

Wieviel persönliche Freiheit und Individualität erlauben diese immer gleichen Möbel und Einrichtungen? Wieviel Entspannung und Erholung bringen diese Standards den unterschiedlichsten Menschen? Ist das ideale Wohnen und Einrichten schon gefunden, und darf sich das Nachdenken darüber auf geschmäcklerische Überlegungen um Schnörkel und Farben beschränken? Warum verlassen dann, sobald es irgend möglich ist, so viele Menschen fast fluchtartig ihre Wohnungen und Häuser? Und warum geben sie bei wachsender Freizeit und steigendem Freizeitbudget statistisch nachweisbar immer weniger Geld für diesen natürlichsten Freizeitbereich Wohnung aus?

Untersuchungen zur Wohnzufriedenheit, wie sie noch vor wenigen Jahren immer wieder angestellt wurden, zeigen erschreckende Fehlbestände, vergleicht man die einfachsten und einleuchtendsten Wohnwünsche der Menschen mit dem, was ihnen ihr Wohnen tatsächlich ermöglicht. Beklagt wird der Mangel an Gelegenheit zum Nachdenken, zur kreativ erholsamen Betätigung ebenso wie zu Spiel und Spaß mit den Kindern bis hin zur Körperpflege und Erholung und Entspannung. Und so manche Untersuchungsergebnisse brachten für die Wohnungsplaner derart erschreckende Zensuren, daß sie bis heute unveröffentlicht unter Verschluß blieben.

Manches von dem, was Wohnen statt dessen sein könnte, ist in den Übungen bereits erkundbar: im Traumzimmer, im Raum, der aus Ihrem Innern herauswächst, beim Klopfspiel, das Ihnen zeigt, was allein an Störungen durch Mitbewohner in diesen Raumstereotypen über das Ohr in die Ruhe der Menschen gelangt, und beim Schreiben Ihrer Wunschliste anläßlich eines unermeßlichen Geldsegens, die Ihnen vielleicht einen Hinweis darauf gibt, wie einfach und nah die Verwirklichung des persönlichen Wohnglücks sein kann. Die nächste Übung soll Sie in Ihre persönlich freie Umwelt führen, in der Sie nichts mehr zu verbergen haben, weder vor anderen noch vor sich selbst.

Wieder brauchen Sie eine ruhige Stunde an einem möglichst ungestörten Ort für sich allein. Machen Sie es sich dort bequem, und entspannen Sie sich.

Beantworten Sie sich diesmal zur Einstimmung eine Frage: Stellen Sie sich vor, Sie könnten irgendwo Ihr Leben in einer anderen Welt ganz neu beginnen. Sie müßten dafür allerdings, ganz nach Ihrem Belieben, komplett angezogen – wenn Sie so wollen: verkleidet – sein. Wie sieht ihr ideales Kostüm für dieses Leben aus, das Sie sich schon lange wünschen? Stellen Sie es sich bitte in allen Einzelheiten vor.

Schließen Sie nun die Augen, und gehen Sie in Ihrer Vorstellung vor einen großen Spiegel. Sie sehen sich in jener Bekleidung, die zu Ihnen und zu dem Leben paßt, das Sie sich erträumen. Sie haben sich so angezogen, weil Sie nun in die für Sie ideale, einfachste und aufregendste Welt gehen werden. Beobachten Sie sich genau im Spiegel, und korrigieren Sie, was nötig ist. Achten Sie auch auf die Frisur. Sie schlüpfen in die für Sie passendste Rolle und können nach der abschließenden Kontrolle ganz sicher sein, daß alles stimmt. Nehmen Sie sich für die Beobachtung und auch für die Freude darüber, daß Ihnen nun alles ganz entspricht, ausreichend Zeit.

Sie sind mit sich und Ihrer Rolle vollends zufrieden und genießen sie. Und nun hebt sich eine der Wände des Raums, in dem Sie vor dem Spiegel stehen. Ganz langsam geht sie hoch und öffnet einen großen Zuschauerraum, in dem alle Menschen Platz genommen haben, die Sie persönlich kennen. Und auch all jene sitzen dort, die Sie noch kennenlernen wollen. Alle Ihre Idole und Vorbilder, alle, die Sie verehren, alle, denen Sie nun zeigen wollen und dürfen, wer Sie wirklich sind, wie weit Sie es bringen können und was in Ihnen steckt.

Sie haben das Kostüm gewählt, das am besten zu Ihnen paßt und das Sie nun allen Menschen da unten zeigen. Das Publikum erkennt Sie in diesem Kostüm und stimmt Ihnen zu. Sie sind froh darüber. Sie fühlen mit Freude, wie Ihre Bedenken, als der gesehen zu werden, der Sie sind, von Ihnen abfallen. Sie machen sich verstehbar und werden verstanden und erhalten dafür ungeteilte Zustimmung aller Menschen, auf die es Ihnen ankommt. Und Sie genießen diese Freude, solange Sie wollen.

Wenn Sie sprechen wollen, tun Sie es. Sagen Sie Ihrem Publikum, was Sie schon lange sagen wollten.

Und nun beginnen Sie, sich auf Ihrem Podium vor den Zuschauern zu bewegen. Sie tun, was Sie wollen. Alle Aufmerksamkeit ist auf Sie gerichtet. Sie wissen, daß Ihr Publikum ausschließlich interessiert, wer Sie sind und was Sie tun. Und Sie zeigen es ihm durch ihren Körper, Ihre Bewegungen, Ihre Garderobe und Ihre Umgebung. Alles, was Sie dazu brauchen, ist bereits vorhanden und paßt zu Ihrer Rolle.

Sie stehen dort, wo Sie verstanden werden. Sie blicken auf den Boden, den Grund, auf dem Ihre Existenz gründet. Sie sehen Ihren Standpunkt und seine Beschaffenheit, fühlen seine Festigkeit und folgen mit Ihren Augen diesem Boden bis an seine Grenzen, die Sie umgeben und schützen und Ihre Bühne bilden.

Ihr persönlicher Hintergrund ist sichtbar geworden, gemeinsam mit den Dingen, die Sie bedingen, den Requisiten, die ihr Leben verstehbar machen durch ihre Materialien, ihre Formen und Proportionen, an denen Sie Ihre besten Eigenschaften beweisen können, indem Sie mit ihnen umgehen. An diesen Dingen zeigen Sie nun den Zuschauern, welchen Wert Sie sich selbst beimessen und welchen Wert das für Sie Schöne, Bewahrenswerte besitzt. Wie Ihre Garderobe, so besteht auch Ihre Umgebung aus bewußt ausgesuchten Dingen. Fassen Sie sie an, nehmen Sie ihren Geruch wahr, und erklären Sie Ihrem Publikum, welche Bedeutung die einzelnen Gegenstände für Sie haben. Die Zuschauer verstehen Sie und stimmen Ihnen in allen Details Ihres anspruchsvollen Lebens zu. Und nun, mit diesem Selbstbewußtsein, mit dieser Bewußtheit Ihrer selbst, die sich auch in den Dingen ausdrückt, die Sie umgeben, verlassen Sie unter dröhnendem Applaus die Bühne. Die Wand senkt sich.

Sie lassen dieses Erlebnis langsam ausklingen und kommen behutsam an den Platz zurück, an dem Sie sich niedergelassen haben.

Wie fühlen Sie sich?

Manche Menschen machen sich hinterher Notizen oder zeichnen, was sie auf der Bühne erlebt haben und wie es dort aussah. Bei vielen setzt nach dieser Übung die Suche ihrer Sinne nach jenen Materialien, Oberflächen, Formen, Farben, Gewichten in der Außenwelt, nach jener Wärme und Griffigkeit ein, die sie innerlich erwarten. Anderen gab dieser Traum vom unmißverständlichen Auftritt so viel Selbstbewußtsein, daß sie alle konventionellen Elemente in ihrer Wohnung, die nicht mit ihren wirklichen Bedürfnissen übereinstimmten, umzugestalten begannen.

Ich erinnere mich an einen Landpolizisten, der sich in seinem Tagtraum verschwitzt heimkommen sah – eine ihm unangenehme tägliche Erfahrung – und direkt neben der Eingangstür eine Dusche und einen Schrank mit seiner Wäsche fand. Dort säuberte er sich, zog sich um und trat dann, nachdem er sich ausreichend Zeit für seinen Körper und die Wahl seines liebsten Kostüms genommen hatte, in einem bequemen, sportlichen Hausanzug auf.

Er hat sich kurze Zeit danach, bei Renovierungsarbeiten, diesen Wunsch erfüllt. Die dafür nötigen Mehrkosten haben sich längst ausgezahlt, wie seine Frau später erzählte. Denn nun sei die Küche, die sie manchmal überstürzt verlassen müsse, weil sie als Hebamme zu einer Entbindung gerufen werde, immer schon aufgeräumt, wenn sie wieder heimkomme, und auch die Kinder seien plötzlich gut versorgt und schwärmten von ihrem

Vater, der sich nun wirklich um sie kümmere und für jeden Spaß zu haben sei. Vorher, sagte der Mann, konnte er nie vergessen, daß er verschwitzt war. Er fühlte sich schmutzig, beengt, gehemmt, war schlechtgelaunt und reagierte seinen Ärger an der Familie ab, obwohl er selbst wußte, wie ungerecht das war. Nun aber sei die richtige Reihenfolge gesichert. Und wenn er geduscht und umgezogen zu seiner Frau und den Kindern komme, habe er das Gefühl eines Auftritts vor dankbarem Publikum und befinde sich in seiner Traumrolle, auf die er sich freuen könne. Und er kenne seit dem Umbau genügend Freunde, die ihn um seine Dusche gleich unter der Treppe beneiden...

Kostenfaktor Wohnen

Wohnglück, meinen viele Menschen, sei fast ausschließlich eine Geldfrage. Nur wer Geld habe, könne sich das Haus oder die Wohnung seiner Träume leisten. Was würden Sie anschaffen, wenn Sie ausreichend Geld zur Verfügung hätten?

Nehmen Sie an einem ruhigen Abend Papier und Schreibwerkzeug zur Hand, und schreiben Sie alle Ihre Wohnwünsche auf.

Je länger die Liste, desto besser: das Haus – es kann auch ein Schloß sein -, die Ledergarnitur, der Seidenteppich, die Seegrastapete, die Sauna, die Weinstube im Keller, das Schwimmbad, die vollelektronische Küche, die Stereoanlage, der Marmorboden, der Kronleuchter, was immer Sie sich wünschen. Und bitte, vergessen Sie nichts!

Stellen Sie sich an diesem Abend ruhig vor, daß Sie Glück haben und eine gute Fee oder ein Gewinn im Lotto Ihnen unbeschränkt Geld beschert. Allerdings müssen Sie es ausschließlich für Ihr Wohnen ausgeben. Sie bekommen dazu so viel Geld, wie Sie brauchen, für alles, was Sie sich wünschen oder vorstellen können.

Sie müssen, das ist die einzige Bedingung, nur möglichst genau die Summe wissen, die Sie benötigen. Und deshalb sollten Sie auf Ihrer Liste bei jedem Wunsch dazuschreiben, was seine Erfüllung kosten soll.

Und nun, da Sie alles aufgeschrieben und mit möglichst seriösen Preisen versehen haben, was Sie sich für Ihr Traumwohnen wünschen, bleibt immer noch ausreichend Geld für Ihren ganz persönlichen Wohnwunsch.

Was würden Sie für sich persönlich anschaffen, und wenn Sie – auch dafür ist genug Geld verhanden – anbauen müßten? Sie haben noch einen Wunsch frei, nachdem Sie alles, wirklich alles haben, was Sie sich allein oder gemeinsam mit Ihren Mitbewohnern erträumten.

Ist vielleicht Ihr Traum vom glücklichen Wohnen ganz einfach zu verwirklichen, wenn Sie nun gleich, vor allem anderen, damit beginnen, sich diesen Herzenswunsch zu erfüllen?

Seiner Phantasie freien Lauf zu lassen, ohne sich selbst zu begrenzen oder sich sogenannten Sachzwängen unterzuordnen, ist ein bewährtes kreatives Verfahren, Brainstorming genannt. Dabei darf und muß alles, was auch nur irgendwie zum Thema gehört, selbst das Verrückteste, einfach herausgesagt und am besten gleich schriftlich festgehalten werden. Kommentar, Kritik, Interpretation aber, was immer den freien Gedankenflug unterbrechen oder ihm Grenzen setzen könnte, ist verboten. So entsteht ein

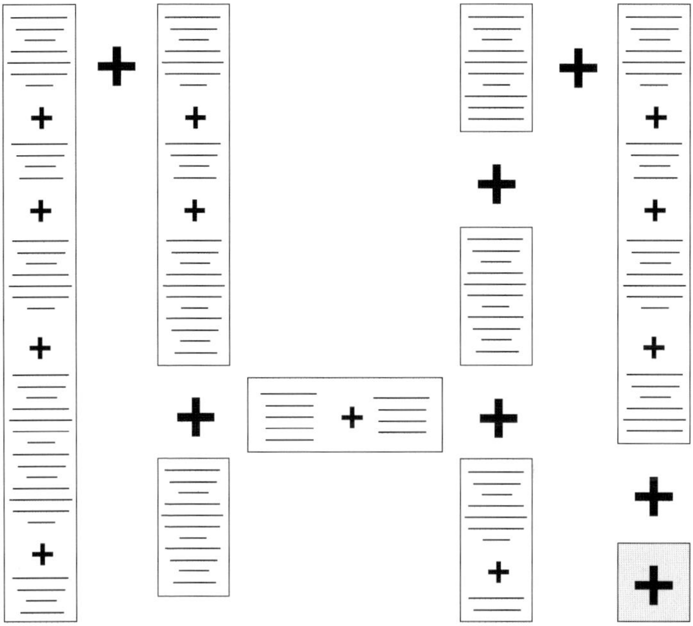

PLAN VON AR

Raum, Freiraum, in dem die eigenen Möglichkeiten und Träume, die geheimen Wünsche in ihrer ganzen Wichtigkeit – wenigstens einmal – laut werden dürfen. Von hier zur Verwirklichung des Wesentlichen ist es dann meist nur noch ein kleiner Schritt.

Also:

Wie würden Sie ganz persönlich wohnen, nachdem Sie schon alles haben, was man Ihrer Meinung nach besitzen muß, bevor man an sich selbst und seine Wünsche denken darf?

Ich erinnere mich an einen Möbelhändler, der mir nach einem meiner Vorträge erzählte, er habe sich sein ganzes Leben lang insgeheim einen Ofen mit offenem Holzfeuer zum Kochen gewünscht und ihn doch niemals in seine Küche einzubauen gewagt.

„Dann verschieben Sie die Verwirklichung dieses Traumes auf Ihr nächstes Leben!“ sagte ich.

Er schaute mich zuerst entsetzt an, lachte dann und sagte: „Sie haben recht. Wer soll mich abhalten? Und wer weiß, vielleicht kann ich solche Öfen ja sogar verkaufen?“ Und dann schwärmte er mit Begeisterung vom Heizen mit Holz, vom Umgang mit dem Feuer und der Qualität der auf offenem Feuer gekochten Speisen, daß ich selbst versucht war, einen solchen Ofen zu kaufen.

Auch eine ältere Dame brauchte einen ähnlichen Anstoß: Sie hatte keine Angehörigen mehr und richtete sich für ihr einsames Alter ein. Im Einrichtungshaus, wo sie mir auffiel, suchte sie nach einem bequemen Sessel für die langen Abende zum Lesen und Fernsehen. Sie prüfte die Ohrenfauteuils mit Fußhocker und Automatik, sie setzte sich in die Ledergarnituren. Nur um die kleine Gruppe der Schaukelstühle ging sie immer wieder herum, bis ich sie einfach ansprach und bat, doch einmal in einem leichteren Stahlrohrmodell Platz zu nehmen.

Sie setzte sich ganz ruhig hinein und verharrte ungewöhnlich lange still, den Kopf gebeugt. Als sie dann aufschaute, hatte sie Tränen in den Augen.

„Ich habe so viele Jahre auf einen solchen Sessel gewartet", sagte sie. Sie hatte sich einen Schaukelstuhl schon zu Beginn ihrer Ehe für ihre erste Wohnung gewünscht. Dann kamen die Kinder, der Krieg, der Wiederaufbau und einige Umzüge. Und niemals hatte jemand auf ihren immer wieder ganz leise geäußerten Wunsch geachtet. Nie war dafür Platz oder Geld übrig. Und hätte ich nicht ihr Zögern bemerkt und sie gleichsam in den Schaukelstuhl hineingesetzt, hätte sie auch die vielleicht letzte Gelegenheit vorübergehen lassen. Nun aber kaufte sie ihn endlich selbst. Er wurde das Zentrum ihres Lebens.

Die ältere Dame und der Möbelhändler hatten mehr Glück als jener Kunsthändler, der immer schon dasaß, wenn ich in die Kneipe kam, in der ich einige Jahre lang ziemlich regelmäßig zu Abend aß. Und wenn ich dann das Lokal verließ, war er immer noch da. Irgendwann kamen wir ins Gespräch, und später einmal lud er mich voll Stolz in seine Wohnung ein. Dort hatte er sich einen etwa sechzig Quadratmeter großen Wohnraum eingerichtet: Marmorboden, Chrom, weißes Leder, Design. Ich war beeindruckt. „Und wenn Sie jetzt noch anbauen dürften?" fragte ich ihn und dachte an seine Abende im Gasthaus.

„Einen Erker könnte ich schon noch brauchen", sagte er. „Nicht groß, einige Quadratmeter nur hinter einer schweren Eichentür, mit einem bequemen Sessel und Büchern rundherum unter einer schönen Leseleuchte." – Er hat sich diesen Traum, der so gar nicht zur durchgestylten Wohnung passen wollte, bis heute nicht verwirklicht und ist deshalb auch in seinem aufwendigen Penthouse heimatlos geblieben. Und das liegt, wie so oft, nicht am Geld und nicht am Platz.

Die Frage ist vielmehr, wovon wir uns beim Einrichten unseres Lebens, dort, wo wir wirklich Gelegenheit und Freiheit dazu haben, leiten und bestimmen lassen, nach welchen Prioritäten wir unser Wohnen gestalten.

Bett, Bad, Schrank

Entdeckung der Sinnlichkeit

Erst wenn die Alarm- und Warnsysteme unseres Körpers zurückgeschaltet sind, können wir zu innerer Ruhe und damit Erholung kommen, weil dann das Sehen und Hören, das Riechen und Schmecken und die Tastfunktionen der Haut nichts registrieren, was uns in Aufmerksamkeit und damit Anspannung versetzt. Ruheplanung bedeutet also die Ausschaltung möglichst vieler Störfaktoren, die Ausschaltung von allem, was Angst macht und zu zusätzlichen lebenssichernden Aktivitäten führt, damit der Körper, das Denken und das Fühlen sich entspannen und sich unbesorgt bis hin zur Wehrlosigkeit des Schlafes der Umgebung ausliefern wollen. Wer seinen Schlafplatz auswählt und einrichtet, sucht vor allem die Sicherheit für diese Entspannung.

Nun sorgen die Menschen durch das Bett und sein Zubehör beispielsweise für die ausreichende Klimatisierung des ruhenden Körpers. Sie umgeben sich mit Dach und Wänden, stabilen Böden, verschlossenen Fenstern und Türen. Sie wollen vor überraschenden Angriffen durch die Witterung, wilde Tiere oder auch Räuber und Mörder oder andere Bedrohungen gesichert sein, die Anspruch auf das Revier erheben könnten. Sie schließen, so gut es eben geht, Gefahren, die von außen kommen, aus. Sie reduzieren aber auch die Reize für das Auge, indem sie für Dunkelheit sorgen, bevor sie sich zur Ruhe legen, und suchen nach geräuscharmen Zonen, um ihrem Gehör Ruhe zu verschaffen. Viele lüften die Schlaf- und Ruheräume, um dem Riechen und Schmecken Arbeit abzunehmen. Und schließlich wird die Haut von außen mit allem versorgt, was ihr kuschelig wohltut und sie beruhigend umhüllt. Bis hin zur Unterlage, die den Bewegungsapparat und die Versorgungssysteme entlastet, wenn der Körper liegt, wird alles auf ein möglichst geringes Reizgefälle zwischen außen und innen ausgerichtet.

Auch im Innern des Menschen soll Ruhe einkehren: Zwischen dem Teil des Gehirns, der für das Schlafen verantwortlich ist, und all den anderen, die Bilder in die Einschlafphase schieben und zu mehr Aktivität aufrufen wollen, kann sich eine Rivalität entfachen, die zu Einschlaf-, das heißt Entspannungsproblemen führt. Wer kennt nicht die Erinnerungen und Mahnungen, die sich gegenseitig durchkreuzenden Gedanken, die verschiedenen Stimmen und die Versuche, sie durch ständig wiederholte Monotonien wie das Schäfchenzählen zur Ruhe zu bringen. Und auch das gute Gewissen gilt als gutes Ruhekissen, wenn man also mit seinem Tag, seinen Leistungen und dem moralischen Wert seiner Handlungen einverstanden

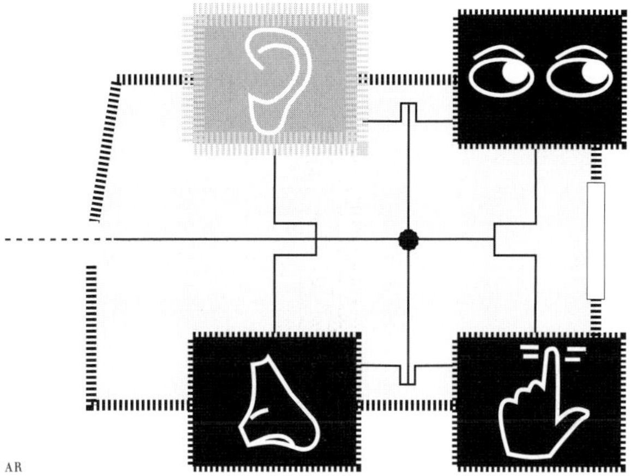

PLAN VON AR

ist, sich in einem Zustand der Harmonie, der Übereinstimmung befindet.

Diese Übereinstimmung des Innern mit allen äußeren Bereichen ist das Maß, an dem sich die von innen kommende Planung der persönlichen Ruhe-, Erholungs- und Schlafzone bis hin zum Bett und seinem Inventar orientieren sollte.

Allerdings ist diese Zone selbst, das Selbstverständlichste in ihr, nicht mehr ohne Gefahr, wie das wachsende Umweltbewußtsein und die Umweltängste beweisen. Die Atemluft, die Elektrizität, die Radioaktivität, die Überhitzung der Atmosphäre, der Smog, das Formaldehyd, die Staubbakterien und Milben, die Strahlungen der Baumaterialien, die Höhenlage der Wohnung, der Asbest in den Wänden, die Rückstände der Reinigungsmittel, die Chemisierung der Nahrung, das Ozonloch, der Lärm, die ständigen Feinerschütterungen der Bauwerke durch den Straßenverkehr, die Waschmittelreste in den Textilien bedrohen die existentielle Sicherheit heute scheinbar so elementar wie nie zuvor. Atomtodgefahr droht der gesamten Welt und schafft in uns ständige Aufmerksamkeit, vergleichbar wohl nur der Angst der Menschen in Erdbeben- oder Kriegsgebieten oder in Diktaturen: Die Angst vor der lebensbedrohenden Gefahr scheint so unüberwindbar zu sein, daß die Sorgen um die möglichst störungsfreie Ruhe- und

Schlafzone im Wohnbereich geradezu lächerlich wirken müssen. Und doch braucht der Mensch überall seinen ungestörten Schlaf in voller Sicherheit, der ihn durch ausreichende Erholung gegen die allergrößte Bedrohung seiner persönlichen Existenz stärkt, gegen das Gefühl nämlich, ständig bedroht zu sein. Er braucht, wie schon seine Vorfahren, die sich nicht nur durch wilde Tiere und andere nomadisierende Gruppen, sondern auch durch Donnergötter, Steppenbrände, Überschwemmungen oder Stürme gefährdet sahen und diese unerklärbaren Phänomene zu besänftigen suchten, ein persönliches Arrangement, um Entspannung zu möglichst ruhigem Einschlafen und Erwachen zu finden.

Das Arrangement mit der Angst ist heute um so notwendiger, weil ständig neue Bedrohungen gefunden werden, die den Alarm niemals abklingen lassen. Dieser Daueralarm könnte es manchem anfangs erschweren, sich auf die folgende Übung, die zu einem solchen Arrangement verhelfen soll, ganz einzulassen.

Nehmen Sie sich wieder eine Stunde Zeit an einem ruhigen, ungestörten Ort, an dem Sie sich so bequem wie möglich auf dem Rücken liegend niederlassen. Schließen Sie die Augen, und atmen Sie tief ein und aus. Sie gehen jetzt in eine etwas andere Entspannung als bisher. Sie versuchen eine Meditation auf Leere, auf Freiheit von Gedanken. Sie konzentrieren sich ausschließlich auf Ihren Atem und atmen ganz langsam und tief ein und verhalten die Luft, bevor Sie wieder ganz langsam ausatmen und nun auch die Luftleere Ihrer Lunge verhalten, bevor Sie wieder ganz langsam einatmen.

Sie vertrösten alle Gedanken, die nun in Ihnen auftauchen, auf später. Sie denken nur an Ihr langsames Ein- und Ausatmen und folgen der Luft mit Ihrer Aufmerksamkeit hinein und hinaus, bis Sie ganz automatisch und ruhig und langsam atmen und dabei selbst ruhig werden. Sie sind ruhig und atmen automatisch und genießen die Entspannung und die innere Ruhe.

Manche Menschen entdecken nach dieser Entspannungsübung, die sie auf dem Boden liegend ausüben, daß sie auch nach etwa fünfzehn Minuten nicht frieren. Und fast alle Menschen – und das ist das beste Zeichen dafür, daß diese Entspannungsübungen gelungen sind – entdecken nun intensiv ihre Sinne. Ihre Ohren werden unerwartet feinhörig. Ihre Nase nimmt sehr viel mehr Gerüche als bisher wahr. Ihr Gaumen schmeckt mehr, das Leben scheint reicher. Sie erwachen mit mehr Kraft, Elastizität und Optimismus als nach erholsamstem Schlaf im eigenen Bett.

Diese Übung ist einer der sanftesten Wege zur Beantwortung der folgenden Fragen:

Welcher ist Ihr derzeit wichtigster Sinn: Das Sehen? Das Hören? Das Riechen? Das Schmecken? Die Empfindlichkeit der Haut für die Temperatur? Für die Feuchtigkeit? Die Schwereempfindlichkeit?

Worauf könnten Sie verzichten, wenn es notwendig und unausweichlich wäre? Für ein Wochenende etwa?

Auf das Sehen? Und genauer: auf die Farben oder das Licht? Auf das Lesen? Auf das Fernsehen? Auf das Sehen von Proportionen oder Entfernungen? Die Orientierung?

Auf das Hören? Für einige Tage taub sein für Geräusche, für Stimmen, für Musik? Für sich selbst?

Könnten Sie ein Wochenende lang auf Ihr Schmecken oder Riechen verzichten? Beim Essen und Trinken? Beim Atmen? Oder auf das Tasten, die Beweglichkeit Ihrer Beine oder Ihrer Arme oder Ihres Kopfes und das Empfinden von Temperatur, ausreichender Trockenheit, Luftbewegung, auf das Gefühl für einen sicheren Standort?

Welches Ihrer Sinnesorgane ist also das wichtigste und darf keineswegs gestört sein, wenn Ihnen das Leben lebenswert erscheinen soll, wenn Sie einschlafen wollen? Welches Ihrer Sinnesorgane gibt Ihrem Leben die meiste Sicherheit? – Erkunden Sie mit Hilfe dieser Übung, ob Sie ein Augen-, ein Ohren-, ein Geruchs- und Geschmacks- oder ein Tastmensch sind!

Ohne genaue Selbstbeobachtung halten die meisten Menschen ihre Augen für ihre wichtigsten Sinnes- und Warnorgane. Manche von ihnen werden nachdenklich, wenn man sie fragt, warum wir dann von Aufhören – und eben nicht vom Aufsehen – sprechen, um ein Ende oder einen endgültigen Abschied zu bezeichnen. Und viele entdecken schließlich, daß ihr Gehör das für sie wichtigere Warnorgan darstellt, daß sie sich am allermeisten nach ihren Ohren orientieren. Und sie wählen für das Wochenende, an dem sie ohne dieses für sie wichtigste Sinnesorgan eine Art Überlebenstraining versuchen sollen, die in allen Apotheken erhältlichen Ohrenstöpsel.

Bezeichnend ist auch die Tatsache, daß Menschen, die einige Tage lang freiwillig blind leben wollen, diese Zeit auch mit meist wachsender Freude an der zunehmenden Empfindsamkeit und der Neuentdeckung der Welt mit einem immer größeren Teil ihres Körpers und seiner Sinnesorgane durchhalten, daß aber Menschen, die es mit verstopften Ohren versuchen, schon nach wenigen Stunden unglücklich, einsam, ungeduldig und zunehmend ängstlich werden und den Versuch dann auch meist unterbrechen wollen. Und auch diese Erfahrung aus der freiwillig begonnenen Entdeckungsreise zu sich selbst hilft ihnen als Planungsfaktor bei den Überlegungen zum Wohnen, zur Gestaltung einer lebenswerteren Umwelt.

Keine der Erfahrungen, die Menschen bei solchen Übungen machen können, lassen sich verallgemeinern oder auf andere übertragen. Insgesamt aber reduziert die Begegnung mit der größten Angst um das Versagen oder den Verlust eines Sinnesorgans diese Angst selbst und steigert die Empfindlichkeit und damit die Erlebnistiefe der anderen kompensatorisch: Ein beeinträchtigter Bewegungs- und damit Tastapparat erhöht die Aufmerksamkeit der Augen und der Nase. Wer auf sein Gehör verzichtet, wird, nach Überwindung der Unsicherheit, die Erweiterung seines Gesichtskreises über die Augen erleben dürfen. Und wer auf seine Augen verzichtet, wird die Schärfung seines Gehörs und seines Geruchs- und Tastsinnes am ganzen Körper empfinden.

Erst wenn ein Mensch seiner persönlichen Angst, was immer er von den Meldungen aus seiner Umwelt für sich selbst als bedrohend empfindet, konkret begegnet, wenn er also genau weiß, wovor er sich tatsächlich und ganz konkret persönlich, noch inmitten der unleugbaren allgemeinen Bedrohtheit, fürchtet, wird er entsprechende Gegenmaßnahmen für sich treffen können, um das Spannungsgefälle zwischen äußeren Reizen und in ihm angelegten Überlebensstrategien durch entsprechende Vorsorgemaßnahmen zu reduzieren.

Welchem der Alarm- und Überlebenssysteme Ihres Körpers vertrauen Sie also am meisten, und welches empfinden Sie als am stärksten bedroht? Welche Einrichtungen – von Luftfiltern, Luftbefeuchtern, Schallisolationen bis hin zum Bunkerbau, von der Installierung von Alarmanlagen bis hin zu hohen Zäunen und Mauern oder Meßgeräten – könnten das Alarmsystem Ihres Körpers erweitern und die Sicherheit erhöhen, damit Sie ruhiger schlafen als bisher?

Wie Sicherheit entsteht

Auf Erschrecken und Gefahr kennt die Verhaltensforschung prinzipiell nur drei mögliche Reaktionen: flüchten, erstarren oder kämpfen. Alle drei Varianten, mit denen das Leben seine Existenz zu schützen sucht, brauchen jeweils andere räumliche Voraussetzungen:

Wer auf Widerstände losgeht, frontal lospreschen muß, unduldsam und oft jähzornig laut wird, also in den Kraftphasen seines Lebens eindeutig die Auseinandersetzung und den Kampf sucht, sich seiner Verteidigungsfähigkeit sicher ist, gewinnen will und sich nicht so rasch vor irgend etwas zu fürchten scheint, wird am besten auf dem für ihn idealen Kampfplatz zur Ruhe kommen, wo er auch die ihm gemäßeste Waffe bereitlegt: die Pistole in der Lade, den Prügel unter dem Bett, das Messer unter dem Kopfkissen, den Lichtschalter so nah wie möglich bei der Hand.

Und wo immer dieses ideale Schlachtfeld liegen mag (davon handelt das nächste Kapitel), es zeichnet sich durch ausreichenden Schutz vor

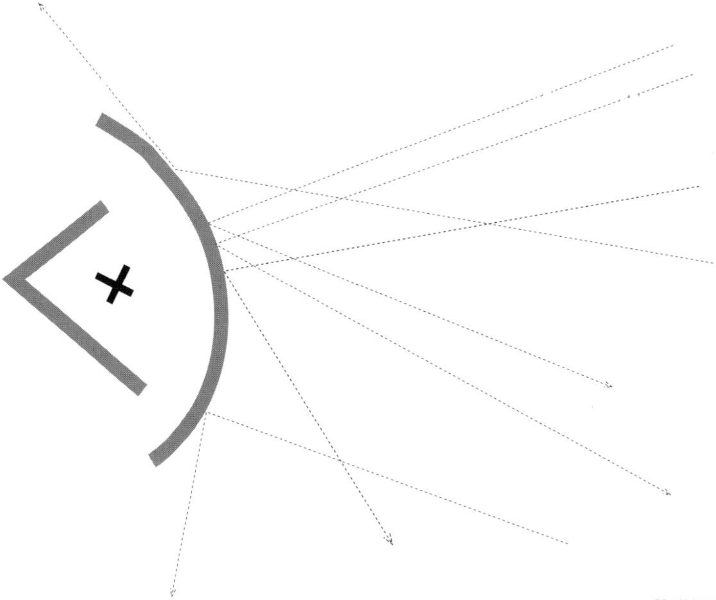

PLAN VON AR

Überraschungen aus. Wer kämpfen will, muß aus der Ruhe heraus kampfbereit sein und rüsten dürfen. Zwischen dem Erkennen der Gefahr und der eigenen Aktion soll Zeit oder Raum liegen, damit zweckmäßiges Reagieren möglich ist. Und je nach der Rangordnung der Sinne werden Kämpfer besser schlafen und eher zur Ruhe kommen, wenn sie die mögliche Gefahrenquelle, die Tür, das Fenster, die dunkle Ecke auch vom Kissen aus im Blick haben. Sie sehen gleichsam auch mit geschlossenen Augen. Und viele Menschen wollen mit dem Öffnen der Lider, ohne den Kopf oder den gesamten Körper drehen zu müssen, der Gefahr ins Auge sehen. Sie brauchen den übersichtlichsten Blickwinkel, um ruhig werden zu können, und richten deshalb Augen, Ohr und Nase auf die Gefahrenquelle aus.

Ganz anders die spontan Fluchtbereiten, die sich in allen Situationen, in Gesprächen, bei der Arbeit, auch bei der Wahl des Sitzplatzes im Restaurant, im Flugzeug, als Gast bei Freunden einen Fluchtweg offenhalten wollen. Auch ihr jeweils wichtigstes Warnsystem will beim Einschlafen, Schlafen und Erwachen die möglichen Gefahrenquellen möglichst ungestört kontrollieren – die Tür, das Fenster, die dunkle Ecke, den Ofen, wenn sie das Feuer am meisten fürchten, die vorbeiströmende Atemluft, wenn sie sich über die Nase sichern. Denn diese persönliche Alarmanlage schaltet sich auch bei ihnen niemals vollends ab.

Allerdings brauchen sie keinen Kampfplatz und keine Waffe, sondern den Fluchtweg und die Fluchtausrüstung in Griffnähe, die Schuhe etwa am Bettrand, die Hose griffbereit, wenigstens den Morgenmantel und die Schlüssel, die Geldbörse, die wichtigsten Papiere. Ihnen fehlt der Lichtschalter am Bett weniger als dem Kämpfer, denn sie wissen, wie sie auch bei Dunkelheit entkommen können. Und je genauer sie es wissen und je besser sie dafür gerüstet sind, desto beruhigender und effektiver entspannen sie sich. Beide Typen aber werden beispielsweise die völlige Dunkelheit mit einem schwachen Orientierungslicht zu durchbrechen suchen...

Wer am liebsten erstarrt, wer lieber stumm, geduckt, möglichst unsichtbar und unscheinbar und getarnt abwartet, wer übersehen sein will, von der Gefahr abgewandt, unter der Decke verkrochen schläft, will meist nicht nur nicht wahrgenommen sein, sondern auch selbst nicht wahrnehmen. Er wird dort am meisten Ruhe finden, wo er nach seinem Fühlen, wieder nach der Hierarchie seiner Sinne, am sichersten ist und somit übersehen, überhört, nicht gerochen werden kann, abseits von Passagezonen, am liebsten bereits hinter Türen, die niemand vermuten würde.

Es ist klar, daß kein Mensch sein ganzes Leben lang ausschließlich einem dieser drei Typen angehört: Nur wer davon überzeugt ist, daß er in einem Kampf auch siegen kann, wird sich auf ihn einlassen. Wer zu der Überzeugung kommt – und sie kann ganz unvermittelt entstehen-, daß er mit seiner Fluchtbereitschaft nichts mehr erreicht, wird vielleicht zum entschlossenen Kämpfer werden und seinen geplanten Fluchtweg zum Schlachtfeld machen oder doch lieber jeder Gefahr aus dem Weg gehen wollen, weil er sich zu schwach oder zu ungeübt fühlt. Und auch der Erstarrer, der sich tief im Innern wenig zutraut, wird im Extremfall wahrscheinlich von sich selbst überrascht sein.

Und ihrem jeweiligen Typ gemäß reagieren die Menschen auch auf die großen Umwelt- und damit Lebensgefahren, von denen wir ständig hören: Die Kämpfer attackieren die Verursacher, was immer sie dabei für sich selbst zu gewinnen oder zu verlieren haben. Die Flüchter – und das sind bereits mehr Menschen, als man glauben mag – träumen von der Überlebenschance unterhalb des Meeresspiegels oder auf einem anderen Planeten und trauen dem menschlichen Fortschritt auch diese Entwicklungsfähigkeit zur Beseitigung der technischen Probleme zu. Und die Erstarrer werden, obwohl sie sich vielleicht davor fürchten, nicht einmal die Spanplattenmöbel, von deren Formaldehydgehalt sie wissen, aus dem eigenen Wohnbereich entfernen und lieber vorsichtig und ängstlich weiteratmen und auf die bessere Luft beim Sonntagsausflug hoffen, die ihre Krebsangst besiegen mag.Die folgende Übung ist ein guter Weg zu erkunden, zu welchem Alarmtyp Sie gehören.

Wieder brauchen Sie ein wenig Entspannung, etwa eine halbe Stunde Zeit und einen ungestörten Ort.

Beantworten Sie für sich die Frage, welches Tier Sie gern wären, wenn Sie die Wahl hätten! Diese Frage ist sehr ernst gemeint! Bitte lassen Sie den möglicherweise aufsteigenden Ärger, die Kritik, die sich in Ihnen regt, abklingen.

Dürften Sie ein Tier sein, welches Tier wären Sie gern? Und nun sind Sie dieses Tier. Erzählen Sie sich, wie es dort aussieht, wo Sie als dieses Tier leben. Sie erzählen sich, wie Ihr Tag beginnt und wie und womit Sie ihn verbringen. Sie erzählen sich von Ihrem Erwachen, davon, was Sie dann den Tag über tun und wo und wie Sie sich danach zur Ruhe legen.

Aber vielleicht sind Sie auch ein Abend- oder Nachttier, das seinen Alltag, sein zufriedenes, glückliches Leben erst in der Dämmerung beginnt?

Vielleicht sind Sie ein Tier der Lüfte oder ein Tier, das im Wasser lebt? Beschreiben Sie Ihr Leben als das Tier, das Sie gern wären, wenn Sie die Wahl hätten. Und beschreiben Sie die Gegend, die Landschaft, in der Sie sich als Tier in Ihrem Tagtraum bewegen.

Sie bleiben in diesem Spiel, solange Sie wollen, und genießen die Freiheit, die Ihrer Art entspricht.

Kommen Sie nur langsam zurück in Ihre Wirklichkeit als Mensch. Und recken Sie sich, und spannen Ihre Muskeln. Wie fühlen Sie sich?

Vielen Menschen wird diese Übung am Anfang albern vorkommen. Kämpfernaturen werden heftigen Widerstand leisten, Erstarrer den Weg aus der eigenen Identität nur schwer finden. Flüchter werden vielleicht begeistert oder auch nur widerstrebend einsteigen in dieses andere und doch so leichte, einleuchtende Leben.

Viele Menschen erleben in diesem Tagtraum ein unglaublich abwechslungsreiches, bewegtes Dasein. Oder sie erkennen, daß sie sich nach einem vergleichsweise monotonen, ruhigen, regelmäßigen Alltag sehnen. Und andere werden erfolgreiche Jäger sein oder Spaß haben, wenn sie gejagt werden und siegen. Andere wieder werden ihre Weide haben, ein eingezäuntes, sicheres Revier, und sich als begeisterte Wiederkäuer erleben. Oder sie werden unantastbar stark und mächtig sein, dennoch oder gerade deshalb empfindsam und gut. Sie alle erleben sich als Tier jedoch im persönlichsten Habitat und sonderbar eins mit sich selbst.

Und warum leben Sie nicht immer so? Von nun an als Mensch in genau dieser Art, die Ihre Art ist?

Vielleicht sind Sie gar nicht das Rennpferd, das gewinnen, das für kurze Höchstleistungen unter ärgstem Streß aus dem Stall geführt sein will? Vielleicht sind Sie viel lieber der brave Gaul, der kontinuierlich seine Arbeit tut? Vielleicht sind Sie auch nicht die dumme Kuh, der dickhäutige Elefant oder wofür immer die anderen Sie halten mögen, um Ihnen ein Leben aufzuhalsen, für das Sie, wie es der Traum beweist, gar nicht geschaffen sind?

Und nun, da Sie sich Ihr liebstes Jagdrevier oder Ihre liebste Weide beschrieben haben, entscheiden Sie am besten selbst, ob Sie ein Kämpfer, ein Flüchter oder ein Erstarrer sind in dieser Lebensphase, in der Sie ein Nest brauchen, um Ihre Ruhe zu finden. Und wie soll dieses Nest beschaffen sein?

Wohin mit dem Bett

Erst die Komplettangebote des heutigen Möbelhandels und der sogenannten Wohnkultur mit ihren Serienprodukten haben die einstmals übliche Bettenvielfalt verarmen lassen. Wer sogenannte Heimatmuseen oder erhalten gebliebene Burgen und Schlösser besucht, wird hingegen die verschiedensten Schlafplätze finden: das Bett mannshoch über dem Stubenboden, etwa auf dem Ofen, wohin eine hochziehbare Leiter führt, das Bett im Schrank, eng im Alkoven, umgeben von drei festen Wänden und manchmal sogar mit einer festen Tür auch nach vorn abschließbar und von außen als Schrank getarnt. Auch das allseits vom Baldachinhimmel umschlossene Bett, umhüllt von Gardinenkaskaden, ist noch recht oft als Zeugnis hoher individueller Schlafkultur der Vergangenheit zu bewundern. Und ebenso bekannt sind die weit über Matratzenhöhe hinauskragenden Holzteile alter Kajüten- oder Bauernbetten, in denen der Schläfer zwischen den sicheren Wänden in einer Mulde versinken konnte.

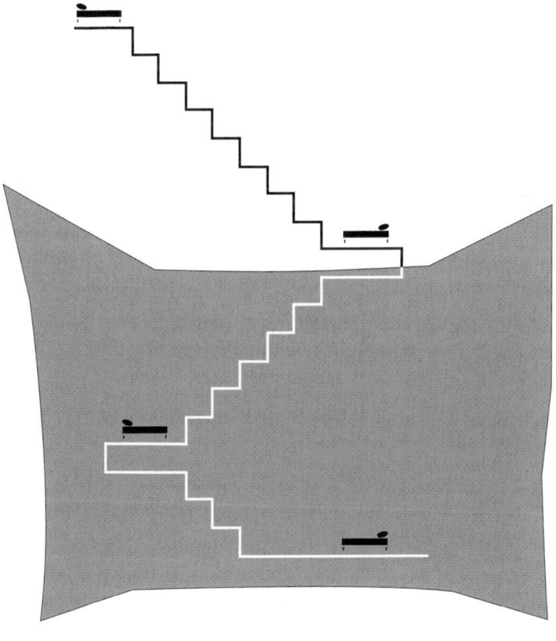

PLAN VON AR

So gibt es Menschen, die am liebsten ganz hoch oben wohnen wollen, unerreichbar fast unter dem Dach oder im Penthouse, wo sie aufhorsten wollen, um sicher zu sein, mögen sie dafür auch andere, attraktivere Gründe als ihr Sicherheitsbedürfnis angeben. Solche Menschen bringen sogar im Einfamilienhaus, sofern sie können, das Bett im obersten Stockwerk unter und schaffen sich weite Anmarschwege zum Schlafraum. Andere wiederum finden den für sie sichersten Platz, an dem sie sich ungestört frei fühlen, im Keller. Bei genauerem Hinsehen gleichen solche Rückzugsgebiete, die nicht immer Schlafzimmer sein müssen, der bevorzugten Mulde.

Auch Häuser ducken sich oft in einen Siedlungsverbund, verbergen sich – und dahinter stehen nicht nur Landschaftsschutzüberlegungen – zwischen Baumgruppen, während andere, umgeben von überschaubarem Rasen, umgeben von Zäunen, Dornenhecken, niedrigen Nadelhölzern, ein Glacis aufweisen, über das sich niemand dem Haus ungesehen nähern kann, das sich wie ein Fort in der Indianersteppe oder eine Insel über dem Wasser erhebt.

Ebenso kann das Bett im Raum so weit wie möglich hinten in der Ecke wie in einer Höhle oder auch von der Tür nicht sofort einsehbar aufgestellt sein. Und vielleicht läßt hier und dort sogar die Set-Idee – daß nämlich das Bett in der Farbe oder Musterung des Fußbodens und der Tapezierung fast verschwinden soll – als unbewußte Reaktion auf das Sicherheitsbedürfnis des Bewohners schließen, der sich am liebsten tarnen will. Solche Menschen wählen dann auch gern die mittleren Stockwerke des Hauses oder das mittlere Grundstück. Ihre Wahl ist fast immer, ob sie es nun wissen oder nicht, von ihrem Sicherheitsbedürfnis bestimmt, das sie für Geschmack halten. Und manche sind eindeutig von ihrem Wohlfühlen zu diesen Entscheidungen geleitet worden.

Wenn nun Sie selbst die Chance hätten, beispielsweise ein völlig neues Leben inmitten der Natur zu beginnen, wenn Sie dazu die Wahl hätten zwischen dem Berg, der Insel, dem Fort, der Höhle, der Mulde, dem tiefen Wald, der weiten Ebene ringsum, dem Baumwipfel, der Burg hoch oben, wo würden Sie am liebsten leben? Als das Tier, das Sie gern wären? Als der Mensch, der Sie dann sein könnten?

Und wohin verkriechen Sie sich am liebsten, wenn Sie Kummer haben? Tauchen Sie unter, oder wollen Sie sich den Überblick verschaffen, die Dinge von oben sehen? Suchen Sie Deckung, volle Deckung, Rückendeckung? Bringen Sie zuerst Ihren Kopf, Ihre Hände, Ihre Beine und Füße in Sicherheit? Und wie fliehen Sie: hakenschlagend, Staub aufwirbelnd? Und bringen Sie Luft, Wasser oder Land zwischen sich und die Gefahr oder die Quelle Ihres Kummers? Beobachten Sie ein Kind oder auch einen Hund, wenn sie nicht auf ihren Schlafplatz geschickt werden, sondern zwischen

Menschen sein dürfen, bis sie wie von selbst zum Einschlafen umfallen: Wenn sie die Wahl haben, schlafen sie inmitten der Gesellschaft, inmitten von Gesprächen und Lärm ein, vorausgesetzt, ihr Selbstbewußtsein und ihre Sicherheit sind unangetastet, zumindest an diesem Tag. Und ebenso verkriechen sie sich ganz spontan und automatisch, wenn sie Kummer und deshalb meist auch Angst haben.

Nur der Erwachsene glaubt, mit dem einmal fixierten Schlafplatz oder der Plazierung des Bettes in der Wohnung oder im Haus für alle seine Gemütsverfassungen für immer auszukommen und läßt sich damit eine große Chance auf lebendiges, angepaßtes Wohnen entgehen.

Und dabei könnte er doch so viel für seine Ruhe tun – durch die richtige Standortwahl für den Schlafplatz oben, unten, hinten, vorn, durch die Berücksichtigung des Reaktionstyps Kämpfer, Flüchter, Erstarrer und des individuell vordringlichsten Warnsystems, ob es über das Sehen, Hören, Riechen und Schmecken oder eines der Tastorgansysteme funktioniert, oder auch durch die Ausschaltung von anderen Störfaktoren. Und nicht nur für das Einschlafen, Schlafen und Aufwachen könnte er diese vorerst drei Kriterien nutzen, sondern auch für die Standortwahl des Ruhe- und Hobbyplatzes oder des Lernzentrums, des Schreibtisches etwa, wo sich Konzentration wie von selbst einstellen soll.

Entstört leben

Wie die Kompaßnadel erst zur Ruhe kommt, wenn sie sich eingenordet hat, und sich immer wieder in diese Richtung dreht, so wenden sich auch Bäume, selbst vom steilsten Hang aus, noch unter aller nur erdenklichen Kraftaufwendung exakt in die Fallrichtung. Während jedoch der Magnetismus oder die Orientierung der Pflanzen analog zur Schwerkraft der Erde heute unbestrittene, naturwissenschaftlich erklärbare Phänomene sind, gilt der Zwang mancher Menschen, in ganz bestimmter Richtung im Magnetfeld der Erde zu liegen, wenn sie wirklich ihre Ruhe finden wollen, vielen als Aberglaube. Nicht alle Betroffenen wissen von dieser Notwendigkeit und schreiben Schlafstörungen, Unausgeschlafenheit oder auch besondere Erholung ganz anderen Ursachen zu. Sie treiben möglicherweise mit Wäsche, Matratze, Bettmaterial, Klimaregulierung und anderen Kriterien großen Aufwand, wo vielleicht allein das Verschieben des Bettes die ersehnte Ruhe zur Folge hätte.

Für den folgenden Selbstversuch, der wieder zur Sensibilisierung in Entscheidungsphasen verhelfen soll, brauchen Sie vor allem Neugier auf sich selbst, ein wenig Spaß am Experiment und einen Zeitraum von etwa zehn Nächten.

Legen Sie sich zum Schlafen mit dem Kopf auf die bisherige Fußseite des Bettes und versuchen Sie, so die Nacht zu verbringen.
Legen Sie sich also umgekehrt ins Bett, und genießen Sie das Spiel mit der Gewohnheit. Entspannen Sie sich, und versuchen Sie sich klarzuwerden, was nun für Sie anders, bequemer, beruhigender und störender ist als ihre bisherige Positionierung im Bett. Achten Sie besonders auf Ihr Gefühl, ob Ihr Kopf nun scheinbar höher oder tiefer liegt als vorher.

Manche Menschen können schon nach ersten Einschlafversuchen, andere erst nach einigen Nächten, die sie in dieser Lage verbringen, feststellen, ob ihre Erholung im Schlaf von der Schlafposition abhängig ist und was sie wie beeinflußt. Viele kehren nach solchen Versuchen wieder in die alte Lage zurück, schlafen dort zwar etwas besser ein und aus, könnten aber, neugierig geworden, noch weiterexperimentieren, unruhig wie die Kompaßnadel, um die beste Plazierung ihres Bettes im vorhandenen Raum zu erproben.

Gleichzeitig erlaubt diese Zeit des Probierens eine Überprüfung auch all der anderen bisher aufgezählten Details zur bestmöglichen Schlaf- und Ruheplatzgestaltung.

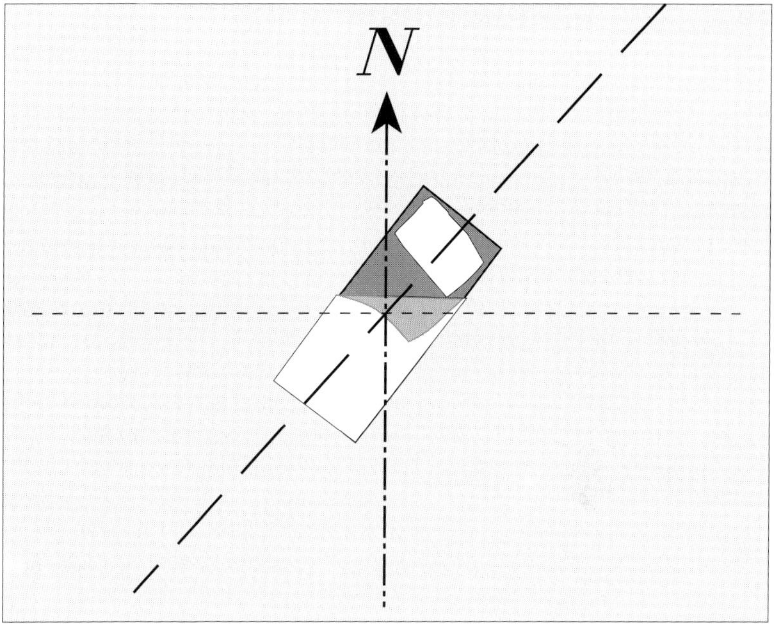

PLAN VON AR

Die meisten Menschen entdecken nämlich schon bei diesem einfachen Selbstversuch – und kein anderer als sie selbst kann ihnen die Erkenntnisse daraus vermitteln -, wie wichtig beispielsweise der richtige Abstand zwischen der Wand und ihrer Schädeldecke zum guten Ein- und Ausschlafen ist. Das Schlafproblem wird so auf meßbare Faktoren zurückgeführt, die sich verändern lassen: die Kälteempfindlichkeit des Kopfes, die andere Akustik, wenn der Kopf plötzlich in der Raummitte liegt, das Fehlen der Rückendeckung, die mit den Tastorganen, etwa den Haarwurzeln, empfunden wird.

Andere erkennen bei diesem Versuch, daß sie durch die Veränderung der Schlafposition die Tür, das Fenster, die dunkle Ecke nicht mehr im Blickfeld haben und dadurch die Intensität ihres Sehens auch mit geschlossenen Augen im Schlaf bestehenbleibt oder daß sich, wenn sie Ohrenmenschen sind, auch das Warnsystem Gehör nicht abschalten läßt und den Körper des Einschlafenden veranlaßt, sich auf die ungewohnte Körperseite zu drehen, auf der liegend er wach bleiben wird.

Und viele entdecken nun auch jene geheimnisvolle Kraft, die sie, obwohl sie tief und fest schlafen, davor schützt, aus dem Bett zu fallen. Diese unwillkürliche Aufmerksamkeit, mit der der Körper für seine eigene Sicherheit sorgt, wird in solchen Versuchen fast gegenständlich fühl- und erkennbar. Es ist die gleiche Kraft, die – im Versuch, oft nächtelang, bewußter geworden – dem Körper seine größtmögliche Ruhe sucht und ihn vielleicht auch sonst regelmäßig zu einer diagonalen Lage im Bett drängt, damit er seiner für ihn nötigen Orientierung im Magnetfeld der Erde wenigstens näherkommt. Alles, was zur Erfüllung dieser Idealposition fehlt, kostet aber Ruhe und wird mit verminderter Schlaftiefe bezahlt.

Es gibt Menschen, die nach solchen Selbstversuchen ihr Bett diagonal in den Schlafraum stellen müssen. So erst erhält ihr Körper die beste Position, die sich dann als die individuell optimale Orientierung, das heißt, wörtlich genommen, die für sie beste Ausrichtung nach dem Sonnenaufgang (das lateinische Wort *oriens* bedeutet das Aufgehen der Sonne, Orient ist das Morgenland) erweist. Sie haben damit ihre persönliche Beziehung zur Himmelsrichtung gefunden, jene Einordung, die ihnen generell die größtmögliche Ruhe bringt.

Gleichzeitig werden sie aber auch wieder empfindlicher für eine eigenartige Kraft, die dem heutigen Wissen zwar verschlossen blieb, die sich aber durch Beobachtungen bestätigen läßt: In alten Kirchen und Tempeln lag der Altar im Osten. Das Denken sucht nun die Ursachen in den Religionen dieser Kulturen: Der Sonnenaufgang wird als Zeichen der Wiedergeburt angesehen. Also ist der Osten die Richtung, zu der es zu beten gilt, wenn man nach langer Dunkelheit auf Wiedergeburt hofft. Aber auch die großen Völkerwanderungszüge der Weltgeschichte gingen stets von Osten nach Westen. In westliche Richtung wachsen auch alle großen Städte dieser Welt, und kaum jemand übersiedelt gern in ihre Ostteile.

Hatte die Alchimie des Bauens, hatten die alten Hüttengeheimnisse nicht doch ihren Sinn? – Noch heute empfehlen Bautechniker, ohne es allerdings vollends erklären und berücksichtigen zu können, mit dem Kopf zum Norden hin zu schlafen. Diese scheinbare Allgemeingültigkeit bedarf allerdings, und am besten wieder im Selbstversuch, der Überprüfung. Viele der Menschen, die an meinen Beratungsseminaren teilnahmen, fanden ihre größte Schlafruhe und Erholung in leichten Abweichungen zum Sonnenweg, also mit dem Kopf zwischen Ost und Nord, mit den Beinen im individuell exakt bestimmten Winkel zwischen West und Süd.

Und in dieser eindeutig besten Orientierung richteten sie dann ihr Schlafen nach allen anderen vorher erwähnten Kriterien und ihrem Typ ein.

Morgen- und Abendmensch

Als gäbe es den Morgenmenschen nicht, der am liebsten von der Morgensonne geweckt wird, wollen viele Ratgeber das Schlafzimmer rundweg nach dem Norden ausgerichtet wissen, und viele Architekten bauen nach dieser Empfehlung ihre Häuser.

Nun kann zwar die Sonne für den Abendmenschen, der gern in den Tag hinein schläft, tatsächlich zum Störenfried seiner schönsten Ruhestunden werden. Aber er könnte die Sonne immerhin durch Fensterläden, Rollbalken, Jalousien oder Vorhänge aus dem Zimmer bannen. Dem Morgenmenschen hingegen, der mit der Sonne aufstehen will, wird nichts und niemand helfen können, sie sich ins Nordzimmer zu holen...

Wer mit seiner Natur, seiner Eigenart leben will, braucht also keine allgemeingültigen Regeln, sondern den Menschenverstand, und der ist durchaus noch in alten Häusern gegenwärtig. Im hohen Norden Skandinaviens beispielsweise, wo man die Sonne als Wärme- und Lichtquelle zu schätzen

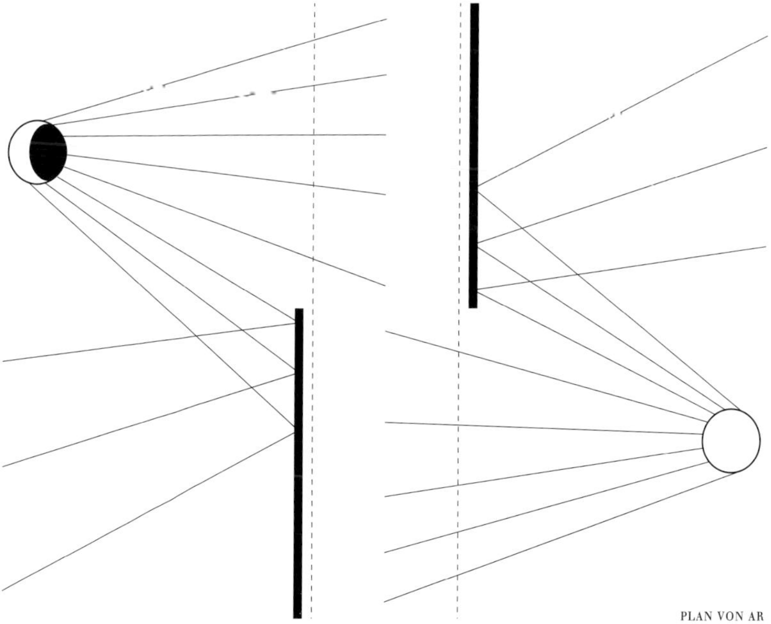

PLAN VON AR

weiß, erreichen die ersten Sonnenstrahlen durch entsprechend gebaute Fenster noch den letzten Winkel der Stuben im Haus: Die niedrige Unterkante des Fensters läßt das frühe Licht hinein, die niedrige Oberkante verhindert, daß die höherstehende Sonne die Räume während der Sommermonate überheizt. Das weit herabgezogene Dach schützt dort das Haus nicht nur vor der großen Kälte, sondern sorgt auch im Sommer tagsüber für Schatten.

Im Süden Europas dagegen mußte die Beschattung durch enge Straßen und hohe Häuser erreicht werden, um die Bewohner und die Straße vor allzu großer Hitze zu schützen. Zusätzliche Simse und nach oben überragend gebaute Geschosse erlauben ebenfalls nur den frühen Sonnenstrahlen, in die Häuser zu fallen.

Genau nach dem Sonnenstand berechnete Häuser und Schutzvorkehrungen gegen das Sonnenlicht, die wir heute für bloßen Zierat halten, bestimmten früher den Bau ganzer Städte.

Und nicht nur die Sonne, auch der Mond wurde zum Planungsfaktor. Seine Anziehungskraft bestimmt nicht nur die Gezeiten der Meere, den Monatszyklus der Frauen, mit zunehmendem Alter die Leistungsfähigkeit auch von Männern, sondern ebenso das Pflanzenleben. Bauern wußten früher genau, daß Obst, während der Vollmondnächte geerntet, vollmundigeren Most oder Schnaps brachte, daß aber wertvolles Holz während der saftärmsten Winter-Neumondnacht geschlagen werden mußte, weil es dann den besten Schutz gegen Schädlinge bot.

Auch auf den Menschen wirkt der Mond auf vielfältige Weise ein. Der Abend- und Nachtmensch wird seinen bleichen Schein ebenso zu schätzen wissen wie der Autofahrer unterwegs. Ihn macht die bleiche Scheibe leistungsfähiger. Sie bringt Energie und Klarheit in die Nächte, beunruhigt aber den Schlafsuchenden und weckt den Schläfer. Mondempfindlichkeit äußert sich am Morgen als Restmüdigkeit. Von der sonderbaren Energie des Mondes weiß auch der Volksglaube. Er läßt in Vollmondnächten die Hexen durch die Lüfte reiten und die Geister aktiv werden. Das Unbewußte wuchert auf, das erst wieder vom klaren Sonnenlicht zurückgedrängt wird.

Kein Wunder also, daß viele Menschen auch heute noch in der Dunkelheit der Nacht und im bleichen Licht des Mondes wenig Erstrebenswertes sehen und beides, Mond und Nacht, ausschließen wollen.

Sonne und Mond wirken jedoch durch alle Mauern. Um diese Wirkung auf Sie zu erkennen, empfiehlt sich die nächste Übung. Sie bedient sich im Ansatz der Methode der Identifikation, wie sie von einigen Psychotherapieschulen erfolgreich angewendet wird.

Sie brauchen wieder eine halbe Stunde ungestört Zeit an einem ruhigen Ort, wo Sie sich entspannen und Ihren eigenen Gedanken nachhängen können. Sie nehmen ein Blatt Papier und Schreibzeug zur Hand und zeichnen die Sonne und den Mond auf .

Sie sind nun der Mond und sagen: „Ich als Mond..." und nennen sich Ihre Bedeutung für das Tier, die Pflanze, die Sie zwischen beiden, Sonne und Mond, ebenfalls skizzieren. Sie sagen: „Ich als Mond gebe dir, Pflanze..." und setzen den Satz fort.

Und nun sprechen Sie für die Sonne: „Ich als Sonne gebe dir, Tier, gebe dir, Pflanze...", und wieder vollenden Sie den Satz und führen ihn weiter aus. Halten Sie diese Sätze schriftlich fest.

Lassen Sie nun Pflanze und Tier der Sonne und dem Mond antworten: „Ich als Tier empfange von dir, Sonne... von dir, Mond"

Klären Sie die Beziehung des Lebendigen zur Sonne und zum Mond. Sie klären damit Ihre Beziehung zu diesen beiden höchst wirksamen Himmelskörpern, nach der sich Ihr Wohnen orientieren kann. Sie erfahren aber auch, wovor Sie Ihre Wohnung zusätzlich bewahren und schützen soll.

Der mondempfindliche Morgenmensch also, der zwar am Morgen die Sonne, nicht aber in der Nacht den Mond sehen will, wird die Einschlafseite seines Bettes in der für ihn günstigsten Einnordung ausrichten und sein Fenster, durch das ihn die Sonne mit flachem Einfallswinkel erreichen soll, zwar unten offenhalten, oben aber, gegen das Mondlicht, abschotten.

Der sonnenempfindliche Abendmensch hingegen könnte umgekehrt verfahren: die Sonne mit abgedunkelten Unterscheiben vor allzuviel Aufdringlichkeit am Morgen abhalten, den energiebringenden Mond hingegen von oben in das Arbeits- und Schlafzimmer einfallen lassen.

Und der gleiche Planungsgrundsatz gilt auch für das gesamte übrige Wohnen: Ob das Kinderzimmer, der Wohnraum, die Küche, das Bad sonnenseitig, richtig zur Vormittags-, Mittags- oder Abendsonne liegen sollen, wird sich nach dem Sonnentyp des Menschen richten, nach seinem Verhältnis zu Licht und Wärme, zur Sonne eben, die verschwenderisch ständig einhundertachtzigtausendmal mehr Energie zur Erde schickt, als diese verbrauchen kann.

Schnarcher, Murmler, Knirscher, Ächzer

Lehnen Sie sich bitte für eine Selbstbeobachtung kurz zurück, und entspannen Sie sich! Versuchen Sie sich zu erinnern, und fragen Sie Ihren Partner: Wie legen Sie sich zurecht, und auf welcher Körperseite liegen Sie, wenn Sie einschlafen?

Auf dem Rücken? Auf dem Bauch? Auf Ihrer rechten oder Ihrer linken Schulter?

Und was geschieht dann kurz nach dem Einschlafen? Bewegen Sie sich? Drehen Sie sich um? Legen Sie sich anders zurecht?

Man kann ganz sicher sein, daß sich der Körper gerade in der Einschlafphase die für ihn gesündeste Lage sucht. Er legt sich so zurecht, daß sein Knochen- und Bewegungsapparat, die Wirbelsäule, die Gelenke, die Bandscheiben, Sehnen und Bänder, die Muskeln entspannt werden, damit sie sich erholen können. Aber auch das Herz-Kreislauf-System des Körpers, der Verdauungs- und der Entgiftungsapparat wollen ihre Arbeit während Ihres Schlafes so einfach wie möglich verrichten und bestimmen die Einschlaf- und Schlafseite mit. Der Körper legt sich also in diesen Minuten, in denen er die für ihn bequemste, weil entspannendste Lage sucht, wie von selbst zurecht. Er sucht wie automatisch jene Position, in der seine Ruhe weder durch Reize unserer Sinnesorgane noch durch Alarmmeldungen aus den Blutgefäßen, aus den Atmungs- oder Verdauungsorganen oder dem Bewegungsapparat gestört werden könnte.

Die Menschen können somit ihre gesündeste und entspannendste Einschlafseite keineswegs selbst mit ihrem Willen bestimmen. Im Einschlafen enden Selbstkontrolle und Disziplin. Der Körper dreht und wendet sich in die für ihn bequemste Lage zurecht und richtet damit möglicherweise seine Alarmsysteme zur Kommunikation mit der Außenwelt genau auf die Störquellen, hin zum Straßenlärm vielleicht, hin zur störenden Lichtquelle der Straßenbeleuchtung, hin vor allem zum Partner, der im Schlaf schnarcht, murmelt, knirscht, ächzt, sich unruhig wälzt, laut träumt, der vielleicht noch länger bei blendendem Licht liest, ißt, raucht, hustet, der also die entspannende Ruhe der leichten Schlafphasen oder der heiklen Einschlafphase stört, ob er noch wach ist oder schläft. Sich um- und dem Partner den Rücken zuzudrehen hilft meist nicht viel, weil man damit zwar die nach vorn ausgerichteten und in dieser Orientierung besonders empfindlichen

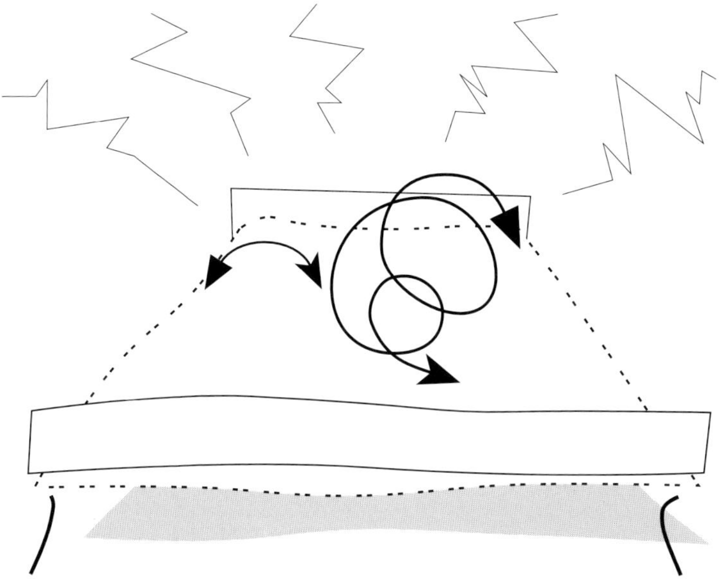

Sinnesorgane Augen, Nase, Ohren fürs erste abwendet, im Einschlafen aber dreht sich der Körper insgesamt doch wieder in seine für ihn bequemste Position und damit das Gesicht wieder genau in die Störfelder zurück.

Ein tragisches Spiel! Je entschlossener man sich nämlich in sein Schicksal fügt und den Partner, das geliebte Wesen, in seinen vitalen Reaktionen nicht stören will, desto verzweifelter sieht man allmählich die eigene Ruhe und Liebe bis zur nackten Wut umschlagen, stille Dramen, die sich allnächtlich in Millionen von Schlafzimmern wiederholen.

Die ganz natürliche Einschlafseite, die sich wie von selbst ergibt, müßte somit eine unverrückbare Basis für die Planung des Schlafzimmers sein: Betten und ihre Anordnung im Raum müßten es dem Menschen erlauben, sich in der Einschlaf- und leichten Schlafphase von möglichst vielen Störquellen, also auch vom Partner, abzuwenden.

Neben der Aufstellung der Betten allein nach den Gegebenheiten der bereits bestehenden Mauern kann noch ein zusätzlicher Faktor Schlaf kosten: das Festhalten an Gewohnheiten oder Traditionen der „Geschlechtersortierung“ – daß Mann und Frau Seite an Seite, Schulter an Schulter, sie rechts von ihm, er links von ihr, durch das Leben gehen. Anstandsregeln, die noch vor wenigen Jahren genau festgeschrieben waren und den Mann zwangen, der Frau den rechten Arm zu reichen, gelten zwar heute nicht mehr unbedingt, dennoch haben Paare im Nebeneinander sehr oft Stammplätze: der Mann immer und überall im rechten, die Frau im linken Bett. In vielen von Architekten geplanten Hotelzimmern legt das rechts vom Bett aufgestellte Telefon den Schlafplatz für den Chef der Familie fest; das Lenkrad im Auto und der Beifahrersitz rechts daneben stimmen Paarbeziehungen auf ein scheinbar unveränderbares Nebeneinander ein. Es gibt viele Verlockungen, sich selbst und dem Partner eine ganz bestimmte Körperseite zuzuweisen, die dann auch für die Bettenverteilung maßgebend bleiben.

Was aber im Alltag liebe Gewohnheit sein kann, wird möglicherweise beim Einschlafen zur Ursache der Störung, dann nämlich, wenn die für den einzelnen beste Einschlafseite diesen unwillkürlich dazu veranlaßt, sich dem Störfaktor Partner zuzuwenden. Ein versuchsweiser Bettentausch, die Drehung des Bettes im Raum mit der besten Einschlafseite heraus aus allen Störquellen erspart in solchen Fällen Schlafstörungen und Schlafmittel!

Was ist Entspannung

Wohnen und Gewöhnung hängen, wie schon die Sprache zeigt, eng zusammen. Gewöhnung führt zur Gewohnheit, zur leisen Resignation, verbunden mit der Hoffnung, daß schon nichts Ernsthaftes geschehen wird, obwohl man wider sein besseres Wissen lebt. Was nicht zu ändern ist oder was man nicht ändern will, wird durch oftmalige Wiederholung zur Gewöhnung. Die aber macht das Leben nicht schöner oder besser, wie uns abgeklärte Menschen versprechen wollen, sondern zapft uns immer unbemerkter Energie ab, jene Kapazität, die nötig ist, um die ursprüngliche Empfindsamkeit zurückzuerhalten, die unseren Organismus wie automatisch nach der ihm angemessensten Umgebung suchen läßt der erst wirklich zur Ruhe kommt, das heißt die Alarmsysteme zurückschaltet, wenn er in möglichst vollkommener Übereinstimmung mit seinen biologischen Bedürfnissen lebt. Nach den Jahren des unaufhaltbar scheinenden Fortschritts, der ständig neue Materialien, technische Geräte und chemische

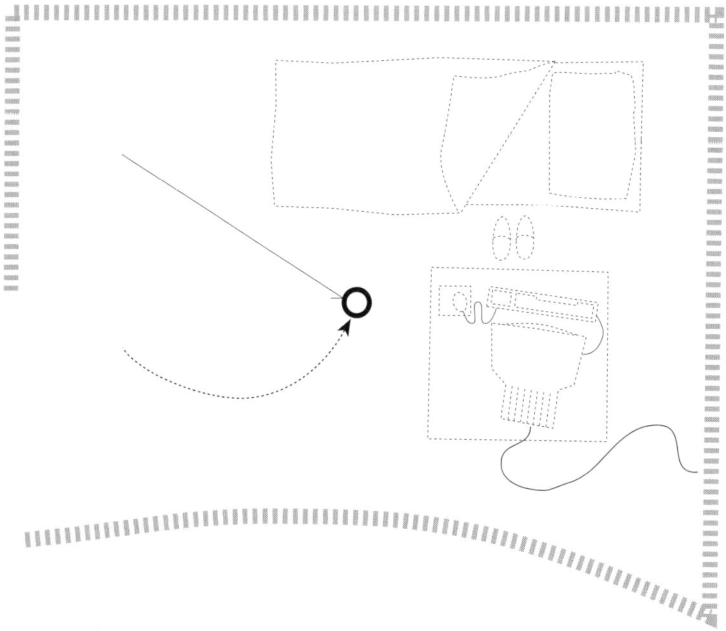

PLAN VON AR

Substanzen mit zunächst so einleuchtenden Argumenten in unser Leben brachte, schlägt das Pendel nun nach der anderen Seite aus. Was Fachleute der einen Seite als fortschrittlich und praktisch immer noch zum verbesserten Standard des Lebens und des Wohnens machen wollen, haben andere längst als gefährdend erkannt. Und nichts von all dem, was uns nun umgibt, scheint unangefochten:

Allzuviel Elektrisches befindet sich rund um unser Bett: das Radio, der Fernsehapparat, die Beleuchtung, das Telefon, der batteriebetriebene Wecker, die Stromleitungen im Bauwerk, die Straßenbeleuchtung draußen, die Hochspannungsleitungen in der Umgebung, oft auch der Computer so nahe am Ruheplatz.

Dann die Chemisierung des Lebens, in der Atemluft von draußen, durch die Wohnausstattungsmaterialien und die Möbel, durch die Reiniger, sogar durch die Medikamente allzu nah an Ruheplätzen, die Tabletten und Tropfen in der Nachttischlade. All das strahlt, nicht nur eingeatmet, wie Chemiegegner bewiesen haben wollen, schwächend und beunruhigend in den Schlaf hinein, in dem sich der Körper von selbst wieder ins gesunde Lot bringen könnte.

Strahlungen werden auch Wasserströmen unter der Erde, Leitungsrohren in den Wänden, im Fußboden und der Decke nachgesagt. Und auch Verwerfungen unter der Erde, der unüberprüft bebaute Grund, sollen sich störend auf das natürliche Magnetfeld auswirken, das der Mensch braucht, um ausreichend Ruhe finden zu können. Er gleicht hier mit seinem Nervenkostüm eher dem Hund, der sich bei freier Platzwahl nur dort zur Ruhe legen wird, wo Entspannung eintritt. Dort aber, wo Katzen sich zum Schlaf hinlegen, soll der Mensch es nicht versuchen, so der Rat von Fachleuten, die die Tradition der Auguren von einst fortsetzen. Diese Priester des Römischen Weltreiches vor etwa zweitausend Jahren bestimmten Bauplätze nicht nur nach Beobachtung des Vogelflugs, sondern auch nach genauer Untersuchung der Eingeweide dort lebender getöteter und geöffneter Tiere. Bei entarteten inneren Organen unterließ man das Bauen lieber ganz oder suchte wenigstens für die Ruhezonen des Hauses nach der gesündesten Stelle.

Abhängigkeiten von Wohlbefinden und unsichtbaren, unriechbaren, unhörbaren Standortaspekten wurden schon immer gesucht, um ihren schleichenden Bedrohungen von vornherein auszuweichen. Heute allerdings, da die Welt so unausweichlich eng und durch die Technisierung so natur- und damit lebensfern geworden ist, lassen die Erkenntnisse des gewachsenen Umweltbewußtseins kaum Auswege offen: Wer allen Warnern glauben und nachgeben will, findet auf der ganzen Erde kaum noch einen Platz, der nicht bedroht ist.

Allerdings tut mancher die eine oder andere Warnung der Fachleute als Bagatelle ab. Instinktiv scheint er zu wissen, daß die Gefahr, die die Mitmenschen zur Panik treiben kann, ihn nicht treffen wird. Und so gibt es Menschen, die völlig resistent gegen mögliche Gefahrenquellen leben, inmitten von elektrischem Strom, inmitten von Lackierereien oder im Smog der Großstadt nahe dem Arbeitsplatz oder auf Schiffen, während andere bis zur Erkrankung unter solchen Umweltbedingungen leiden.

Das zeigt aber nur, daß man nicht allem nachzugehen braucht, was da täglich an Bedrohungen von den Medien ausgerufen wird – dann bliebe auch kein Lebensraum mehr übrig. Die Lösung könnte auch hier sein, daß sich jeder auch in den ernsten Fragen des Umweltschutzes individuell an seinem Angsttyp orientiert, wenn es um das Wohnen und damit um die entspannende, lebenswichtige Ruhe geht, daß man also die eigenen persönlichen Ängste herauszufinden sucht und nun nicht in resignierende Gewöhnung verfällt, sondern geeignet erscheinende Maßnahmen ergreift.

Wer sich an alles gewöhnt, was als Gefährdung erkannt wurde, wer seine Angst aus der Bewußtheit verbannt, indem er die Gefahren bagatellisiert oder leugnet, drängt diese Warnungen in tiefere Bewußtseinsschichten ab, wo sie auf deutlichere Symptome, eventuell am eigenen Körper, warten. Dann muß aus dem Fühlen ein Wissen werden, bevor solche Menschen auf die längst vorher in ihrem Körper vorbereiteten Informationen hören und im Sinne ihrer Lebenserhaltung reagieren.

Was also neben der wachen Stellungnahme und der angemessenen Reaktion auf persönlich gültige Warnungen unternehmen? Was für seine persönliche Ruhe tun?

Das Rezept gegen Schlaf- und Ruhelosigkeit ist also wieder die Rezeptlosigkeit. Und die fordert die Verfeinerung des subjektiven Warnsystems. Wer die Elektrifizierung, die Chemisierung, die Radioaktivität fürchtet, könnte zu technischen Kontrollgeräten greifen und sich nach ihren Meßwerten richten.

Antwort könnte aber auch das Pendel geben, mit dem – ein inzwischen wieder weitgehend anerkanntes Verfahren – Rutengeher Verwerfungen und Störströme verschiedenster Ursachen, Mediziner Medikamentenverträglichkeiten, Psychiater Reizthemen zu muten versuchen. Es könnte also ein zusätzliches Organ für mehr persönliche Sicherheit gegenüber den anonymen Ängsten sein.

Sie nehmen ein langes Haar oder einen möglichst dünnen Faden, an dessen eines Ende Sie einen Ring binden, am besten einen von Ihren eigenen. Sie lassen dieses Pendel, das Sie in einer Hand zwischen Daumen und Zeigefinger halten, ruhig über einem eingeschalteten Elektrogerät hängen, am besten über einer Leuchte, ohne mit dem Ring das Gerät zu berühren. Das Pendel soll vollends zur Ruhe kommen.

Vielleicht beginnt es sich nach einiger Zeit, die mit zunehmender Erfahrung immer kürzer wird, langsam zu bewegen. Nur Sie selbst wissen, daß Sie Ihrem Pendel dazu keinen Schwung gegeben haben. Lassen Sie sich von spöttischen Beobachtern nicht beirren, wenn Ihr Pendel nun langsam in eine Richtung oder kreisend auszuschlagen beginnt und elliptische oder kreisförmige Bahnen zieht, dabei eigenartig schwer und vielleicht immer rascher wird.

Wenn Sie die Gabe für das Pendeln besitzen, werden Sie es jetzt erkennen und Ihr Pendel zu verstehen suchen. Es spricht durch die Laufrichtung im oder gegen den Uhrzeigersinn, und diese ist abhängig von der Hand, in der Sie das Pendel halten.

Sie brauchen also keine Vorkenntnis. Halten Sie Ihr Pendel über ein stromführendes Elektrokabel. Die Strahlung, die von ihm ausgeht, ist auf jeden Fall schädlich. Das Pendel dreht sich in jene Richtung, die für Sie an diesem Tag die Verneinung und Ablehnung bedeutet. Wo immer Ihr Pendel, mit derselben Hand gehalten, diese Richtung einschlägt und sich dreht, zeigt es an, was für Sie nicht bekömmlich ist.

Behalten Sie das Pendel in der Hand, die Sie nun geeicht haben, und nehmen Sie etwas in die andere Hand, das Ihnen besonders bekommt: eine Speise, ein Getränk, ein Medikament etwa. Halten Sie die Hand mit dem locker hängenden Pendel darüber, und warten Sie auf seine Bewegung. – Schlägt es als Bejahung oder als Verneinung aus?

Lassen Sie das Pendel nun über Ihrem Kissen, Ihrem Bett antworten. Sie werden die eigenartige Verbindung fühlen, die plötzlich zwischen Ihnen und dem Standort entsteht.

Eichen Sie das Pendel für sich jeden Tag neu. Und wenn Ihnen diese Art der Kontaktaufnahme zu Ihrer Umgebung gefällt, wenn Sie sich in dieser Fähigkeit weiterentwickeln wollen, arbeiten Sie nach der vorhandenen Literatur darüber weiter.

Wenigstens ebenso wichtig wie die Mutungen mit dem Pendel sind aber die Fragen, die Sie ihm stellen. Denn Sie fragen vor allem nach dem, was Ihnen problematisch erscheint und leise Angst macht, die sich auch als spielerische Neugier tarnen kann. Und diesen Fragen sollte man bis zur persönlich befriedigendsten Lösung nachgehen.

Ablegen rund ums Bett

Umwelt ist nicht nur, was uns, scheinbar unbeeinflußbar, von anderen vorgesetzt wird, sondern sie wird auch von uns selbst geschaffen: Da ist der täglich neue kleine Schreck über den kalten Fußboden, der die nackte Fußsohle verspannt, über den gleitenden Teppich, die vom Nachttisch abrutschende Brille, über den Balanceakt mit dem brüllenden Wecker, die sperrige Lade, die in den Weg hineinragende Tischplatte, die immer wieder blaue Flecken verursacht, all das Banale, an das man sich nie gewöhnt, auch wenn es kaum noch wahrgenommen wird in seiner Alltäglichkeit, all das zuerst Übersehene, das eine ständige Vorsicht und Katastrophenbereitschaft, also Spannung ausgerechnet dort erzeugt, wo Entspannung vorgesehen ist.

Die bessere, ideal spannungslose kleine Welt des Wohnens läßt sich in ihren vielen Details vielleicht durch die folgende Übung erkennen und festlegen.

Sie sind entspannt und träumen wieder.

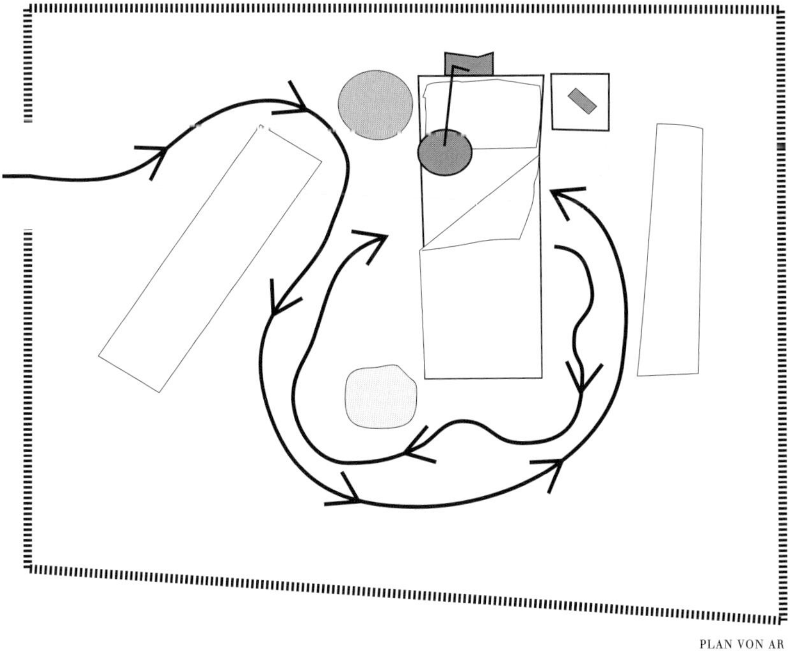

PLAN VON AR

Sie träumen, Sie erwachen zu einem Glückstag wie im Märchenland. Alle Dinge um Sie und Ihr Bett herum sind belebt und meinen es ausschließlich gut mit Ihnen. Von Sekunde zu Sekunde sind Sie König in Ihrem Reich, in dem Ihnen alles jeden Wunsch aus dem Herzen abliest, um Sie zu verwöhnen.

Das ist längst nicht so absurd, wie es vielleicht jetzt noch klingen mag. Es ist ein Spiel, wie Sie es ohnedies täglich spielen, allerdings mit negativen Vorzeichen – wenn Sie die Pantoffeln verfluchen, die sich wieder verkrochen haben, wenn Sie den Bettpfosten davonjagen wollen, an dem Sie sich regelmäßig stoßen, den Aschenbecher beschimpfen, der ständig abrutscht oder der fallenden Zigarettenasche nicht entgegenkommen will. Das fängt ja gut an, granteln Sie und haben die Dinge längst belebt.

Nun aber, im Traum, macht Ihnen alles um Sie herum Freude. Alles steht fraglos harmonisch nach Ihren Vorstellungen am richtigen Platz für Ihre Hände und Ihre Füße. Es wartet auf Sie und funktioniert.

So schlaftrunken können Sie gar nicht sein: Sie bewegen den Arm, die Hand, die Finger und greifen, und schon ist es da, ja es gibt sich Ihnen gleichsam in die Hand, was Sie jetzt brauchen, um den Tag zu beginnen. Es kommt Ihnen entgegen, genau so groß, griffig, warm, wie Sie es wünschen. Als wäre alles ein Teil von Ihnen, der Ihnen jetzt, da Sie ihn brauchen, bewußt wird.

Dann stehen Sie auf, die Pantoffeln wie von selbst warm und weich und schmeichelnd an den Füßen, wie Sie es haben müssen, um sich auf den Weg zum Bad oder zur Toilette zu machen.

Und noch immer weiter geht Ihr Traum: Vergessen Sie die gewohnte Realität. Nun zählen Sie Ihre ideale Weglänge zum Bad mit Traumschritten aus. Und auch auf diesem Weg stimmt alles für Sie. Alles Nötige ist bereitgestellt, bereitgelegt, vorbereitet. Alles dient Ihnen und verwöhnt Sie. Was Sie denken können, ist bereits genau nach Ihren Vorstellungen erledigt und liegt und steht bereit in jener Erreichbarkeit, die Sie sich erträumen als König in Ihrem Reich.

Und nun kommen Sie in die meist viel rauhere Wirklichkeit zurück. Und resignieren Sie nicht gleich wieder. Halten Sie Ihre Ideal- und Traumwelt wenigstens planerisch und möglichst detailreich fest. Zeichnen und schreiben Sie alles auf, was Sie verändern wollen. Wohnen ist kein Zustand, sondern eine Folge kleiner und kleinster Tätigkeiten, ein in den meisten Details korrigierbarer Ablauf.

Was wollen Ihre Fußsohlen fühlen, wenn Sie aus dem Bett steigen? Und ist dieses Stückchen Fußboden, sei es kühler Marmor oder ein kuschelweiches, warmes Schaffell, wirklich so schwer aufzutreiben, wenn es Ihren Fußsohlen jeden Morgen, 365 Tage im Jahr und über viele Jahre hinweg, diese kleine Freude machen kann?

Für alle, die nicht träumen wollen oder meinen, es nicht zu können, gibt es eine Gegenprobe, die allerdings einiger Vorbereitungen und Spielregeln bedarf.

Denn nun werden Sie eine Woche lang jeden Morgen so unduldsam, wie Sie nur können. Reagieren Sie lauthals und mit spontanem Ärger auf alles, was Sie beim und nach dem Aufstehen ärgert. Schluß mit der ständigen Zurückhaltung über Unerträgliches! Was Ihr Wohlbefinden, Ihre Vorstellung davon, stört, wird attackiert. Schluß mit der Gewöhnung und zähneknirschenden Duldung!

Natürlich müssen Sie Ihre Mitbewohner vorwarnen. Nichts von alledem, was Sie stört, was Ihnen auf die Nerven geht, hat etwas mit irgendeinem von ihnen zu tun. Diese Menschen finden das meiste, was Sie so aufbringt, vielleicht ganz in Ordnung. Und aus Rücksicht auf sie haben Sie bisher das alles ertragen . Nun aber lassen Sie die Wut darüber heraus, hemmungslos, für eine Woche, in der Ihre Ehrlichkeit sich üben muß, befristet, dafür aber intensiv. Die Menschen Ihrer Umgebung sollen ruhig wissen, was Sie bisher alles hingenommen haben. Sie dürfen aber, und das ist wichtig, nicht in Ihren Ton verfallen oder Sie zu trösten versuchen oder Sie bremsen wollen. Für eine Woche sind Sie nun ganz Sie selbst, zu behandeln wie ein Patient, der sich ausschließlich selbst helfen will und muß.

Am Ende dieser einen Woche machen Sie ein Protokoll all dessen, was für Sie und Ihr harmonisches Erwachen und Hineingehen in den neuen Tag geändert werden muß, damit Sie sich jene Erholung bewahren, die Sie nachts gefunden haben.

Und in der nächsten Woche ist dann Ihr Wohnpartner dran. Und auch an ihm fasziniert Sie während dieser schweren Zeit vor allem seine (ihre) Ehrlichkeit und der Wunsch, es ihm, mit ihm und den Dingen gemeinsam, recht und richtig zu machen. Die Dinge lassen sich immer noch leichter ändern und anpassen als der Mensch, der mit ihren Gebrauchseigenschaften leben muß.

Was ist Ausgeglichenheit

Würden Sie gern wieder einmal, für einige Tage wenigstens, Strohwitwe oder Strohwitwer sein? Partner, Kinder, der Hund eine Zeitlang wohlversorgt und verreist, damit Sie ganz für sich sein können? Stellen Sie sich vor, wie das wäre.

Konzentrieren Sie sich auf den ganz normalen Alltag, wenn Sie nun nach einem Arbeitstag nach Hause kommen. Sie essen vielleicht im Stehen, direkt am Kühlschrank. Sie machen sich endlich jene Musik in jener Lautstärke, die Ihnen am meisten behagt. Sie leeren endlich den Kühlschrank von den Lebensmitteln, die sich dort angesammelt haben. Sie genießen das ungewohnte Alleinsein mit einem ausführlichen Bad und laufen danach nackt oder mit offenem Bademantel durch die Wohnung. Sie lassen sich gehen.

Was ist das für ein Gefühl für Sie, sich gehenzulassen? Was machen Sie alles anders in Ihrem Wohnen, wenn der Partner ausgeflogen, wenn die Katze aus dem Haus ist? Wie ist dieses Leben ohne Rücksichtnahme und Beengung durch den Partner und seine Erwartungen an ein für ihn kultiviertes, für Sie aber in manchen Belangen zu Selbstverleugnung zwingendes Zusammenleben? All das, was sich aus der Freiheit des selbstbestimmten, sich gehenlassenden Lebens ergibt, das sich so abenteuerlich genießen läßt, all dieses Wissen über Sie selbst könnte in die Planung für das nächste Wohnen einfließen.

Denn warum leben Sie nicht immer so? Ist das Zusammenleben nach dem Arbeitstag für Sie nicht schon wieder zu einer Kette von Pflichtübungen geworden, zum reizlosen Trott für einen anderen Menschen bis hin zum Einschlafen?

Lassen Sie uns ein wenig Lebenstheorie betreiben. – Der normale Alltag ist dreigeteilt: ein Drittel für das Geldverdienen – die Wege vom und zum Arbeitsplatz, die Arbeit selbst; die Freizeit, von der wir in den letzten Jahren immer mehr bekommen und für die wir immer mehr Geld ausgeben, sonderbarerweise wird aber nur sehr wenig ins Wohnen investiert; und das Schlafen. Das ist der erste Denkansatz.

Der zweite: Auch unsere Existenz läßt sich dreiteilig denken: Wir sind Körper, Geist und Seele, wir handeln, denken und fühlen. Und jedes dieser drei Segmente will gleichermaßen wachsen, will beschäftigt sein, braucht seine Genugtuung, weil es sich bewährt hat. Was nicht gefordert und gefor-

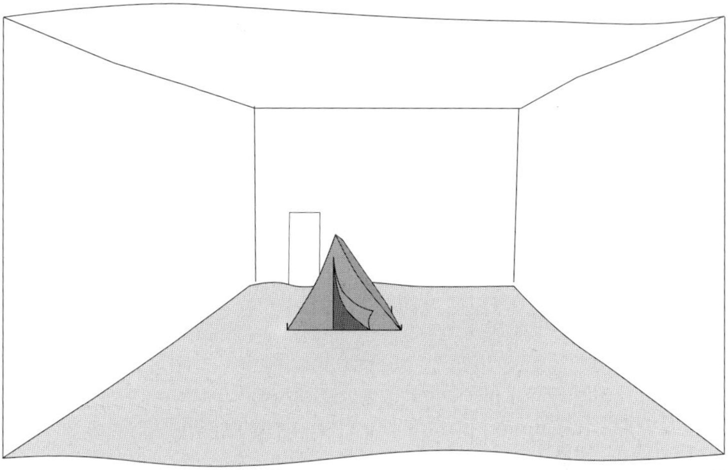

AR

dert wird, verkümmert. Was überfordert wird, degeneriert nach einer langen, geduldigen Phase des Protestes, in der wir uns unwohl fühlen, nicht zur Ruhe kommen, unter Einschlafproblemen leiden – der Körper todmüde, der Geist wie angeknipst, die Gedanken gehen im Kreis, vordringlichstes Gefühl dabei: Verzweiflung, weil es schon wieder so spät ist, weil am Vortag etwas unbefriedigt blieb – und weil das Aufstehen morgen und der ganze Tag zum Problem werden.

Die Erkenntnis der psychosomatischen, der ganzheitlichen Therapie dazu: Körper, Geist und Seele sind eine untrennbare Einheit. Wer einen Teil schwächt, indem er ihn überfordert oder verkümmern läßt, schwächt den gesamten Organismus. Wer ständig ein Drittel seines Alltags mit körperlicher Arbeit verbringt, für die er nicht mehr zu denken und nichts mehr zu fühlen braucht, müßte während der arbeitsfreien Zeit Geist und Seele nachholen lassen, was beide in der Monotonie des Arbeitstages versäumen. Und wer das Gelderwerbsdrittel seines Alltags mit geistiger Arbeit verbringt, festgeklebt an den Sessel und durch Paragraphen am mitfühlenden Interpretieren gehindert, müßte abends dann etwas für seinen Körper und seine Seele tun, um wieder jene Harmonie in sich herzustellen, die allein Wohlfühlen bedeutet.

Theoretisch müßten sich also die Wohnungen der im Berufsleben zwangsweise Einfühlsamen von denen der Kopfarbeiter und jenen, die ihr Geld mit körperlichem Einsatz verdienen, grundsätzlich unterscheiden. Theoretisch müßte einer, der in seinem, wenn auch einseitig fordernden, so doch für ihn befriedigenden Beruf arbeitet, anders wohnen, um seine Freizeit anders verbringen zu können, als der körperlich, geistig oder seelisch durch seinen Beruf unbefriedigte Mensch. Und theoretisch müßte das Wohnen generell zur Befriedigung all dessen beitragen helfen, was tagsüber, eingezwängt in die Regelhaftigkeit des Berufsalltags, nicht zu seinem Recht kommt: der Betätigungsdrang, die Kreativität, die Begabung, das Interesse, die Selbstverwirklichung, die Sehnsucht nach Geborgenheit, der Trost für das angeknackste, die Begrenzung für das durch Erfolg übersteigerte Selbstbewußtsein.

Stellen Sie sich das Einschlafen als eine endgültige Abreise vor. Bevor Sie zum Bahnhof fahren, es kann auch der Flughafen sein, bevor Sie also ins Bett steigen, muß alles erledigt sein. Das Ihnen anvertraute Leben, die Kinder, die Tiere, die Blumen, ist gut versorgt. Alles Zurückbleibende ist abgesichert: Wasser, Gas und Strom, Türen und Fenster. Alles Nötige ist getan. Der Koffer mit allem, was Sie mitnehmen wollen, weil Sie es brauchen oder nirgendwo missen wollen, ist gepackt. Die Brille, die Medikamente, der Lesestoff, das notwendige Getränk oder die Knabberei liegen griffbereit. Sie haben nichts vergessen. Sie haben ein ganz ruhiges Gewissen. Ob Sie nun abreisen oder einschlafen, ist fast eins.

Packen Sie jetzt bitte diesen Koffer!

Richten Sie sich darauf ein, alles mitzunehmen, wozu Sie eine persönliche Beziehung gewonnen haben. All die Habseligkeiten, deren Besitz Ihnen so viel bedeutet, weil er Ihre Bedeutung in Ihrem Leben zum Ausdruck bringt. Packen Sie Ihren Koffer, als stünden Sie vor einer wohlüberlegten Flucht, einer endgültigen Abreise aus Ihrem bisherigen Leben. Vielleicht muß auch noch Ihr Lieblingsmöbel mit.

Lassen Sie aber alles zurück, was Ihnen nur Ballast sein könnte für Ihr neues Leben.

Gehen Sie nun mit diesem Koffer auf Ihr Grundstück oder in Ihre neue Wohnung! Und wenn Sie es mit einer Neugestaltung in Ihrer bisherigen Behausung ernst meinen, fangen Sie hier auch wirklich neu an, und räumen Sie alles hinaus, was Sie nicht wirklich lieben.

Kein Sachzwang mehr, keine Gewöhnungsresignation, Schluß mit allem, was soviel Energie kostet, weil man es übersehen oder ständig neu wegentschuldigen muß! Schluß mit dem Alltagstrott und den Pflichtübungen der Partnerschaft! Abreise ins Traumland des ureigenen Lebens im ureigenen Reich, Ihrem persönlichen Wohnen!

So radikal diese Aufforderung auch klingen mag, sie ist durchaus ernst gemeint und führt zu den stichhaltigsten Planungsergebnissen! Wer in Zukunft seinen wirklichen Bedürfnissen entsprechend wohnen will, sollte ohne Möbel, nur mit einer Luftmatratze zum Schlafen und dem Koffer in das neue Wohnen oder, zusätzlich ausgestattet mit einem Einmannzelt, auf die zu bebauende Parzelle gehen, und ebenso jeder der späteren Mitbewohner mit seinem speziell von ihm gepackten Koffer, mit seiner Luftmatratze, seinem Einmannzelt für sich allein, um dort wenigstens für einige Tage ganz nach seinem Geschmack seinen Alltag zu verbringen, immer wohlmeinend beobachtet von den Angehörigen, die nun lernen, wie jeder, für eine abgesprochene Zeit unbeeinflußt, in der künftigen Gemeinschaft wirklich leben mag und zurechtkommt.

Über dieses Große Spiel wird noch zu reden sein, wenn Sie sich im zweiten Teil des Buches der „gewohnten“ Partnerschaft zuwenden. Hier aber geht es immer noch um Ihren persönlichen Schlafplatz.

Ordnung ist planbar

Sie liegen also auf Ihrer Luftmatratze an einem Platz Ihres neuen Wohnens, der Ihnen gefällt, und öffnen Ihre Sinne, so weit Sie können. Sie wissen, wo die Sonne aufgeht, wo Ihre Tür, Ihr Fenster sein müßten, damit Sie sich sicher fühlen. Sie improvisieren auch die für Sie angenehmste Betthöhe, ganz oben, ganz. unten, in einer Höhle, die Sie sich schaffen wollen, und die Abstände zu den Wänden, den Abstand von Ihrem Kopf, Ihrer rechten und Ihrer linken Seite, Ihren Füßen und Beinen. Sie können die Luftmatratze beliebig drehen und hin- und herschieben. Sie können die beste Lage für Ihr späteres Bett einige Nächte lang an sich selbst, dem einzig gültigen Maß, erproben, bevor Sie sich festlegen .

Und nun öffnen Sie Ihren mitgebrachten Koffer mit Ihren Habseligkeiten. Und Sie bauen alles rund um sich so auf und erproben diese Ordnung immer wieder, bis alles für Sie, für Ihre zugreifenden Hände, für Ihre Beine, die sich und Sie bewegen wollen, stimmt. Alles, was Sie rund um sich nicht missen wollen, gelangt wie von selbst an seinen für Sie richtigen Platz im richtigen Abstand, wo Sie es ablegen können, wo es wieder für Sie bereitsteht, sobald Sie es brauchen.

Sie leben also, solange Sie es aushalten, im möbellosen Raum, wo alles zu Boden fällt. Und Sie bestimmen damit Länge, Breite und alle Höhen Ihres privaten Lebens, bis Sie ganz sicher sind.

Und nun, für die Höhenbestimmung, der Traum vom schwerelosen Raum, in dem alles in jener Höhe für Sie bereitsteht, -hängt und -liegt, wo Sie es erwarten, wo später einmal Regale, Ablageflächen, Laden, Fachbretter, Hänge- und Steckvorrichtungen die Dinge, die Sie ablegen, wie von selbst aufnehmen und wieder bereitstellen, weil ja nun nichts mehr zu Boden fällt.

Sie erfahren damit sehr viele Details über Ihre künftigen Ablagen rund um Ihr Schlafen, das Ihnen gemäßeste Ankommen im neuen Tag in wohlgeordneten Verhältnissen ebenso wie über die allabendlich beruhigendste Abreise ins Traumland mit dem guten Gewissen, daß alles wohlversorgt ist. Sie lernen Ihr Nachtkästchen, Ihre Ablagen rund ums Bett, Ihren Kleider-, Wäsche-, Schuh-, Garderoben-, Buch-Container gleichsam von innen her, in seiner Zweckmäßigkeit allein für Sie kennen.

Sie wissen nun, wieviel Schmutzwäsche im Versuchszeitraum anfällt und wo sie sich sammelt und wie Sie am liebsten mit ihr umgehen wollen: Nach diesen Erfahrungen ohne Möbel wissen Sie genau, wie groß, an wel-

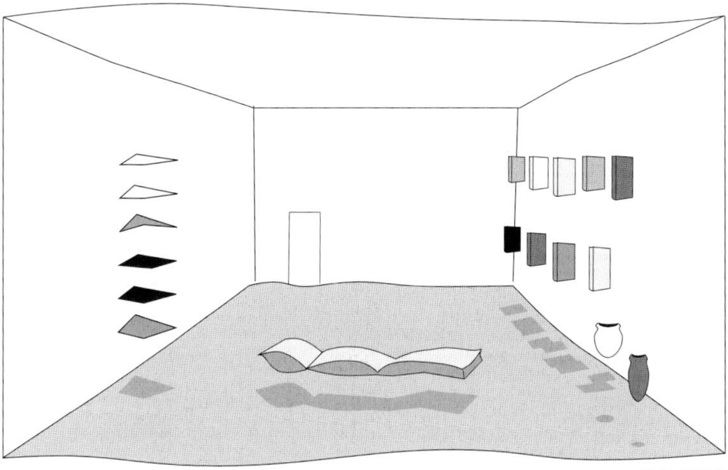

PLAN VON AR

chem Platz und wie beschaffen Ihr Behälter für die Schmutzwäsche sein sollte. Sie müssen nicht lernen, mit einer Lösung umzugehen, die Sie nur nach ihrem Äußeren gekauft haben und deren Kapazität vielleicht nicht ausreicht für Ihren persönlichen Rhythmus, in dem Sie für die Reinigung, das Bügeln und Zurücksortieren an Bereitstellungsplätze und die Verteilung oder Konzentration der Wäsche sorgen wollen.

Sie kennen aber auch die für Ihre Eigenarten besten Abstände der einzelnen Container zueinander. Sie stehen nun am richtigen Platz, im Rhythmus Ihrer Wohntätigkeiten, in der richtigen Höhe und Entfernung zueinander. Wenn Sie dieses Große Spiel wirklich konkret durchspielen, über eine möglichst lange Zeit auf dem leeren Grundstück, in der leeren Wohnung, wissen Sie über sich und Ihre Bedürfnisse bereits so viel, daß Sie Ihren ersten, vorerst nur für Sie allein gültigen Einrichtungsgrundriß zeichnen könnten, das erste geordnete Protokoll Ihrer Gewohnheiten, Ihrer Lebensabläufe daheim, Ihrer Bedürfnisse.

Es gab Architekten, die mit ihrem Auftraggeber in leere Wohnungen gezogen sind, um dieses Experiment zu beaufsichtigen. Es gab auch schon solche Versuche auf leeren Grundstücken mit Einmannzelten. Zusammen mit den vorher genannten Übungen führen die Planungseinsichten zu völlig anderem, natürlicherem Wohnen und Bauen. Vor allem aber macht die wie von selbst laufende, aus der Lebenspraxis abgeleitete Planung den Menschen in der Regel unglaublich bescheiden. Plötzlich bleibt sehr viel Bewegungsraum übrig, weil viel weniger Möbel stehen müssen.

Beruf und Berufung

Die Vielfalt unserer Berufe und Berufungen läßt sich in vier einfache Gruppen unterteilen: der Bauer, der sät, erntet und Produkte herstellt; der Soldat, der das Schützenswerte um sich ordnet und bewacht; der Händler, der Produkte verteilt; der Handwerker, der Produkte umformt.

Wenn Sie die Wahl hätten: Zu welcher Gruppe würden Sie gern gehören? Es ist vielleicht nicht ganz leicht, sich in dieser sehr einfachen Typisierung sofort wiederzufinden. Versuchen Sie es bitte trotzdem!

Und in welcher der vier Gruppen verdienen Sie Ihr Geld zum Leben? Was wird ganz konkret von Ihnen gefordert: daß Sie säen und ernten, daß Sie überwachen und ordnen, daß Sie verteilen, daß Sie umformen, obwohl Sie sich Ihr Leben eigentlich ganz anders vorgestellt haben? Wie?

Was müßte anders sein an Ihrem Berufsalltag, damit Sie mit Ihrem Leben, mit der Zeit, die Sie mit Geldverdienen verbringen, zufrieden sein könnten?

Und was von dem, was Sie gern täten und sicher auch tun könnten, ließe sich in der Freizeit verwirklichen? – Sind Sie nicht in Wirklichkeit in dieser Lebensphase ein Säer, der nach immer neuem Saatgut Ausschau hält, bis er gefunden hat, was er gern erzeugt und weitergegeben hätte? Sind Sie in Ihrer jetzigen Lebensphase nicht ein Soldat, ein Sammler und Bewahrer, ein Ordner? Oder jemand, der erst auflebt, wenn er etwas zu verteilen hat an Menschen, die nur darauf warten? Oder lockt Sie das ganz bestimmte Material, aus dem Sie etwas machen wollen mit der Geschicklichkeit Ihrer Hände, wenn nur Zeit und Platz dafür vorhanden wäre?

Nun, da das Große Spiel gespielt wird, ist – auf dem Grundstück oder in der möbelleeren Wohnung – alles möglich, wenn Sie nur in die Details Ihrer Wünsche, Ihrer Träume, Ihrer eigentlichen Vorstellung vom Leben gehen.

Das Große Spiel ist ein Spiel, ein Ausnahmezustand für möglichst lange Zeit, nach der aber mit der Notwendigkeit der seriösen Planung der Ernst des Lebens kommt, der ja immer noch den großen Korrekturstift ansetzen kann. Jetzt aber, im Großen Spiel, ist die Zeit für den Idealzustand.

Öffnen Sie also Ihren Koffer, und bauen Sie alles, was Sie darin mitgebracht haben, rund um Ihre Luftmatratze auf. Sie inmitten Ihrer Habseligkeiten, das Zentrum Ihres Besitzes. Füllen Sie nun den Raum um sich herum, und entspannen Sie sich. Und sehr bald werden Sie wissen, was

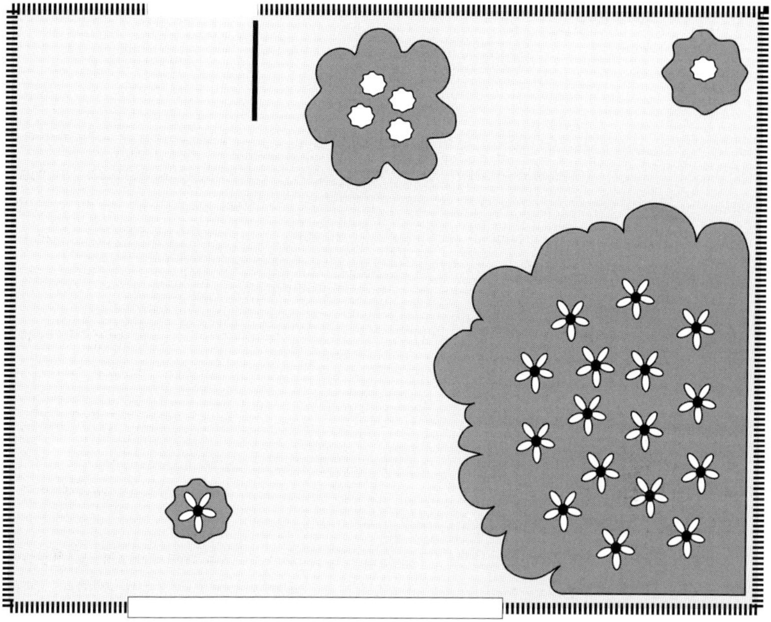

PLAN VON AR

Ihnen noch zur letzten Glückseligkeit fehlt: das Saatgut aus Büchern etwa, das in der Stille und Konzentration aufgeht; die Sammlung von Dingen, die Sie ordnen und bewahren wollen, ob es sich um Briefmarken oder alte Autohupen handelt; die Kartei und das Telefon oder die Chance zur Weiterbildung, damit Sie immer mehr an immer mehr Menschen zu verteilen und zu verkaufen haben an Ware oder Wissen; die Werkbank, das Werkzeug und das Material, das Sie umformen wollen.

Was würden Sie beginnen, wenn Sie allein wären, um sich zu trösten, um aus dem Trott herauszukommen? – Es ist jetzt für nichts zu spät! Nicht für ein Studium, nicht für eine Sammlung, nicht für eine Zucht, nicht für die Trompete, den Stein oder Lehm oder das Holz oder Metall oder für eine Lehre. Es ist für alles Zeit und Platz, und es ist – da Sie ja vor der Neueinrichtung Ihres Lebens im neuen Haus, in der neuen Wohnung stehen – finanzierbar.

Suchen Sie nun Ihr Hobby, Ihr Steckenpferd, Ihre Liebhaberei, und geben Sie diesem Ausgleich den besten Platz im möbelleeren Raum und die richtigen Wohnwerkzeuge dazu.

Halten Sie das im leeren Raum Erprobte und Korrigierte auf Papier fest, in allen Details, in Dimensionen, Fassungsvermögen, Abständen und

Orientierungen zueinander, und bauen Sie in dem Plan, der so entsteht, Ihren Hobbyplatz so liebevoll konkret aus, wie Sie können, was immer es auch sei.

Und nun, da alles, vorerst noch ohne Möbel, im richtigen Ablauf für das Heim- und Zur-Ruhe-Kommen aufgebaut wurde in einigen Tagen, da das Große Spiel zu stimmen scheint, ist die Luftmatratze, das Ruhezentrum in Ihrem Experimentierraum, der beste Platz, um das Geschaffene zu überblicken und zu prüfen, ob es mit Ihren Vorstellungen und Träumen wirklich übereinstimmt.

Strohsack als Vorbild

Der gute, alte Strohsack, auf dem die meisten Menschen früherer Jahrhunderte schliefen, hatte seine heute längst vergessenen Vorteile: Seine Strohfüllung wurde etwa zweimal im Jahr komplett erneuert. Das gab Gelegenheit, auch den Sack selbst gründlich zu waschen und machte das Schlafen insgesamt sicherlich hygienischer als alle Errungenschaften seither.

Außerdem ließ sich dieser Strohsack so fest stopfen, wie es den jeweiligen Bedürfnissen entsprach. Sein Benutzer, der sich um seinen Rücken sorgte, konnte auch zwischendurch Stroh nachfüllen oder entfernen, wenn er mit der Härte seiner Schlafunterlage experimentieren wollte. Selbst etwas heute so Starres wie die Matratze war dereinst in sich mobiler und individueller.

Der Schläfer ordnete aber auch – und das ist heute mit keiner Schlafunterlage mehr so flexibel möglich – das in den Jute- oder Leinensack gestopfte Stroh im Schlaf, unbewußt, wie Sie heute Ihr Kissen oder die Decke zurechtschieben, nach den Erfordernissen seines Körpers um. Nicht nur der Schläfer, der gesamte Bettinhalt legte sich zurecht.

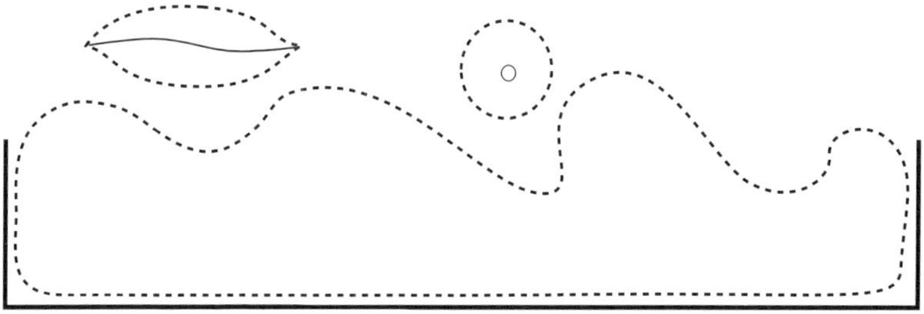

AR

Je nach Temperament und der täglichen Beanspruchung des Organismus war die Schlafunterlage des Menschen auf seinen tatsächlichen Bedarf, der sich auch im Laufe der Nacht ändern kann, von ihm selbst und aus seiner inneren Automatik heraus veränderbar, anpaßbar. Der Schläfer konnte sich für bestimmte Körperteile seine Mulde graben, einen Hügel zur Unterstützung eines anderen errichten. Er erreichte damit, wann immer er es nötig hatte und im Schlaf die für ihn günstigste und bestens unterstützte Körperlage, die bestmögliche Entspannung jeder für ihn nötigen Muskel-, Sehnen- oder Knochenpartie und damit die jeweils gesündeste Lagerung für den Kreislauf und die inneren Organe.

Keine Rede also von wenigen Minuten Probeliegen und oberflächlichen Messungen des sogenannten Schlafprofils, auf das dann ein Lattenrost abgestimmt wird. Denn: Entspannen Sie sich im Möbelhaus? In Straßenkleidern und mit Schuhen an den Füßen? Die Taille in den Bund geklemmt? – Und nur in der Entspannung, ob Sie nun auf dem Rücken, einer Körperseite oder auf dem Bauch liegen, drücken Schultern, Gesäß, Arme, Knie, Hüfte, Oberschenkel, Stirn, Nase abschätzbar tief in die Unterlage. Nur in der Entspannung also ließe sich die notwendige Unterstützung und Elastizität der Unterlage, der Matratze individuell verbindlich feststellen. Sie haben die Farce der heutigen Schlafberatung vielleicht bereits verstanden.

Aber der Strohsack hätte zu viele Nachteile für unseren heutigen Wohnkomfort: Sauberes Stroh ist in unserer umweltverseuchten Zivilisation kaum mehr zu bekommen, es bildet außerdem Staub und braucht täglich ausführliches Lüften und Trocknen. Für Allergikcr, die auf Milben und Staub mit Atemwegbeschwerden reagieren, ist es keineswegs unbedenklich, wie übrigens die Daune oder der Tierhaarteppich oder die Zimmerpflanze auch.

Stroh scheidet also aus. Seine lebendige Veränderbarkeit aber könnte Maßstab für Ihre Erfindung Ihrer Schlafunterlagc sein.

Eine erste Hilfe beim Experiment mit sich selbst und Ihrer Ausgeschlafenheit, für die es wieder nur Ihr Fühlen als Meßinstrument gibt, ist wahrscheinlich die derzeit neuentdeckte Schlummerrolle. Die wandert nach der abendlichen Lektüre vom Kopfkissen unter die Kniekehlen, wodurch sich die Bauchdecke zum Einschlafen entspannt, und fliegt dann vielleicht im Schlaf aus dem Bett.

Und wer weiß, vielleicht brauchen Sie auf Ihrer Luftmatratze, auf der Sie vor dem Möbel- und Matratzenkauf probeschlafen, noch eine zweite Rolle. Eine für den Kopf, eine für die Beine. Vielleicht tut ein Kissen, beliebig in Größe und Form und Härte und Elastizität wählbar, bessere Dienste?

Das Bett ist nämlich vorerst nur einseitig, in seiner Längsrichtung durchdacht! Mit Kissen und Rollen, eventuell sogar mit unterschiedlichen Füllmaterialien, käme Liege-, Stütz- und Wärme-Erfahrung ganz individuell auch von den beiden Seiten und damit lebendiger in ein Bett, das natürlich nun ganz anders aussieht als im bisher üblichen Schlafzimmer:

Es liegt ganz oben oder ganz unten, mitten im Raum oder in eine Ecke gekuschelt, von einigen Seiten oder überall umgeben von Vorhängen oder Wänden, vielleicht sogar hinter einer ganz eigenen Tür, eingenordet, deshalb vielleicht auch diagonal zum Raum und zur Sonne, ausgestattet mit der für den Benutzer nötigen Grundelastizität der Matratze und angefüllt mit Versatzstücken, die vielleicht zum Einschlafen nötig sind, dann aber hinausgeworfen werden.

Keine tagsüber proper glattgezogenen Überwürfe mehr, die unantastbar abweisend eine ruhefeindliche Ordnung zu verteidigen wagen, die keinem nützt, wohl aber dem statischen Abbild, dem Schauraum im Möbelhaus, gleichen.

Und wenn Sie jetzt die empfohlene Luftmatratze zur Erkundung Ihrer tatsächlichen Schlafbedürfnisse längst gegen eine Hängematte oder einen Futon im sonst möbelleeren Raum getauscht haben, wenn Sie nun, umgeben von Ihrem Hobby, Ihrer Sammlung, Ihren Basteleien, Ihrer Bibliothek, schlafen gehen, wenn Sie das Buch mit seiner geöffneten Seite nicht mehr unter ermüdenden Körperverrenkungen ins Licht halten müssen, während Sie lesen, sondern dieses Licht dorthin lenken, wo es für Sie am bequemsten blendfrei auf die Lektüre fällt, wenn Sie sich also von den auch körperlich fühlbaren Zwängen des Üblichen befreit haben, so daß Ihnen Ihr Bett und seine Umgebung paßt wie eine dritte Haut, in der Sie sich natürlich bewegen können, dann haben Sie vielleicht die Möglichkeit eines wirklichen Ruhezentrums erfaßt und könnten nun auch noch Länge und Breite Ihrer idealen Matratze für sich festlegen.

Wenn Sie darüber hinaus für sich die ausreichend große, leicht überschau- und erreichbare Ablage für alles Nötige erprobt haben und damit genauer über die Beschaffenheit Ihres Nachtkästchens Bescheid wissen, können Sie Ihren persönlichen Bettplan, die Forderungsliste für Ihr Ruhezentrum fixieren.

Bett und Bad

Wenn es wahr ist, daß der Mensch ein Drittel seines Lebens im Schlaf verbringt, so ist das Bett mit seiner unmittelbaren Umgebung das meistbenutzte Aufenthaltszentrum seines Privatlebens. Und wenn das Einschlafen nicht ein jäher Absturz, das Aufwachen nicht ein plötzliches Herausreißen sein soll, wird dieses Bett nicht nur zum Schlafen dienen.

Wem nun sofort Liebe, Partnerschaft, Zärtlichkeit, Erotik, Sex und Lust einfällt, der möge – zur Vervollständigung seiner Planung – möglichst lange bei seinem Thema Nummer eins bleiben und die diesbezüglichen Träume konkret auskosten und sich dabei Einzelheiten genau einprägen, um das für seine Praktiken beste Möbel selbst zu erfinden. Denn der überwiegende Teil der professionellen Betten- und Schlafzimmer-Hersteller und -Verkäufer verwendet kaum Zeit darauf, sich auf diese Lebens- und Wohnfunktion gedanklich einzulassen.

Ganz im Gegenteil: Die vielen ekstasefeindlichen Ecken und Kanten der üblichen Schlafaltäre, die abschreckenden Besucherritzen, das meist schauerlich kalte Rahmenmaterial zeugen eher von puritanischer Sittlichkeitswächterei oder völliger Unkenntnis notwendiger Voraussetzungen für befriedigende Beweglichkeit. Wie viele andere Möbelkreationen dieser Jahre scheinen diese Betten und Schlafzimmer eher dazu geschaffen, die Lust zurück- und zurechtzuweisen und dem Normbrecher mahnende Blutergüsse als Denkzettel zu verpassen.

Die Prüderie des Üblichen beginnt jedoch bereits viel früher, beim Auskleiden nämlich, sie setzt sich fort in der Gestaltung der Waschräume, die großsprecherisch als Bäder angepriesen werden, als wäre Baden nicht Nacktheit, Licht, Luft, Sonne und Bewegung in griffwarmer, weicher Umgebung.

Wer also seinen idealen Lebensraum wirklich zu träumen wagt, wird vorerst zu völlig anderen Lebens- und Wohnvorstellungen von seinem Paradies gelangt sein müssen:

Stellen Sie sich vor, Sie wären ein Kind, das durch seine schönste Landschaft zieht mit leichtem Gepäck. Ein nomadisierendes Kind, das sich für einen Abend und die folgende Nacht vorbereitet und seinen schönsten Schlafplatz findet.

Wieder ist die Idee zu diesem Traum keineswegs so unvernünftig, wie sie dem einen oder anderen Leser nun scheinen mag. Vierzigtausend Gene-

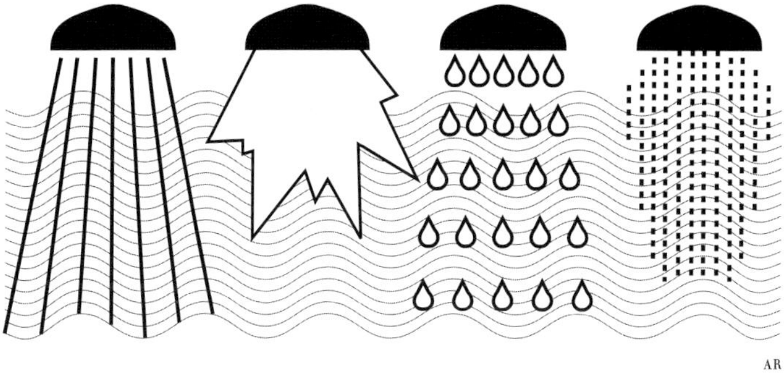

rationen lang haben unsere Vorfahren als Nomaden gelebt, ständig unterwegs von einem guten Jagd- und Sammelrevier ins andere, ständig wieder neu auf der Suche nach dem besten und sichersten Lagerplatz, ganz oben, ganz unten, in einer Höhle oder im Wald versteckt, vielleicht auch mit möglichst freier Sicht nach allen Seiten, umgeben von Dornenhecken oder von Gewundenem – daraus hat sich unser Wort <Wand> entwickelt.

Vierzigtausend Generationen lang hatten wir in der Kindheit unserer Menschenentwicklung also freie Platzwahl, und dort, wo es wonnig war, entstand für einige Zeit das Wohnen, wieder eine unübersehbare und bezeichnende Wortverwandtschaft, die deutlich zeigt, was wirklich gemeint ist.

Nun gehen Sie im Traum in diese Entwicklung zurück, die uns alle und unser Kulturverhalten prägt, das allerdings erst knappe zweitausend Jahre alt ist, zu kurz, um uns seither wirklich im Innern verändert zu haben.

Seien Sie in Ihrem Traum das Kind aus der Vorzeit, das vor dem Einschlafen, vor der langen Nacht, noch seinen Spaß haben will und sich die beste Umgebung dafür aussuchen kann.

Schließen Sie die Augen, und gehen Sie zu diesem idealen Platz, verweilen Sie dort, und beobachten Sie ihn und sich genau. Ist da irgendwo

Wasser? Und wie ist dieses Wasser? Brandung im Meer? Stilles Ufer eines ruhigen Sees? Flußarm unter Bäumen? Sprudelnde Quelle? Wasserfall?

Es ist ein Land, das Sie glücklich macht.

Es ist vielleicht sogar genau jenes Bild, das Ihnen vor Ihr inneres Auge tritt, wenn Sie von Urlaub und Erholung träumen, so deutlich, daß Sie diese schönere Welt riechen können und Ihre Fußsohlen den Boden fühlen, auf dem Sie gehen.

Und Sie sind ganz sicher und, wenn Sie wollen, völlig unbeobachtet, für sich allein, ein Robinson in seinem Land, auf seiner Insel, an seiner Küste, in seinem Tal, an seinem Hang. Wo?

Und wenn Sie nun an einem Gewässer sind und Ihren besten Liegeplatz nach all dem Genießen und Spielen und Träumen gefunden haben, wo liegen Sie? Und wie ist der Weg zum Wasser? Und wie ist der Weg zur Wiese? Und wenn Sie sich nach dem Tag unter einem Baum, in seinem Schatten, erfrischen, wie ist der Weg dorthin?

Und nun gehen Sie diesen Weg aus dem Alltag des Menschen, der Sie heute sind, zu dieser Erfrischung und von dort zum Liegeplatz. Der Mensch von heute in seiner idealen Traumurlaubswelt von damals. Und gehen Sie ihn bitte bewußt. Die Kleider und die Maske fallen. Und bis hin zum Ruheplatz sind Sie vollkommen nur Sie selbst. Und Sie beobachten sich und diese Idealwelt ganz genau! Soviel wie nur irgend möglich von all dem, was Sie nun fühlen, können Sie in Ihren Alltag und in diese Zeit mit herüberretten! Die Wärme, das Wasser, den Boden, die Luft, die Gerüche, die Materialien, die Beweglichkeit, die Farben, die Helligkeit, einen großen Teil dieses idealen Lebensraums und das Glück, die Freude, die Sie spüren. All das läßt sich hereinholen in Ihre privateste Welt, läßt sich wenigstens annähernd in Ihr Wohnen einplanen.

Zu den obengenannten Wirkungselementen des Wohnens wird in diesem Buch noch sehr viel zu sagen sein. Nun aber kommt es auf die Anordnung der Wohn- und Behaglichkeitswerkzeuge rund um das eigentliche Lebenszentrum Bett an. Und wichtig ist dabei nicht nur alles, was sich an Habseligkeiten wohlversorgt und griffbereit und funktionsgerecht um seinen Benutzer scharen sollte, nicht nur die individuell beste Orientierung zur Sonne und zur Erddrehung und zu den möglichen unveränderbaren Stör- und Gefahrenquellen, sondern auch die Versorgung mit dem Lebenselement Wasser. Zu ihm hat jeder von uns seine ganz besondere, immer aber fast magische Beziehung, die der gute Wohn- und Einrichtungsplan berücksichtigt.

Wie sollte in der Ablaufplanung Ihres Lebens – zwischen Heimkommen, dem Alltag bis hin zum Einschlafen und, nach dem Erwachen, bis hin zum Hinausgehen in die Welt – Ihr Weg von und zur Toilette, von und zum

Waschraum aussehen und ideal geregelt sein? Und was könnte diesen Waschraum zum Bad machen, in dem das Wasser zu Ihnen kommt wie an dem idealen Ort Ihres Traums? Wie könnte Ihr Bett mit seiner ganz persönlich gestalteten Umgebung zum erholsamen Lager werden, von dem aus Sie zur Erfrischung ans Wasser gehen, nur ein paar Schritte weit und exakt an all jenen Dingen vorbei, die Ihre Erholung im eigenen Reich unterstützen, weil sie ja nun geplant, aufeinander und auf seinen Benutzer abgestimmt, angeschafft werden, um in dieses Leben zu passen, das ganz natürlich ablaufen soll.

Wo also ist das Wasser in Ihrem Plan, den Sie nach Ihrem Träumen nun konkretisieren?

Natürlich ist diese individuell bestimmte Planung leichter, wenn Menschen ihr eigenes Haus bauen dürfen. Aber auch in der schon festgefügten Wohnung, zu deren Umbau und Anpassung an persönliche Wünsche ohnedies, so die Statistik, achtzig Prozent der Einziehenden entschlossen sind; auch in den vorgefertigten Standardgrundrissen ist vieles noch im nachhinein installierbar.

So läßt sich, um mit dem Einfachsten zu beginnen, die persönliche Beziehung zum Wasser durch die Wahl der richtigen Armatur regeln – daß es dem Menschen so entgegenkommt, wie er es sich wünscht, wie ein Wasserfall, wie ein Regenguß, wie Nieseln, strömend prickelnd wie im Gebirgsbach, auf- und abwogend oder als harte Gischt. Und natürlich wird es anfangs beim Klempner oder Installationsfachhändler Probleme mit der Verständigung geben. Denn wie die Möbelhändler ja auch sind diese Fachleute noch gewohnt, daß der Endverbraucher ihr Fachchinesisch stottert, also eine Fremdsprache lernen muß, damit ihn der Kaufmann oder Handwerker versteht, der dann noch daran verdient.

Aber diese unhaltbare Situation können Sie umkehren! Beschreiben Sie dem Fachmann einfach genau, wie Sie Ihr Wasser haben wollen. Nicht nur die Temperatur, denn da funktioniert die Verständigung ja bereits einigermaßen, sondern auch die erwünschte Wirkung des Wassers läßt sich beschreiben: Wasserfall, Regenguß, Nieseln, Prickeln, Gischt. Und natürlich hängt das alles von der Wassermenge ab, die tatsächlich pro Minute zur Verfügung steht, und vom Wasserdruck in der Leitung. Aber diese Übersetzung in die Fachsprache ist Sache des Fachmanns. Der Kunde sollte einzig darauf bestehen, die Wirkung zu beschreiben, die er sich wünscht, und sie allein zum Auftrag machen, den der Fachmann dann technisch zu übersetzen, zu garantieren und zu verwirklichen hat.

Und so ist auch viel Traumhaftes in der leidigen Platzfrage zu realisieren, wenn der Kunde genau weiß, was er von Wanne, Becken und Dusche an welchem Ort in seinem Wohnablauf erwartet und wieviel Bewegungsraum er dazu rundherum braucht. Es ist durchaus nicht mehr ungewöhnlich, daß eine attraktiv gemauerte und belegte Dusche in den ursprünglich als Schlafzimmer geplanten, nunmehr zum Ruhezentrum gestalteten Raum wandert. Solange es in den Wohnungen kaum Fließwasser gab, war es durchaus üblich, daß das Waschbecken mit dem Krug in unmittelbarer Nähe zum Bett stand. Und in Hotelzimmern bedeutet diese Nähe komfortablen Standard. Nur die sogenannten Sozialgrundrisse des sogenannten fortschrittlichen Wohnungsbaus dieses Jahrhunderts erwarten vom Wohnungsbenutzer den Weg über den Flur, den man sich im Hotel längst nicht mehr gefallen läßt.

Auch in den meisten längst fertiggestellten Wohnungen läßt sich, sobald das recht unbequeme Tabu Badezimmer einmal gebrochen ist, der Wasserfall, der Platzregen, das laue Nieseln ohne allzu großen Aufwand auch im nachhinein herbeizaubern. Wasser kann auf viele verschiedene Arten aus dem Hahn strömen, rieseln, sprühen, schießen, sogar, mittels sogenannter Impulsduschen, in unterschiedlich starken Stößen, unterschiedlich mit Luft gemischt und nicht nur in der Temperatur geregelt. Der Wasserhahn, der Duschkopf, die Zu- und Abströmungsanlage der Wanne – alles sind planbare Details, die über den Badekomfort bestimmen.

Auch die Wasserqualität in der Wanne ist noch zu verbessern. In vielen außereuropäischen Hochkulturen wird das Waschen nicht mit dem Baden gleichgesetzt. Hier wird die Wanne erst nach dem säubernden Waschen oder Duschen benutzt. Das Baden ist dann ausschließlich Entspannung und Körperpflege in Trinkwasserqualität, verläßlicher als an jedem See oder Meeresstrand. Und naturechte Wasserzusätze wie Salze oder Erden könnten das Badevergnügen ebenso vergrößern wie der ausreichende Bewegungsraum unter der Dusche oder in der Wanne, der für alle entsteht, die sich von der starren, engen Duschkabine oder der üblichen Wannenform lösen könnten und aus dem reichen Angebot der Märkte wählen, was ihrem Begriff vom Baden tatsächlich entspricht.

All das hat immer noch nichts mit Imitationen von Naturzuständen, mit Vortäuschungen zu tun, wie sie Papiertapeten mit Schilfmotiv, metallisch glänzende Fliesen mit Holzdekor oder auf Kork oder Kunststein gequälte Kunststoffböden versuchen. Mit Dekor kommt nur auf Fotos von Wohnzeitschriften, nicht aber in der Realität Stimmung auf. Wie Kunststoffblumen nach Kunststoff so duften auch aufgemalte Palmen nur nach der Oberflächenbeschichtung. So geht es also nicht. Denn je echter, desto verläßlicher, je selbstbestimmter, desto freundlicher und vertrauenserweckender ist es für die Haut, von der man beim wirklichen Baden bis hin zum Hinlegen möglichst viel zeigt – und fühlt.

Wenn Ihr Traum vom idealen Ruheplatz ehrlich, mutig, selbstverständlich, losgelöst von der Sorge um Vernünftiges, Erschwingliches geträumt war, müßte – und das ist die Kontrolle! – irgendwo in Ihrem Traumland lebendiges Wasser sein wie auch im Traumwohnen in der Nähe des Liege- und Ruheplatzes. Und wenn Sie dieses Wasser in Ihrem Traum gefunden haben, versuchen Sie alle Umstände zu fühlen und für sich zu beschreiben. Abstriche vom Idealzustand kann man immer noch machen. Nur: Vergessen, der Chance keine Chance geben sollte man nicht!

Das Wasser nämlich ist ein dem Leben unentbehrliches Element, an dem wir Menschen uns vierzigtausend Generationen lang niedergelassen haben und zu dem deshalb jeder seine ganz besondere Beziehung in sich trägt, ohne deren Pflege wir tatsächlich verarmen. Bett und Bad gehören, wenn das Ruhezentrum entstehen soll, in der Ihrem Erholungsbedürfnis entsprechenden Beziehung zusammen. Wasser und Bett zu trennen bedeutet unabschätzbare Qualitätsverluste, größer noch als die Trennung des Menschen von seinen Habseligkeiten oder deren unpassende Unterbringung.

Wasser am Bett

Wer Bett und Bad in den Wohnungen von heute zusammenbringen will, so werden selbsternannte und auf ihre Erfahrung pochende Fachleute prophezeien, handelt sich Feuchtigkeitsprobleme, Schimmelbildung und sogar ernstere Bauschäden ein. Und tatsächlich ist das Wohnklima – das richtige Verhältnis von Lufttemperatur und Luftfeuchtigkeit, Sauerstoff- und Schadstoffgehalt, die Bewegung der Luft durch Thermik oder Durchzug, Isolierung und Durchlüftung von Räumen – ein heikles Problem. Unsere Bauwerke sind künstlich in die Welt gestellte Gebilde, die eines unserer Lebenselixiere, unsere Atemluft, einsperren. Wer also Atemluft einschließt, muß auf ihre Pflege bedacht sein. Sie kann, wie stehendes, verschlossen gehaltenes Wasser, auch gesundheitsgefährdend werden, wenn sie nicht gepflegt wird. Sie ist so etwas wie ein lebendes Wesen, das wir in unseren Wohnräumen gleichsam unter unsere Obhut nehmen. Je wärmegedämmter und isolierter diese Räume sind, desto mehr Sorgfalt muß in ihre Pflege investiert werden. Denn unsere Atemluft ist unser allerwichtigstes Lebensmittel! Zu seiner Überwachung ist uns die Nase ebenso gegeben wie das Haar und die Haut, die empfindlichen Schleimhäute der Augen und das Nervensystem des gesamten Körpers, das bei Sauerstoffmangel Müdigkeit, Schlaffheit, verminderte Einsatzbereitschaft, unerklärbares Schlafbedürfnis signalisiert und uns darauf aufmerksam macht, daß wir uns in unbekömmlicher Umgebung befinden, in der die Haut mit der Zeit schlaff, das Haar trübe wird, die Nase sich belegt und die Augen brennen, in der die Lungen sich mit Husten wehren, um die gefilterten Schadstoffe auszustoßen. Atemluft, sagen die indischen Yogis, ist Prana, ist lebendige Nahrung.

Zur Überwachung dieser Nahrung genügen die Hygrometer und Thermometer, wie sie zur Beruhigung in die gute Stube gehängt werden, keineswegs. Der Bedarf an diesen Geräten beweist nur, daß ihre Besitzer sich der Verantwortung für ihr Lebenselixier durchaus bewußt sind, die Kontrolle aber unüberwachten Geräten überlassen wollen. Auch Klimaanlagen, automatische Lufttauscher, Luftbefeuchter oder Trockengeräte und Thermostate erledigen ihre Arbeit allzu mechanisch. Das Raumklima ist eine komplizierte Mischung aus sehr viel mehr Details, als ein Raumspray in Ordnung bringen kann. Es braucht die ganze Empfindsamkeit des Menschen, seine volle Sensibilität und seine Bereitschaft, mit der Natur und ihren Veränderungen zu leben. Und gerade diese Bereitschaft ist uns heute verlorengegangen. Wir wollen im Winter wie im Sommer mit der immer

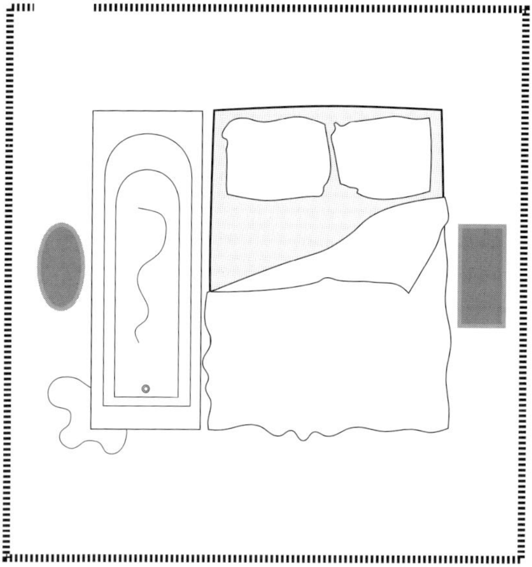

PLAN VON AR

gleichen Garderobe leben, wenn wir zu Hause sind. Wir heizen und kühlen je nach Bedarf und leben dann mit Kreislaufproblemen, weil wir die stets bereite Mechanik zur Anpassung unseres Körpers in solchen Räumen einschläfern, anstatt uns dem Wechsel genießerisch auszusetzen und uns an der Leistungsfähigkeit unseres Körpers zu erfreuen, der bei knapp einhundert Grad Celsius Lufttemperatur in der Sauna ebensoviel an Vitalität zugewinnt wie bei den Minusgraden im Wintersport.

Zu Hause aber in unseren Innenräumen erwarten wir, unabhängig von der herrschenden Witterung, die immer gleiche Trockenheit der Luft, ihre immer gleiche Temperatur, das immer gleiche Klima, das uns unaufmerksam macht, so daß sehr oft erst die Durchfeuchtung von Wänden, Schimmelbildung, Kondenswasser an den Fensterscheiben oder auch die Anfälligkeit für Erkältungs- und Hustenkrankheiten nötig sind, um uns zu warnen, daß mit unserer Wohnluft etwas nicht stimmen kann, daß also mehr gelüftet werden sollte.

Das alles spricht die heutigen Bau- und Möbelmaterialien und die Bautechnik keineswegs frei. Eine ehrliche Diskussion über sie ist kaum mehr möglich, weil sich die Hersteller dieser Materialien bereits mit erschreckend hohen Geldstrafendrohungen vor allen möglichen Verdächtigungen schützen. Nicht sie müssen nachweisen, daß unbedenklich ist, was in unseren Häusern und Wohnungen eingebaut ist, sondern der Kläger muß seine Verdachtsgründe mit Fachgutachten belegen, die dann durch Gegengutachten der Industrie widerlegt werden – bis zum Ende der Finanzierbarkeit durch den Endverbraucher, der dann recht oft von den angerufenen Gerichten verurteilt wird.

Zu einer allgemeingültigen Verpflichtung, die Versorgung mit Atemluft innerhalb eines festgelegten Unbedenklichkeitsbereiches zu regeln, wird es also nicht kommen. Für die Außenwelt und die Arbeitsplatzgestaltung gibt es immerhin schon Grenzwerte, deren Überschreitung Smogalarm auslösen kann. Für Wohninnenräume allerdings fehlen sogar diese verpflichtenden Maßangaben. Was durch Möbel, Koch- und Reinigungsmittelrückstände, Sprays, Tabakrauch, Dämpfe aus Blumenerde und Düngern, Medikamente, durch das Atmen verbrauchte Luft, durch die Heizung und die Lüftung von draußen eingedrungenes Gift, beschönigend Schadstoffe genannt, dem Organismus zugemutet wird, ist nur noch in wacher Selbstverantwortung des einzelnen Menschen individuell regelbar.

Wenn also die Dusche beim Bett dazu führt, die Sorgfalt für die notwendige Luftpflege im Schlafraum durch ausreichende Belüftung zu verstärken, sollte dieses Erziehungsmittel genutzt werden. Wasser beim Bett ist jedenfalls durchaus nichts Neues.

Unordnung ist relativ

Wahrscheinlich hat die moderne Gehirnforschung die Ursache eines alten Wohnkonflikts, den jeder selbst mit sich, aber auch mit seinen Wohnpartnern auszutragen hat, bereits geklärt. Sie hat etwas entdeckt, was die großen Jongleure schon immer wußten: Mehr als neun Bälle, Keulen oder Teller kann selbst der Geschickteste unter diesen Künstlern des Überblicks und der Balance nicht in Bewegung halten.

Das menschliche Gehirn kann mit seinen etwa vierzig Milliarden hochspezialisierten Nervenzellen, von denen wir aber nur etwa zwei Milliarden zu nützen scheinen, zwar im Sekundenbruchteil alle Signale aufnehmen, verarbeiten und zu unserem Besten weiterleiten, die ihm unsere Augen, Ohren, die Nase, der Mund, die vielen Tastorgane der Haut und unser gesamtes Innenleben zusenden, aber es erlaubt uns immer nur einen einzigen klaren und dazu maximal acht weitere Gedanken daneben oder dahinter.

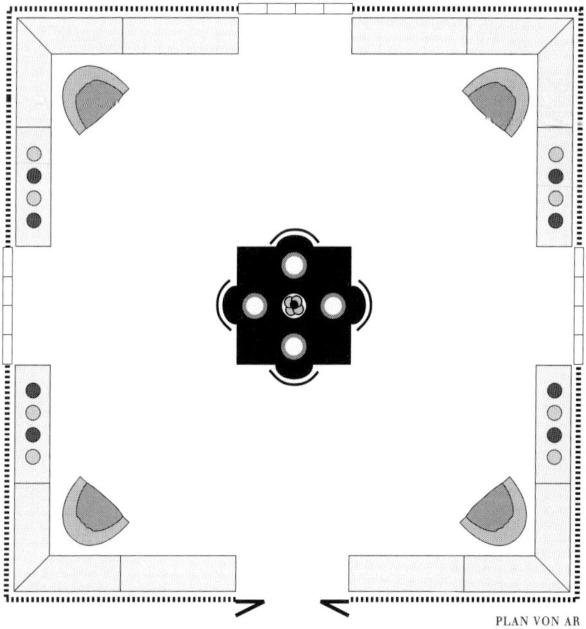

PLAN VON AR

Millionenfaches Fühlen und Koordinieren, aber beim Denken immer eins nach dem anderen.

Und Ordnung empfinden wir dort, wo wir uns augenblicklich auskennen, weil komplett überschaubar ist, was sich dem Augenblick bietet. Und das wieder ist individuell verschieden. Nur Weltspitzenjongleure oder Schachprofis oder Genies wie Napoleon, der einige Briefe gleichzeitig diktieren konnte, übersehen auf einen Blick neun Dinge und kennen sich damit – im Augenblick – genau aus. Andere, weniger geniale Menschen geraten vielleicht schon bei einer Anhäufung von mehr als drei, vier oder fünf Gegenständen in Verwirrung und Streß, also in mit Unlust beladene Überforderung.

Natürlich dürfen auch für sie sehr viel mehr Gegenstände beispielsweise auf einem Tisch liegen – Besteck, Teller, Schüsseln, Blumen, Kerze, Servietten, Salz, Zahnstocher, Pfeffer-, nur muß all das wohlgeordnet sein, was zusammengehört: Gleichartiges oder alles zu einem Speisengang Gehörende gruppiert und so lange in ein System gebracht, bis die Zahl von Einheiten erreicht ist, die der Betrachter überschauen kann. Wenn diese Zahl, die ich im folgenden die persönliche Ordnungszahl nenne, irgendwo überschritten wird, entsteht zuerst Verwirrung, steigt Ärger über Unordnung auf, und dann setzt ganz impulsiv der Versuch der Umgruppierung ein.

Aus wie vielen Buchstaben besteht das Wort „Wohnen"? Nein, bitte, zählen Sie nicht nach! Sie erfassen Ihre Ordnungszahl im Augenblick, ohne das Einschalten des prüfenden Denkens. Wie im Wort „ob" etwa, im Wort „und", da zählen Sie die Buchstaben nicht nach. Ab wie vielen Buchstaben aber müssen Sie zählen? Und wo liegt Ihre Grenze? Im Wort „Teppich" etwa, im Wort „Zwieback"? – Sobald Sie zählen, haben Sie den augenblicklichen Überblick verloren, und der Zwang zum genauen Hinsehen fordert Ihre ganze Aufmerksamkeit im Augenblick, lenkt also ab, bedeutet Suchen, das Gegenteil von Ordnung...

Ein anderer Vorschlag zur Suche nach der Ordnungszahl: Blicken Sie – jetzt – aus dem Buch kurz auf, einen Augenblick nur – viel kürzer! – wie viele Gegenstände vor Ihnen erfassen Sie in diesem einen Moment. Zählen Sie sie auf. Und wenn Sie müde sind, abgelenkt, zerstreut?

Die genaue Erprobung und möglichst häufige Kontrolle der persönlichen Ordnungszahl ist wichtig. Denn daheim fühlt sich nur, wer sich überall in seinem Wohnen auskennt, und zwar im Augenblick.

Wer mit der Ordnungszahl vier leben muß, wird zusammenpassende Stühle und den dazugehörigen Tisch, möglichst noch auf einem zur Einheit summierenden Teppich, brauchen, die wiederum offenkundig zusammengehörende Polstermöbelgarnitur, wieder am liebsten mit einem zusammenfassenden Teppich und unter einer Lichtinsel, um im selben Raum noch eine Stehlampe und ein Sideboard dulden zu können. Er wird seine Wand verbauen wollen, um mit einem freistehenden Schrank nicht noch ein zusätzliches, ihn verwirrendes Stück – für ihn Übermöblierung – in den Raum stellen zu müssen, der durch Tür, Fenster, Vorhänge, Hängeleuchte und einige Personen ohnedies bereits auf ihn fast beklemmend vollgestopft wirkt.

Es ist eigentlich selbstverständlich, daß ein Mensch mit der Ordnungszahl vier schon mit fünf Fachböden, Regalen oder Laden in einem Schrank überfordert ist, Dinge verlegt und suchen muß und immer in der falschen Lade zuerst nachsieht, weil er eben eine Keule zuviel im Programm hat, die er nicht mehr zu balancieren imstande ist, so daß alle Ordnung zusammenbricht .

Und pro Ablage sollte dieser Mensch wieder nur vier Gruppen von Gegenständen und wieder nur vier Gegenstände pro Gruppe aufbewahren, um seinen Besitz, die Dinge, die er jeweils braucht, im Augenblick und völlig sicher zur Verfügung zu haben.

Die Einhaltung dieser Ordnungszahl, die jeder wieder nur für sich selbst finden kann, sollte nun die selbstgeschaffene Ordnung nach einigen Tagen Leben im möbelleeren Raum bestimmen. Kontrollieren Sie jedes Detail Ihres Lebensablaufs: die Schuhe, die Garderobe, das Kochen, das Essen, die Anzahl der Häufchen mit den dafür nötigen Gegenständen, wie leicht oder schwer sie zuzuordnen sind und wie oft Sie danebengreifen oder an der falschen Stelle suchen, ob Sie Dinge dort finden wollen, wo Sie sie abgelegt haben, ob Sie also die Balance Ihrer Habseligkeiten beherrschen, automatisch, im Augenblick, bevor Sie sich der Unterbringung in Möbeln und damit den Möbeln selbst zuwenden.

Und entscheiden Sie von Detail zu Detail, ob die Dinge in Laden, Regalen, auf Fachböden, in Körben aufzubewahren sind, ob Sie sie, von Gegenstand zu Gegenstand, lieber hinlegen, hineinwerfen, abstellen, auf- und abhängen, schieben, einhängen wollen. So entstehen auch recht genaue Vorstellungen von der Tiefe der möglichen Möbel: Wieviel darf hintereinander liegen, damit Sie es immer noch in der sicheren Balance haben und nicht aus dem Bewußtsein verlieren, damit Sie sich auskennen, Herrscher sind in Ihrem Reich?

Improvisieren Sie bei diesen Übungen lieber mit Verpackungskartons, Koffern, Ziegeln. Und jeder für sich allein. Die jetzt mühevolle Kleinarbeit in der Erforschung seiner selbst sollte nicht noch durch Einmischung besserwisserischer und ungeduldiger Mitbewohner erschwert werden. Und:

So weit Sie selbst mit diesen Versuchen auch gekommen sein, wie viele Überraschungen und Wunder Sie auch erlebt haben mögen, reden Sie bitte niemandem, auch nicht dem Kind, dazwischen! Sie sollten bei all diesen Experimenten für sich sein und auch die anderen selbst in Harmonie mit ihrer unmittelbaren Umwelt gelangen lassen.

Denn alle Dinge, die uns umgeben, wirken auf uns. Und jeder von uns hat die Wahl, möglichst viel von dem, was für ihn positiv ist, fordernd und fördernd, erholsam, ermutigend, wohlig dem eigenen Wesen verwandt, in seiner unmittelbaren Nähe zu planen und möglichst viel von dem, was unnötig Kraft kostet, von sich fernzuhalten, besonders aus seiner Ruhezone.

Weglegen und Zugreifen

Im Idealfall befinden wir uns für den folgenden Versuch immer noch im möbelleeren Raum, in dem sich allerdings schon sehr viele Habseligkeiten angesammelt haben und in Funktionsgruppen beisammen liegen. In diesem vorerst noch lockeren Zusammenleben mit den Dingen fallen vielleicht die kommenden Selbsterkenntnisse etwas leichter als in bereits festgelegten Ordnungen.

Es geht um die Links-, Rechts- oder Beidhändigkeit des Menschen, die, wie die Ordnungszahl, eine unabänderliche Planungsgröße ist.

Überlegen Sie genau, welche Ihre sichere Zugriffshand und welche die Hilfshand ist?

Beobachten Sie sich genauer, oder bitten Sie Ihre Umgebung um genauere Beobachtung: Welche ist Ihre gebende, welche Ihre nehmende Hand?

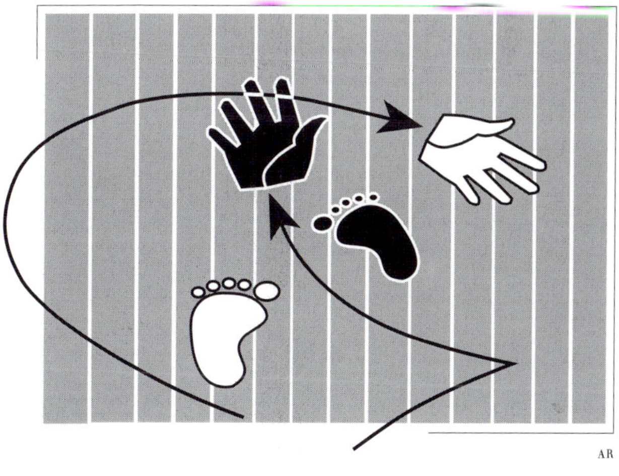

Mit welcher Hand heben Sie den Wäschestoß hoch, um ein Kleidungsstück hervorzuziehen? Mit welcher Hand ziehen Sie?

Beobachten Sie möglichst viele solcher alltäglichen Handgriffe! Auf welche Hand verwenden Sie in diesem Augenblick die Haupt-Denkkapazität?

Automatisch wird der Mensch seinen Ablagen jene Körperseite zuwenden, deren Hand verläßlicher und sicherer zugreift. Natürlich ist die Orientierung zum Raum und seinem Inventar Gewohnheitssache. Wenn die Ordnungszahl stimmt, weiß das Gedächtnis genau, wo was aufbewahrt ist, und wendet dem Aufbewahrungsort ebenso automatisch die Griffhand zu, auch wenn sich dabei der ganze Körper drehen muß. Ordnung scheint also etwas durchaus Erlernbares zu sein.

Lernen aber kostet Kraft und die Anwendung von Erlerntem Energie. Der Rechtshänder zum Beispiel könnte seine Ablage am Bett rechts angebracht haben. Dann brüllt am Morgen der Wecker los, der Schlaftrunkene wälzt sich auf die Griffhand, faßt dann mit der Linken hinüber, nimmt den Wecker, reicht ihn der rechten Hand zum Knopfdrücken zu. Ein komplizierter Vorgang statt eines einfachen Handgriffs. Um wieviel leichter und rascher könnte die geschicktere Hand mit einem Schwung gezielt zugreifen.

Was wirklich im Gehirn und Nervensystem geschieht, wenn die falsche Hand zugreifen muß, mag folgender Versuch zeigen.

Bitte versuchen Sie, mit dem Fuß zu schreiben!

Sie nehmen dazu ein Stück Ölkreide zwischen zwei Zehen, legen sich ausreichend großes Packpapier möglichst rutschsicher auf ein glattes Stück Fußboden und schreiben, Buchstaben für Buchstaben, Ihren Namen. Sie werden, wenn Sie diese Fertigkeit erlernen wollen, die fühlbar das Denken trainiert, durch Übung weiterkommen. Wichtig aber ist, daß Sie die Anstrengung fühlen, mit der wir uns ursprüngliche Fähigkeiten zurückholen.

Denn natürlich waren Hände wie Füße einstmals gleichwertige Greifwerkzeuge und zur Feinstarbeit gleich geeignet. Dann, im Laufe unserer Evolution, nachdem wir uns aufgerichtet hatten, verloren die Zehen ihre Geschicklichkeit, die bei Säuglingen noch vorhanden ist und manchmal weit in die Kindheit hinein zur Verfügung steht, während die Hände, die mehr gefordert wurden, ihr Bewegungsspektrum erweiterten und differenzierten.

Beide Hände verfügen über die Fähigkeit zuzugreifen, doch ist dazu bei der untrainierteren Hand sehr viel mehr Aufmerksamkeit nötig. Was das an

Kraft kostet, spüren wir zum Beispiel bei Schreibversuchen mit der ungeschickteren Hand oder gar mit dem Fuß.

Vielleicht wird dabei aber auch klar, warum von manchen Ablagen immer etwas hinunterfällt.

So gesund Training auch sein mag, so interessant das Hirntraining, in dem man mit dem Fuß oder der „falschen" Hand zu schreiben versucht – eine Therapieform, die nach Schädelverletzungen oder Schlaganfällen eingesetzt wird, weil die Hand das Hirn trainieren und rehabilitieren kann -, so unnötig ist es, dieses Training unbewußt ins Wohnen einzubauen, solange die Dinge noch so angeordnet werden können, daß sie sich wie von selbst der Griffhand zuordnen.

Aber auch hier wieder eine kleine Komplikation, die einiger Selbstversuche bedarf:

Wie greifen Sie sicherer zu? Indem Sie den Arm seitlich von sich wegstrecken? Indem Sie ihn am Körper vorbeiführen? Nehmen Sie also heikle Gegenstände mit der naheliegenden oder der gegenüberliegenden Hand auf?

Befinden sich die Gegenstände in Ihren Durchgangszonen auf der Seite Ihrer griffsicheren Hand, oder müssen Sie, bevor Sie die Dinge aufnehmen, den sicheren Arm wie eine Barriere vor Ihrem Körper vorbeischwingen?

Ist Ihnen das Ablegen oder das Aufnehmen wichtiger? Und was strengt Sie mehr an und erfordert mehr Aufmerksamkeit und damit Kraft?

Haben Sie als Rechtshänder heikle Gegenstände lieber rechts von sich, weil Sie seitlich in der Gehrichtung sicher zugreifen? Oder wollen Sie sie lieber links, um die zugreifende Hand auch ohne große Kopfdrehung im Blick zu haben?

Entdecken Sie Ihre Automatik! Erinnern Sie sich, neben welcher Ihrer beiden Körperseiten Gegenstände stehen, die dann beim Zugreifen – welcher Hand? – umfallen oder hinuntergeworfen werden.

Alle Ihre Habseligkeiten und Lebensnotwendigkeiten könnten nun, wenn Sie während der Planung die Wahl haben, für Ihre jeweils geschickteste Hand zugrifffreundlich untergebracht sein.

In die Küchenplanung fließt längst das ergonomisch erarbeitete Wissen ein. Sonderbarerweise aber drang diese Planungsgröße noch nicht in den übrigen Wohnbereich...

Ordnen und Sammeln

Ich gebe es ganz ehrlich zu: Ich bin vernarrt in Nomadenmöbel. Zum Beispiel in einen alten Schiffskoffer, ein klobiges Ding, das wie eine Truhe aussieht, sich aber wie ein Schrank öffnen läßt und dann einen Laden- und einen Hängeteil zeigt, einen Schuh-, einen Hemden-, einen Socken-, einen Wäscheteil, dazu einen ausklappbaren Herrendiener, sogar mit Spiegel. Mich fasziniert, was in ein für sein Gewicht und seine Massigkeit so kleines, noch dazu transportfestes, sogar schwimmfähiges Gepäckstück griffbereit, übersichtlich, wie natürlich hineingeht und ordentlich gebrauchsfertig wieder bereitgestellt ist.

So etwas, denke ich mir, entsteht nicht als spontane Idee an einem Zeichenbrett. An einer solchen Konzeption haben wahrscheinlich Generationen reiseerfahrener Handwerker oder liebevoll tüftelnder Menschen gedacht und probiert, haben immer wieder neue Erfahrungen eingearbeitet, bis diese Schiffskoffer den hohen Ansprüchen ihrer verwöhnten Kunden genügt, die dann mit solchen perfekten Utensilien – Koffer, Schrank, Vitrine, Garderobe, Ladenkästchen, alles in einem – oft monatelang unterwegs und doch wohlversorgt mit allem Nötigen wie daheim waren.

Kein Kubikzentimeter ist in diesen Schrankkoffern verschenkt. Für so viel Inhalt so wenig Raum!

Ich bewundere auch die alte Schreiner- und Zimmermannstechnik, diese nicht nur im Dekor liebevoll ausgefertigten, raffinierten Ausstattungsschränke, in denen Bräute das gesamte Textilpaket ihres Ehehaushalts samt persönlicher Wäscheausstattung wohlgeordnet vorfanden, in der unseren Urgroßmüttern noch eigenen betulichen, spitzenbesetzten Ordentlichkeit, versteht sich.

Und ich frage mich, wo dieses immerhin doch beispielhafte und rekonstruierbare Wissen über das Aufbewahren in der heutigen Möbelproduktion geblieben ist.

Ich kann, auch das verberge ich nicht, an den Nomadenmöbeln aus dem näheren und ferneren Orient nicht vorübergehen. Ich liebe diese Truhen und Taschen, die klein, zart und doch fest sind, so unglaublich praktisch und luxuriös glatt und mit Metallbändern beschlagen und gegen Staub und Sand sichernd, alles von einfacher, einleuchtender, wirksamer Mechanik und Leichtigkeit, die alles Lebensnötige für den Transport durch Lasttiere aufbewahren und bereitstellen über Jahrzehnte, oft mehr als ein Jahrhundert, und dann immer noch als Sammlerstücke gelten.

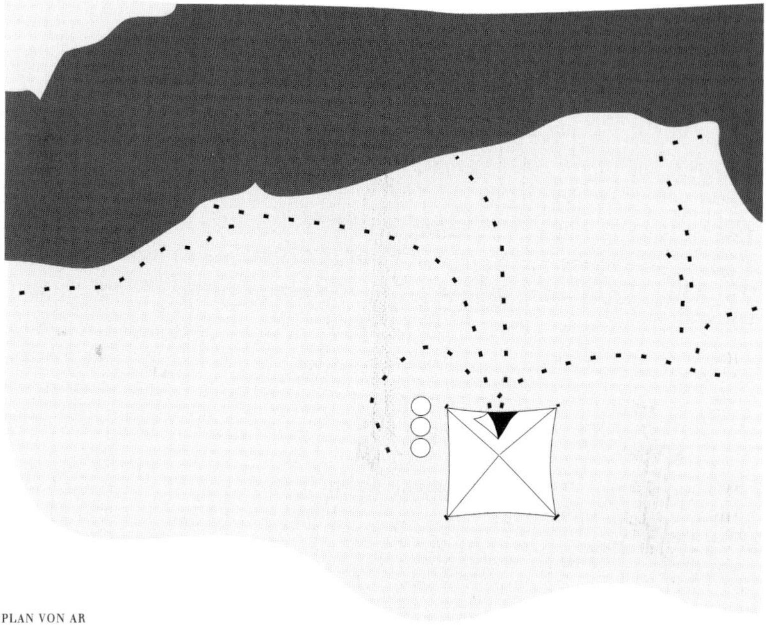

PLAN VON AR

Ich stelle mir vor, daß ich irgendwo an einem zauberhaft schönen Ort im Sonnenuntergang sitze, umgeben von all meiner Habe in liebenswerten, imposant sicheren Behältern, wohlversorgt mit allem, was ich brauche, und alles in der für mich besten Ordnung, intakt und griffbereit. Und es benötigt so erstaunlich wenig Platz, obwohl alles seinen Spezialbehälter hat.

Ich sitze inmitten meines Besitzes. Ich besitze. Das sichert mich. Das gibt mir, auch wenn ich mich verlassen und im Aufbruch und unterwegs und ausgestoßen fühle, so etwas wie ein Zuhause.

Was solche Möbel (hier in ihrer ursprünglichen Wortbedeutung, denn ‹Möbel› hat sehr viel mit ‹mobil› zu tun) vor allem beweisen: Regale und Laden, die man für alles verwenden kann, ersparen zwar Planungsüberlegungen, kosten aber viel mehr Raum als spezielle, auf ihren Inhalt abgestimmte Container.

Spezielle Abstimmung der Aufbewahrungseinrichtungen auf den Inhalt ist sogar heute, in Zeiten der uniformen Regale, Laden, Ablagen, möglich, sobald der Interessent das übliche Möbelangebot verläßt und sich eher dort umsieht, wo die Dinge tatsächlich feilgeboten oder die Geschäftsausstattungen dazu verkauft werden. In guten Fachgeschäften ist also zu lernen, wie die einzelnen Dinge am schonendsten, übersichtlichsten und attraktivsten bereitzustellen sind, ob es sich nun um Perücken, Stiefel, Hüte, Tonkassetten, Schallplatten, Bücher, Kelchgläser, Münzen, Briefmarken, Nippes oder Geschirr oder was auch immer handelt: Das Lager, der Schauraum des anspruchsvollen Spezialladens ist die beste Wohnschule in Frage der Unterbringung!

So einleuchtend das tatsächlich ist und so sehr es die Wohnungsorganisation erleichtern könnte, die professionellen Möbelhersteller haben sich dort noch nicht – von Branche zu Branche, wie es nötig wäre – umgesehen. Also wird es der Endverbraucher tun müssen, der zu seinen Dingen und zu sich selbst gut sein will.

Regale und Einbauten

Ob die Spezialcontainer, deren Gestaltung vom Inhalt abhängt, nun im vom heutigen Möbelhandel allseits empfohlenen zentralen Stauraum oder dezentralisiert in kleinen, schmucken Möbeln dort untergebracht sind, wo die Dinge – Möbel und ihr Inhalt – wirklich gebraucht werden, ist ebenfalls eine ausführliche Abwägung durch den Endverbraucher wert und hängt von seiner Beweglichkeit und der Bereitschaft ab, jedes Ding, das gebraucht wird, aus der Zentrale herbeizuholen und es danach wieder dorthin zurückzubringen. Der Vorteil eines solchen Stauraums: Weil das Eigentum vom Fußboden bis zur Decke gestapelt wird, ist es zwar nicht wirklich griffbereit, dafür aber tatsächlich platzsparend untergebracht. Und nichts spricht dagegen, diesen Wandverbau, der bis zur Schrankkabine oder dem begehbaren Schrank ausgebaut werden kann, durch die inhaltgerechte Mischung von speziellen Körben, Gittern, Kistchen, Schatullen, Fächern, Laden, Ausziehfachböden zu verbessern.

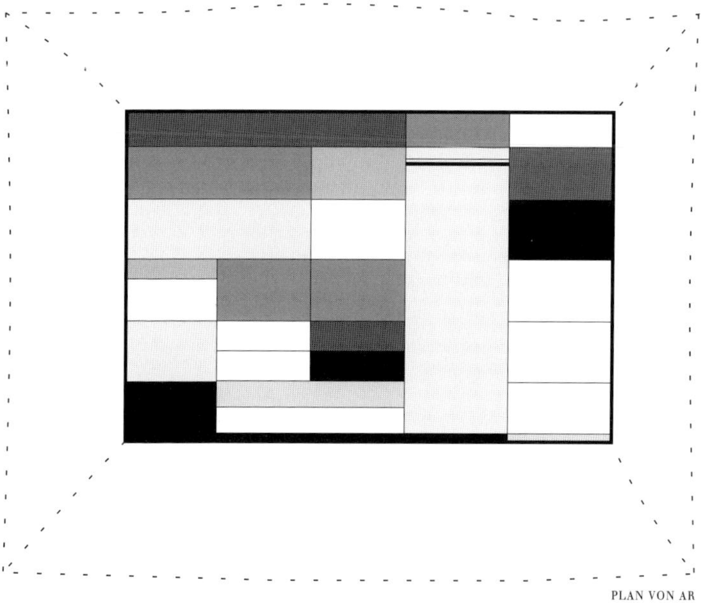

PLAN VON AR

Wenn man aber den Schrank erst einmal in Gedanken nach Inneneinrichtung und Fassade unterschieden hat, tauchen Erinnerungen an alte Einrichtungstraditionen auf, denn den Wandverbau, die Ankleidekammer, die Schrankwand gibt es schon sehr lange. Und wie in alten Zeiten sieht die heutige Architekturplanung für diese Zentralcontainer Stellwände und Nischen vor, als würde, was heute der Möbelhändler liefert, immer noch vom Maurer und Zimmermann eingebaut, als wäre der Schrank kein Möbel, sondern ein Bauteil.

Noch in den Villen der Jahrhundertwende nämlich wurden Regalbretter auf Leisten verlegt, die direkt in die dafür geplanten Mauern geschraubt waren. Diese Bretter, die auch an der Rückwand befestigt waren, konnten natürlich eine größere Spannweite und Tragfähigkeit haben als die heute verwendeten beschichteten Spanplatten. Und natürlich waren die Fachböden damals Echtholzbretter oder Glasplatten. Dieser Ablage- und Bereitstellungsraum wurde mit handwerklich aufwendigen Türen und Fassaden in attraktiven Rahmungen oder mit Glas verschlossen.

Man verzichtete damals auf den sogenannten Korpus, der mit hohem Materialaufwand für den Schrank eine zweite Statik hochzieht. Unmittelbar vor der durchaus tragfähigen Mauer wird zusätzlich, aber vielleicht unnötigerweise nochmals eine tragfähige Spanplatte aufgebaut, mit Ober-, meist Mittel- und Unterteil stabilisiert, mit einer dünnen Rückwand versehen. Sehr viel Material, Gewicht und Raum für etwas, was – meist wesentlich stabiler – auch das Bauwerk, die Wand, selbst leisten könnte.

Es bestünde also durchaus die Möglichkeit, vor die ausreichend tapezierte Mauer die jeweils beste Lagereinrichtung nach den Vorbildern der Fachgeschäfte direkt an die Wand anzuschlagen und das so am Wandverbau eingesparte Geld für die phantasievollere und nun vielleicht tatsächlich handwerklichere Fassade mit allem Benutzungskomfort einzusetzen und damit den zentralen Stauraum, Wandverbau oder Schrankkabine lebendiger, dem Leben angepaßter zu verplanen.

Denn wieviel von allem, was unseren Wohlstand und Komfort ausmacht, braucht der Mensch bei dieser Vollversorgung durch den Handel tatsächlich daheim auf Lager, um sich für seinen Alltag gut ausgestattet und sicher zu fühlen? Wie viele Strümpfe wirklich, wieviel Unterwäsche, wieviele gleichartige Hemden? Nicht um die Einschränkung in Modefragen geht es da, sondern um das Gefühl, ausreichend versorgt zu sein.

Wieder läßt sich die übliche Liste dessen, was der Mensch für seinen Hausstand haben sollte, in Frage stellen. Tatsächlich muß der Vorrat ja jeweils nur bequem, für alle Eventualitäten erweitert, vom Waschtag bis zum Ende des üblichen Bügeltages reichen, womit sich das notwendige Fassungsvermögen pro Person ja wohl einigermaßen umreißen läßt.

Planungen erproben

Natürlich sind Verwandte und Freunde neugierig und drängen darauf, die neue Wohnung, das neue Grundstück zu besichtigen und Ratschläge zu geben. Und natürlich wollen sie so rasch wie möglich eingeladen und zu Planungs- und Einrichtungsergebnissen befragt werden. So fühlen sich schon deshalb viele Wohnungswechsler und Hausbauer zum Geschwindigkeitsrekord im Fertigwerden ermuntert, als wären der rasche Entschluß, der rasche Einkauf, das rasche Erreichen des Unveränderbaren mit dem Üblichen eine Tugend und nicht ein Hereinfallen auf die Verführung der nivellierenden Patentrezepte auf dem Markt. Man kann es ja meist schon gar nicht mehr erwarten, die Freunde mit längst Bekanntem zu überraschen und sich für sogenannte Einrichtungs- oder Bauideen loben zu lassen, die von ganz anderen Menschen und ihren Klischees herkommen.

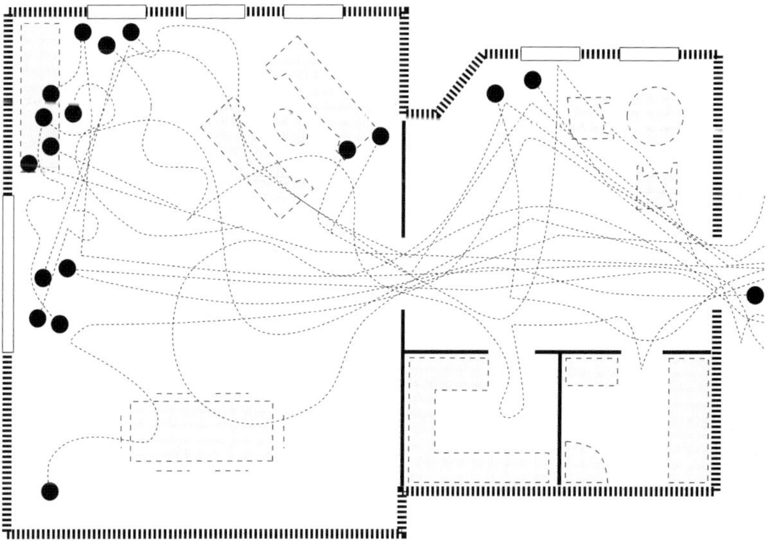

PLAN VON AR

Notieren Sie sich den Zeitraum, den Sie zur Finanzierung des Hauses, der Wohnung, des Umbaus, für die Ausstattung oder Einrichtung brauchen. Rechnen Sie Ihr aktives oder passives Sparen.

Addieren Sie zu dieser Zahl der Monate oder Jahre, die verstreichen werden, bis das Geld beisammen oder alles abbezahlt ist, die von Ihnen erwartete Benutzungszeit.

Da kommen wohl einige Jahre zusammen.

Und wie lange darf für soviel Finanzierungs- und Benutzungszeit die Überlegungs- und Planungsphase dauern? Was müssen Sie alles tun, um das Geld zu beschaffen und die Funktionsfähigkeit und den Wert des Angeschafften zu erhalten? Und wie lange und intensiv dürfen Sie dann die Konsequenzen all Ihrer Entscheidungen prüfen?

Die Disproportionalität ist erschreckend, und alles, was man sich im möglichen Entscheidungszeitraum zu ersparen glaubt, sei es aus tiefem Vertrauen in die Berater, sei es aus Ungeduld, wird man später durch zusätzliche Arbeiten oder unnötige Unbequemlichkeiten im Wohnen vielfach abzudienen haben.

Natürlich kann Beratung ein Haupttreffer, sie kann aber ebenso ein Trostpreis sein. Aber wenn Sie feststellen, welches Los Sie gezogen haben, ist das Spielkapital bereits längst weg und der Platz verstellt.

Sich gegen die Neugier und Beratungswut der guten Freunde, von denen man sich zur Eile und Ungeduld getrieben fühlt, zu wehren, kostet unnötig Energie. Es gibt aber ein Spiel, das die Freunde mit den besten Absichten in Ihre Planung lustig, aktiv und doch unverbindlich einbezieht und Ihre eigenen Ergebnisse möglicherweise kontrolliert oder sogar objektiviert.

Laden Sie die ungeduldigen Verwandten und Freunde, am besten so viele wie möglich, auf das leere Grundstück, in das künftige Haus, in die leere Wohnung ein! Und jeder soll seine Sitzgelegenheit selbst mitbringen oder auf solche Bequemlichkeit verzichten.

Bitte arrangieren Sie nichts. Stellen Sie, was Sie zur Bewirtung für unentbehrlich halten, in einer Ecke zusammen. Beachten Sie nun, was die Gäste aus dem zur Verfügung stehenden Raum machen, wo sie sich zusammenstellen in Gruppen, wo sie ihre mitgebrachten Kissen oder Stühle plazieren, wo sie ihre Gläser und Teller abstellen, wohin sich die Paare zurückziehen, wie die Menschen beim Betreten des Raumes reagieren, wo die Versammlungsorte, die Trotzwinkel liegen, aber auch jene Bereiche, die überhaupt nicht benutzt werden. Prüfen Sie hinterher Ihre Eindrücke anhand der Spuren, die die Gäste auf der Wiese des Grundstücks, auf dem Boden der Wohnung hinterlassen haben.

Die Hauptaufgabe der Gastgeber während dieser Veranstaltung ist weniger die Animation der Gäste, sondern vielmehr deren Beobachtung – wie nutzen sie den Raum? – und das nachfolgende Protokoll der Versammlungszonen, der Eß- und Ablageflächen, der toten Winkel und der ruhigen Plätze für einzelne Beobachter oder intimere Gespräche.

Denn es gibt so etwas wie einen „animalen Weg", eine eigenartige, geheimnisvolle Übereinstimmung, wie sich Leben in der Natur bewegt: Luftaufnahmen von Trampelpfaden ziehender Tierherden in den Savannen Afrikas zeigen große Übereinstimmungen in vielen Details mit der Kriechrichtung von Efeu oder den Fährten, die Menschen dort hinterlassen, wo vorgegebene Wege verschneit sind und natürlichere Pfade entstehen. Nur über kurze Strecken führt der animale Weg, der dann Frequenz- und Ruhezonen bildet, schnurgerade dahin. Fast gesetzmäßig krümmt er sich in nahezu identischen Winkeln und in proportional gleichen Entfernungen nach links oder rechts. Die Bahnen der Elefanten- oder der Menschenherde oder des Efeus, auf gleiche Größenverhältnisse gebracht, sind kaum mehr unterscheidbar. Auch läßt sich eindeutig feststellen, daß diese Wege, wo das möglich ist, Störzonen ausweichen. Das Leben scheint also über ein Orientierungs- und Raumaufteilungssystem zu verfügen, das auch auf dem Grundstück oder im vorgegebenen Grundriß berücksichtigt werden sollte.

Denn tote Winkel lassen sich meist ohne große Verluste an Raum möblieren; wo Wege geplante Wände kreuzen, lassen sich Türen einsetzen; Versammlungsorte könnten mit den bequemen Möbeln für Gespräche ausgestattet sein; ruhigere, weniger frequentierte Zonen erlauben natürliche Partnerbereiche oder persönliche Ruheplätze.

Wer sein Grundstück oder eine Wohngegend akzeptiert, ohne jemals ganz still im Raum auf seine Ohren gehört zu haben, wer sein Bett in einen Raum stellt, in dem er nie vorher die Qualität der Stille beurteilt hat, wer Möbel aufgestellt und ihnen Aufgaben in seinem Leben zugeteilt hat, bevor er die natürlichen Wege erkundete, wer Möbel anschafft, bevor er deren wirkliche Aufgaben für sich kennt, wird die Dinge und sein Denken über sich bestimmen lassen und nach deren Zwängen leben müssen.

Möbel bestellen lernen

Resigniert verstummen in den letzten Jahren sogar die statistischen Untersuchungen über die Wohnzufriedenheit der Menschen. Die Zahlen, mit denen sie auf Mißstände hinwiesen, haben nichts bewirkt – soweit sie überhaupt bekannt wurden, denn viele dieser Befragungsergebnisse verschwanden insgeheim.

Allzu normal erscheinen die erschreckenden Differenzen zwischen Freizeitwünschen der Menschen und ihrer Freizeitwirklichkeit. Quelle der folgenden Zahlen ist eine 1982 durchgeführte Repräsentativerhebung des B.A.T.-Freizeit-Forschungsinstituts. Befragt wurden vierhundert Berufstätige im Alter zwischen sechzehn und neunundfünfzig Jahren. Entscheiden Sie selbst für sich, was Sie wollen und was Ihr Wohnen Ihnen bisher erlaubt:

Dreiundsechzig Prozent wollten sich in ihrer Freizeit Zeit für sich selbst nehmen. Nur neunzehn Prozent fanden dafür Raum und Zeit.

- Achtundvierzig Prozent wollten Bücher lesen. Nur zwanzig Prozent fanden dafür Raum und Zeit.
- Vierunddreißig Prozent wollten sich in Ruhe pflegen, baden, Kosmetik betreiben. Nur vierzehn Prozent fanden dafür Raum und Zeit.
- Neununddreißig Prozent wollten ihren eigenen Gedanken nachgehen. Nur einundzwanzig Prozent fanden dafür Raum und Zeit.
- Neunundvierzig Prozent wollten ihre Musik hören. Nur dreiunddreißig fanden dafür Raum und Zeit.
- Einundvierzig Prozent wollten in Ruhe Kaffee, Tee oder Bier trinken. Nur dreißig fanden dafür Raum und Zeit.
- Einundzwanzig Prozent wollten gern heimwerken. Nur zwölf Prozent fanden dafür Raum und Zeit.

Diese Aufstellung von Minusdifferenzen zwischen banalsten Wünschen und Bedürfnissen und der Wohnrealität – worauf Menschen im üblichen Wohnen verzichten müssen -, ließe sich noch lange fortsetzen. Die Liste der unterdrückten Notwendigkeiten ist unendlich lang und empörend.

Wer aber sollte sich empören, wenn nicht der betroffene Mensch selbst? – Der Politiker etwa, oder die Verwaltung für die Finanzierungshilfen der öffentlichen Hand, die nur erhält, wer sich an sozial genannte Grundrißnormen hält? Die Architektenschaft, die diese Normen fraglos

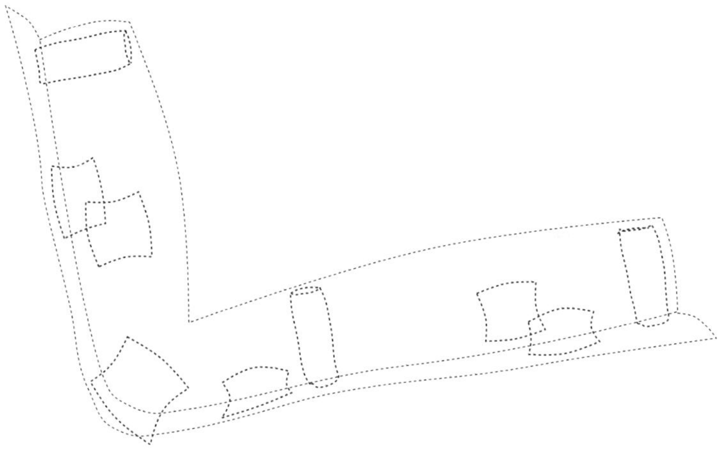

PLAN VON AR

exekutiert oder sich, wenn überhaupt, nur mit sehr leisen Protesten an die Politik wendete, die ja immerhin das Geld der Allgemeinheit für deren Wohlbefinden einzusetzen hätte? Oder hat jemals die Einrichtungs- und Möbelwirtschaft bei den Architekten, der steuermittelvergebenden Verwaltung oder gar bei den Politikern interveniert? Hat jemals irgend jemand von diesen Mächtigen dafür gesorgt, daß die Menschen, denen sie angeblich alle helfen, wofür sie von diesen auch bezahlt werden, Platz haben, um in Ruhe nachzudenken, Bücher zu lesen, zu baden und sich zu pflegen, ihren Kaffee zu trinken, ihr Mittagsschläfchen zu machen?

Und was wollen Sie gern? Worauf mußten Sie bisher in Ihrem Wohnen verzichten? Auf das Nachdenken, das Lesen, das Baden? Und auf was noch alles?

Heute, da wieder Wohnungsnot ins Land gezogen ist, wird nur noch selten nach der Not des Wohnens gefragt, in die diese Bauwerke ihre Benutzer stürzen, wenn sie sich noch dazu an die Klischees der Einrichtungswirtschaft halten. Die Menschen sind wieder froh, überhaupt ein Dach über dem Kopf zu haben. Das Geschäft mit dem Wohnen läuft auch ohne Überprüfung der Wohnzufriedenheit. Solche Untersuchungen wurden auch erst – vor einigen Jahren – angestellt, als die Wohnungen nicht mehr verkaufbar waren und gefragt werden mußte, was man den Menschen Besseres, Nützlicheres anbieten könnte, um das Geschäft zu beleben. Und als die Wohnungsprobleme zu Sozialproblemen geworden waren, die man zur Beseitigung des quantitativen Fehlbestandes einfach übersehen durfte. Wer also soll für alle diese Grundbedürfnisse der Ruhe und Rast sorgen? Wem die Planung der persönlichen Ruhezone anvertrauen? Wer kennt die geheimen Wünsche? Und wer kann überhaupt von den inneren Voraussetzungen des einzelnen Menschen wissen, die erfüllt sein müssen, damit er zu seiner größtmöglichen Ruhe kommen kann?

Natürlich ist dazu, wie dieser Teil des Buches zeigt, sehr viel zu berücksichtigen, angefangen vom individuellen Sicherheitsbedürfnis über die natürlichen Reaktionen auf Gefahr bis hin zur von jedem verschieden empfundenen Einbindung in die Welt und die Umwelt. Die Gläubigkeit gegenüber den Bedrohern und Beschwichtigern, die Lärm- und die Lichtempfindlichkeit, die persönlichen Vorlieben und Prägungen zum harmonisierenden Ausgleich, dem Hobby, der Liebhaberei, der zu stillenden Sehnsucht, die Dringlichkeit dieses Anliegens und Sehnsüchte je nach der Alltagsverfassung, die orthopädischen und körperinternen Voraussetzungen, der persönliche Raumbedarf für sich und seine Habe: Vieles gelangt auf einmal in unser Gehirn, das aber immer nur eines nach dem anderen denken, systematisch durchdenken kann, was aber wiederum kaum geübt und daher unbequem ist.

Da bietet sich natürlich der wesentlich bequemere Weg ins Einrichtungsklischee an, das in unendlich vielen dichtmöblierten Schauräumen und bunten Illustrationen demonstrierte Vorbild des pauschalen Wohnglücks im preisgünstigen Komplettangebot Schlafzimmer, im stereotypen Möbelprotokoll Eß- und Fernsehzimmer, das dann ironisch Wohnzimmer genannt wird. Der Kunde hat zwar die Wahl zwischen den Holz- und Lackarten und Preiskategorien, das versprochene Wohnglück aber erhält er wohlverpackt in das Alibi des Üblichen, das sich dann, wenn er es im Alltag auspackt – siehe die Ergebnisse oben –, als Roßtäuscherei herausstellt und nur einen Trost übrigläßt: Derartig beschränkt müssen nahezu alle Menschen heute leben, die diesen Fachleuten vertrauten.

Große Bereiche der menschlichen Persönlichkeit und ihrer Notwendigkeiten bleiben heimatlos oder falsch bedient, solange sich die Beratung nicht auf die anteilnehmende Nachfrage einstellt oder der Kunde eben für sich selbst zu sorgen lernt. Die Möbel- und Ausstattungsangebote wären, so paradox das auch klingen mag, durchaus vorhanden. Auf die meist unbeachtete Vielfalt von Wasserarmaturen zur individuellen Anpassung der Waschräume und des Wassers wurde bereits hingewiesen. Die Erzeugung hat sehr vieles auf Lager. Der Klempner oder Sanitärhändler allerdings beschränkt sich gern auf das Übliche, weil er sich, gemeinsam mit seinen Handwerkern, in der Montage von Stereotypien sicherer fühlt.

Aber auch der Möbelmarkt hat sich längst umgestellt. Möbel müssen ja schon lange nicht mehr in Verkaufsausstellungen angeboten werden, wo der Kunde anfassen kann, was man ihm dann liefert. Vielmehr werden Möbelverkaufshallen zunehmend zu Schauräumen, in denen der Kunde wie dereinst beim Schreiner, Tischler oder Zimmermann nach Entwurfszeichnungen bestellt, was erst danach wirklich produziert wird, worauf er also ziemlich lange warten muß.

Die Erzeugung des Möbels in der Fabrik beginnt erst, wenn die Planung und Bestellung des Kunden beim Händler vorliegen und gemeldet wurden. Deshalb müssen Lieferzeiten akzeptiert werden. So industriell sich die Möbelerzeugung auch geben mag, sie ist heute zur Schreinerei des Handels geworden.

Die Planungsmonotonie der heutigen Wohnungen liegt also in der Verantwortung der Einrichtungsberater. Die Möglichkeiten, die die Typenlisten der Industrie bieten, würden eine wesentlich größere Anpaßbarkeit an individuelle Wünsche erlauben. Sie sind wesentlich umfassender, als die Berater es sich vorzustellen wagen und ihre Schauräume in den Möbelhäusern zeigen.

Gleichzeitig ist der Berater durchaus froh, wenn sein Kunde genau weiß, was er will. Das bringt Abwechslung in seinen Alltag und dient seiner Weiterbildung.

Denn niemand weiß so viel über sein Wohnen wie der Kunde selbst. Und er trägt schließlich auch die Verantwortung für die Gesamtwirkung dessen, was nun entsteht, ebenso wie die Konsequenzen.

Je genauer ich weiß, wie etwas auf und für mich zu wirken hat, desto mehr kann ich den Verkäufer verpflichten, mir diese Wirkung auch zu garantieren. Und die möglichst genaue Beschreibung der notwendigen Wirkung eines Möbels und des Wohnens insgesamt auf mich erreiche ich, indem ich von mir und meinen Träumen und Notwendigkeiten aus auf das

Möbel zugehe, das mir in jeder Hinsicht wie angewachsen, wie aus mir gewachsen dienen soll.

An meinen Möbelhändler

Auftrag: BODENBELAG BAD

1. Er soll auf meine Fußsohlen wirken wie warmer Sand am Strand.
2. Er soll weich und leise knistern, wenn ich auf ihn trete.
3. Er muß Wasser vertragen und rasch trocknen, weil ich gern tropfnaß aus der Wanne steige, aber feuchtkalte Böden hasse.
4. Er darf keinesfalls anfällig sein für Flecke von Wasser, Kosmetika, Reinigungsmittel oder Schmutz.
5. Meine liebsten Farben: Sand oder Dunkelblau mit Rot.
6. Die Maße: Maximal 2,87 Länge, 1,43 Breite.
7. Ich erwarte „ewige" und appetitliche Haltbarkeit.

Bin gespannt auf Ihre Vorschläge.

Der schönste Urlaubsort

Das Leben des Menschen bewegt sich zwischen zwei nur scheinbar extremen Polen: Einerseits sucht er nach Selbstverwirklichung, andererseits ist er getrieben von der Sehnsucht nach Anerkennung, Geborgenheit und Zugehörigkeit in der Gruppe. Jeder einzelne will als der Unverwechselbare erkannt und verstanden werden, als der er sich fühlt, als nicht ersetzbar, nicht austauschbar, als einmalig. Er sucht nach Darstellung seiner Einzigartigkeit. Er könnte in seinem Wohnen viele der in ihm als Vorstellungen schlummernden Bilder seiner Welt, seiner Vorbilder, Wirklichkeit werden lassen. Er könnte sich mit Dingen in einer Ordnung umgeben, so daß er nur noch hört, was seine Ohren hören, nur noch sieht, was seine Augen sehen wollen, nur noch riecht, was seine Nase riechen will, nur noch tastet, was seinen Fingern und seiner übrigen Haut Freude und Vergnügen bereitet.

Er könnte sein Wohnen zum Ort mit der geringsten Spannung machen, alles für die beste Entspannung gestalten und einrichten, um sich hier wirk-

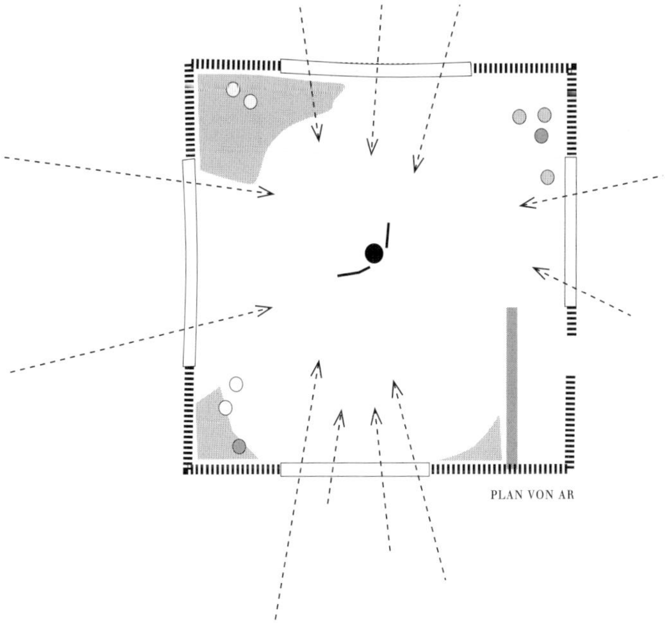

PLAN VON AR

lich zu erholen. Er könnte sein Wohnen zum alltäglichen und persönlichen Urlaubsparadies machen, in dem sich alles findet, was er sich zur Regeneration von Körper, Geist und Seele vorstellen kann.

Wieder brauchen Sie eine ruhige Stunde an einem ungestörten Ort, wo Sie sich mit Papier und Bleistift entspannen und über sich nachdenken können.

Schließen Sie die Augen, und stellen Sie sich Ihren idealen Urlaubsort vor! Wie müßte ein Platz auf dieser Welt aussehen, riechen, klingen, schmecken, an dem Sie sich wirklich erholen können?

Hören Sie die Geräusche an diesem besten, schönsten Platz der Welt! Was fühlt Ihre Haut? Wie sind Sie hier bekleidet? Fühlen Sie die Temperatur, die Luftfeuchtigkeit, die Brise, den Wind, den Duft, die Farbigkeit, so daß sich jede Pore Ihres Körpers öffnet! Sie fühlen, wie die Harmonie zwischen Ihnen und Ihrer Umgebung grenzenlose Identität schafft, in deren Schönheit Sie eigenartig leicht werden und sich wie schwebend verlieren.

Alles rund um Sie meint es gut mit Ihnen, hegt und pflegt Sie, so daß Sie sich rückhaltlos öffnen können.

Beachten Sie Ihre liebste Tageszeit, das Licht, die Wärme, die Luft mit ihren Düften und Geräuschen. Beschreiben Sie, Sinn für Sinn, was dieses Glück, von dem Sie sich Ihr Leben lang tragen lassen könnten, was diese Übereinstimmung mit der Welt ausmacht, was Sie entspannt und Ihnen Erholung bringt. Genießen Sie das Fließen zwischen sich und der für Sie idealen Umgebung, diese Auflösung und das Glück, das ein Ort auslöst, der wie für Sie gemacht ist. Beschreiben Sie seine Eigenschaften, während Sie sie genießen.

Lassen Sie Ihren Körper, Ihr Denken, Ihr Fühlen die lange ersehnte Ruhe finden.

Und nun beachten Sie, was Ihr Körper in dieser idealen Welt tut. Wie er sich lagert, wohin er sich legt, worüber er sich bewegt, worin er sich wälzen will, was ihn stützt und trägt und weiterführt. Was Ihre Fußsohlen, Ihre Beine, Ihre Hüften, Ihre Arme, Ihr Rücken und Ihr Bauch fühlen. Achten Sie auf Ihre Haut.

Und wenn Sie nun möglichst viel von dem, was Ihnen so wohltut, Teil für Teil in Ihre Koffer packen könnten, um es mit nach Hause zu nehmen? – Diese Luft mit ihren Düften und Geräuschen? Diese Ruhe? Diese Helligkeit, Farbigkeit der Atmosphäre, in der Sie aufleben? Diese Identität mit dem, was Ihre Augen sehen? Dieses lebendige Material unter Ihren Füßen? Diese ideale Kuhle im Sand für Ihren Körper? Diese Klarheit im frischgefallenen Schnee, diese tauige Frische aus Ihrem Wald? Diese Sicherheit, daß es zwischen Ihnen und der Welt unter diesen Bedingungen ewig so weitergehen könnte, weil Sie das bedrängende Zeitgefühl und das Pflichtbewußtsein verlieren und voll Optimismus ganz Sie selbst sind und endlich wieder spielen, sich mit Freude bewegen, ausgelassen sind, sich erholen und stärker werden? Alles, was Sie genau erfassen, kann nun eingepackt und mitgenommen werden. Alles könnten Sie um sich herum ausbreiten, wenn Sie Ihr persönliches Wohnen gestalten.

Lassen Sie in Ihrer Wohnung ausschließlich an sich heran, was dieser Erholung und Entspannung dient, was Ihre Traumwelt innerhalb Ihrer eigenen vier Wände verwirklicht.

Das ist zweifellos eine große Forderung, die der erste Teil dieses Buches stellt. Sie wird all jenen fast unerreichbar erscheinen, die vor allem auf das Wohnglück der anderen Mitbewohner bedacht sind, die auf alles Eigene verzichten, ihr Leben hingeben im Dienst für den Partner oder die Kinder, das Wohnen als Arbeitsplatz und Zentrum der persönlichen Bewährung sehen und trotz aller Selbstlosigkeit doch darauf hoffen, von den anderen als der gute Geist erkannt zu werden, der zu sein sie sich bemühen. In ihnen wird die Anregung des Buches, für sich selbst zu sorgen, von den eigenen Bedürfnissen auszugehen vielleicht sogar Ärger und Abwehr hervorrufen. Denn sie sind es gewohnt, nicht für sich, sondern für andere zu hören, zu riechen, zu sehen, zu schmecken, zu tasten, zu fühlen, und sehen darin ihren Lebenssinn. Aber die ständig angebotene Verfügbarkeit solcher Menschen wird zur Last, zum Gegenteil dessen, was sie eigentlich erreichen wollen.

Erst wenn sie für sich selbst sorgen und sagen, was sie selbst wollen, und es sich verwirklichen, entlasten sie die anderen und entlassen sie aus der Verpflichtung, wieder umgekehrt für sie zu denken und zu fühlen.

Es gibt also zwei Planungstypen: denjenigen, der in sich hineinhört und sich selbst seinen idealen Erholungsplatz rund um sein Bett schafft, und den anderen, der vor allem auf alle anderen Aufgaben in seinem Leben hört und sich mit ihnen konform erklärt, auch wenn er sich selbst dabei verliert. Beide fragen nach dem Sinn des Lebens. Der eine sieht ihn in der extremen Selbstverwirklichung und schafft womöglich sogar künstlerische Werke, durch die er erkannt und verstanden wird und die notwendige Anerkennung durch die Gruppe erhält, gerade weil er eigenwillig, nonkonform ist. Der andere beugt sich den Anforderungen von außen und will brav funktionieren und auf diese Art akzeptiert und geliebt werden. Er wird dann auch im eigenen Wohnen lieber wieder nur eine weitere Aufgabe in seinem Leben sehen und die Wohnung zum Arbeitsplatz, zum Platz der Bewährung machen und heimatlos sein .

Heimat aber braucht auch er. Sie entsteht dort, wo die Außenwelt der Dinge den inneren Vorstellungen entspricht. Der Konforme versucht jedoch, den Dingen gegenüber gleichgültig zu bleiben und will die Menschen nach seinen Vorstellungen reagieren lassen. Er tut alles, wirklich alles, um sie glücklich zu machen. Und wehe, wenn sie es dann nicht sind...

Schaut man sich an, wie die Wohnungen heute gebaut und eingerichtet werden, wird offenkundig, daß ihre Planer diesen sich selbst verleugnenden, konformen Menschen voraussetzen. Sie haben zwar auch baulich das Leben des Menschen zweigeteilt, indem sie unsere Städte in reine Wohngebiete, reine Handelszonen und reine Industriebereiche aufgliederten und das Wohngebiet monoton als Schlafzone planten, sie reden aber vom Erholungs- und Regenerationszentrum Wohnung und stellen dort dem einzelnen doch wieder die Familie als Freizeitaufgabe hin.

Wieder ist nichts vorgesehen, damit sich der einzelne, die berufstätige Frau oder der berufstätige Mann, das in der Schule geforderte Kind, für sich erholen kann, sondern die Wohngemeinschaft Familie soll gemeinsam jene Entspannung und Erholung, jenen Ausgleich finden, den der Berufsalltag verweigern muß, wo der lebensbestimmende Beruf zum Gelderwerb und zum Job wurde, also, ganz bewußt in Kauf genommen, unbefriedigend bleiben soll.

Wie aber kann er das zu Hause? Für seinen Körper, sein Denken, sein Fühlen? – Wieder durch Konformität wie im Berufs- oder Schulalltag? Ist nicht auch der Mitmensch Teil des eigenen Wohnens und damit ein Planungsfaktor, der zwar in der Beziehung zu seinem Recht kommen muß, der aber nicht nur zur Aufgabe, zum Sich-Aufgeben verpflichten darf? Wie ist es, wenn Sie Leben, Mensch,Tier oder Pflanze, in Ihr Wohnen hineindenken?

Gehen Sie bitte zurück zu Ihrem Traum vom idealen Urlaubsplatz. Erleben Sie die Familie dort, Ihre Sicherheit und Gewißheit, daß alle, die Ihnen anvertraut sind, ihren Spaß und ihre Zufriedenheit gefunden haben. Fühlen Sie die Entfernung, in der Ihre Kinder sich zufrieden und sicher beschäftigen. Beobachten Sie, was sie dazu brauchen, womit und wie sie spielen und wie sicher Sie sein können, daß nichts geschieht, und wie Sie sich da entspannen.

Und beobachten Sie Ihre Gefühle für den Partner, dessen Zufriedenheit und Ruhe Sie endlich entlasten und auch Sie zufrieden machen.

Beachten Sie auch die einzelnen Details und Wirkungselemente dieser idealen Urlaubserfahrungen, und nehmen Sie davon in Ihr Wohnen mit, was nur möglich ist.

Wenn das Wohnen wirklich das von der persönlichen Zeitplanung und der politischen Baugesinnung angestrebte Erholungs- und Regenerationszentrum sein soll, müßte es dem idealen Urlaubsort gleichen. Wenigstens zwischen den eigenen vier Wänden, dort, wo Sie einen kleinen Teil der Welt in nahezu jedem Detail selbst bestimmen und gestalten können. Nicht für andere, deren Bedürfnisse Sie weder sehen, hören, riechen, tasten, schmecken noch ahnen können, sondern ausschließlich für Sie selbst. Wohl aber können Sie nun nach diesem Buch dafür sorgen, daß auch alle anderen Mitbewohner jene ideale Welt für sich selbst beschreiben und dann auch erhalten.

ZUSAMMENLEBEN
–
ZUSAMMEN LEBEN

Nähe und Distanz

Viel Papier und Druckerschwärze sind in den letzten Jahrzehnten aufgewendet worden, um Menschen in Gruppen zu unterteilen. Die Psychologie, die Statistik, die Soziologie, sie alle trennen zuerst unversöhnlich in Dicke und Dünne, Wütende und Melancholische, Arme und Reiche, Arbeiter und Angestellte, Junge und Alte, Löwen und Jungfrauen, Rot- und Blautypen, Autofahrer und Fußgänger, Radikale und Konservative – es gibt unendlich viele Möglichkeiten, dem Menschen das Nachdenken über jeden einzelnen Mitmenschen zu ersparen.

Das einfache Rezept der Typisierung von Menschen und ihrer Zuordnung zu Gruppen, denen dann Rezepturen verpaßt werden, funktioniert nun leider in einem Buch, das Wohnberatung vermitteln, also zu Heimat verhelfen will, nicht. Wer Individualität respektiert, das in sich unteilbare und auch nirgendwohin zuteilbare Lebewesen, weiß, daß Heimat nur findet, wer sich in jeder einzelnen Frage seines Wohlfühlens entscheiden kann. Es gibt zwar die Gruppen der Rücken-, der Bauch-, der Links- und der Rechtsschläfer, die Gruppen der Morgen- und Abendmenschen, der Flüchter, Kämpfer und Erstarrer, der Augen-, Ohren-, Nasenmenschen usw; die eine Antwort auf die eine Detailfrage jedoch hilft zwar bei der Einrichtung des Wohnens, ist aber schon für die nächste der unzähligen Fragen ohne Belang. Mit derselben Individualität muß schon die nächste Entscheidung getroffen werden Und so ist es für das Wohnen gleichgültig, ob ein Mensch männlich oder weiblich, Kind oder Erwachsener ist. Wichtig für dieses Buch sind seine Bedürfnisse nach Ruhe, Selbstverwirklichung und seine Sehnsucht nach Erkanntsein und Anerkennung.

Dazu ist allerdings eine Überlegung zur Sprache nötig. Es gilt, wo immer das möglich ist, die persönlichen Fürwörter, dieses sie für Partnerschaft, dieses Er für Mensch, zu neutralisieren. Und das Es für Kind erst recht. So werde ich auf den nächsten Seiten dieses Kapitels über das gemeinsame Leben von „uns“ sprechen, von „unserer“ Sehnsucht nach dem Miteinander, einem gemeinsamen Zuhause, und darüber, wie wir für diese Suche die beste Umgebung schaffen können.

Denn wenigstens ebenso elementar wie das Bedürfnis für sich zu sein, erholsam ruhigen Schlaf zu finden, sich zu entspannen, ist unsere Sehnsucht nach dem anderen Menschen.

Und mit dem gemeinsamen Nestbau fängt das Wohnen meist überhaupt erst an.

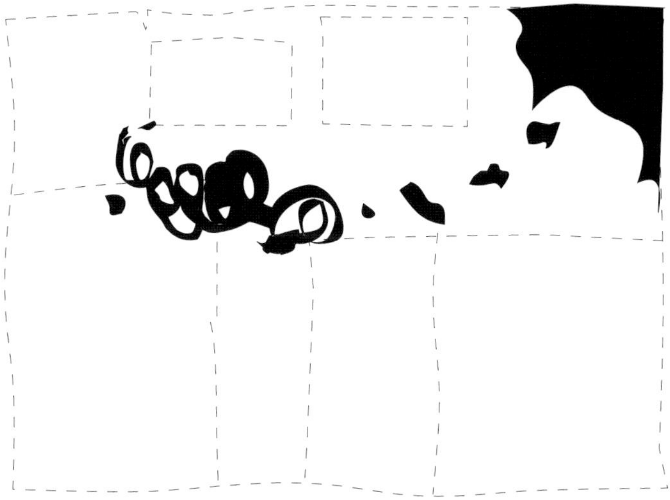

AR

Wir machen uns mit guten Vorsätzen ans Werk: das gemeinsame Bett, das gemeinsame Bad, der gemeinsame Wohnraum, der gemeinsame Schrank. Die Hoffnung, daß uns das geistige und körperliche Verstehen, das Erleben miteinander und Fühlen füreinander aus der Einsamkeit der Individualität erlösen könnten, die Vorstellung von den zwei Herzen und einem Schlag, von den zwei Seelen und einem Gedanken, erweist sich allerdings wieder als tragisches Vorurteil. Wie Menschen, die miteinander leben wollen, als Paar, als Familie, als Gemeinschaft, an die zukünftige Lebensgestaltung herangehen, kann die nächste Übung zeigen:

Möglichst alle Menschen, die zusammenleben wollen, setzen sich für eine ruhige Stunde rund um einen Tisch. Hier ist bereits ein großer Bogen Papier ausgebreitet. Bleistifte, Buntstifte, Farbkreiden, Aquarellfarben, Malwasser, Fingerfarben – was immer sich zum Zeichnen und Malen auf Papier eignet – liegen in ausreichender Menge für alle bereit.

Die Aufgabe lautet: Alle Anwesenden malen und zeichnen gemeinsam auf diesem Bogen Papier.

Fangen Sie einfach an!

Es gibt keine genaueren Hinweise, was jeder tun soll. Da ist ein Bogen Papier, den all die Menschen gemeinsam gestalten sollen, die sich ein Dach über ihren Köpfen teilen, die ein gemeinsames Leben zwischen festgefügten Mauern führen wollen. Sie zeichnen und malen nun auf einem Bogen Papier, rund um einen Tisch sitzend, auf dem Platz bleibend, um den Bogen herumgehend, ganz nach Belieben.

Ich habe bei dieser Übung Menschen jedes Lebensalters erlebt, die als erstes ihr Zeichenfeld in Sicherheit brachten, also eine Grenzlinie zogen. Manche Partner ließen sich diese Trennlinien nicht gefallen, sondern verwendeten den größten Teil ihrer Zeichen- und Malenergie dazu, in den Bereich dessen einzudringen, der sich sein Revier sichern wollte, um dort ruhig gestalten zu können.

Andere Paare, die vorher mit ihren Händen und Augen nicht voneinander lassen wollten, isolierten sich beim Zeichnen und Malen völlig voneinander, so daß zwei Bilder entstanden, mit sehr viel leerem Raum dazwischen, die nichts miteinander zu tun hatten.

Und ich beobachtete Partner, die für sie spiegelbildliche, auf dem Kopf stehende Ergänzungen zu allem zeichneten und malten, was der andere begann. Während also der eine seinen Hügel, sein Haus und die Bäume ringsum malte, ergänzte der andere, von der anderen Seite her, den Himmel, die Sonne, die Wolken.

So wurden allein schon bei der insgesamt recht harmlosen gemeinsamen Gestaltung eines Bogens Papier Unterwerfung, heftige Grenzkonflikte, Streitigkeiten um einen Farbtopf, völlige Abgeschlossenheit gegenüber den anderen Teilen der Gemeinsamkeit, formale und farbliche Beziehungslosigkeit sichtbar.

Denn wichtig bei dieser Übung ist nicht nur das Ergebnis der gleichzeitigen Bemühung, aus dem Bogen Papier ein Bild werden zu lassen, sondern auch der Weg des einzelnen durch die Übung – ob Absprachen getroffen werden über Farben, Formen, Formate, Größenverhältnisse im Interesse des Gesamten, ob die Partner sich vorher auf eine Art Verhaltensregelung einigen oder sogar ein gemeinsames Sujet arbeitsteilig festlegen. Es gibt für den gesamten Übungszeitraum ja kein Sprechverbot.

Nach Beendigung der gemeinsamen Arbeit wird dann der Bogen für die Manöverkritik wie ein Bild über dem Tisch vertikal zur Ansicht für alle aufgehängt.

Wie also steht der einzelne zur Gemeinschaft? Mit welchem persönlichen Platzanspruch? Und gestaltet er den Raum, den er für sich sichert? Mit respektiertem Leerraum um seine Arbeit? Oder nimmt sein Werk irgendwo, irgendwie Beziehung zu den anderen auf? Farblich? Formal? Mit direkter Verbindung? Wird ein Nebeneinanderher oder das ersehnte Miteinander sichtbar? Und worin bestehen die Gemeinsamkeiten? Dominiert das Flächige des Fühlens oder die Linie des Denkens? Und was führt eher zueinander? Sind die Erstellung des Bildes und das Ergebnis bezeichnend für die Gemeinschaft? – Ist dieser Zustand im Interesse des künftigen Zusammenlebens veränderbar?

Was bedeutet dem einzelnen die Partnerschaft oder die Gemeinschaft?

Was Menschen zueinander führt

Auch während der folgenden Übung sitzen die künftigen Wohnpartner zusammen, aber jeder für sich. Jeder legt die nach dem ersten Teil dieses Buches erarbeiteten Planungen seiner Individualzone vor sich hin. Nehmen Sie sich etwa eine Stunde Zeit, in der Sie sich ungestört und entspannt auf den nächsten Tagtraum einlassen können.

Ziehen Sie um Ihre Zeichnung Ihrer Individualzone, um Ihren Schlaf- und Hobbyplatz, Ihre wohlgeordnet bereitgestellten Habseligkeiten und Ihr Bad, um Ihren privaten Lebensbereich also, eine Linie, eine Begrenzung in wohlüberlegtem Abstand zu den Dingen. Legen Sie also bitte Ihre Mauern fest, mit denen Sie sich und Ihr Reich umgeben würden.

Stellen Sie sich vor, daß dieser nunmehr abgeschlossene Bereich Ihr Raumschiff ist, mit dem Sie, einige Jahre lang völlig isoliert, auf eine weite Reise gehen werden. Sie sind mit allem in der für Sie besten Ordnung wohlversorgt. Was Sie jetzt beschlossen haben, ist zufriedenstellend endgültig, so daß Sie tatsächlich dort leben könnten. Und tatsächlich würden Sie ja, sobald dieser Bereich verwirklicht ist, sich von den Märkten und den Gedanken sich einzurichten wieder abwenden.

Stellen Sie sich vor, Sie befinden sich in diesem Ihrem Lebensbereich, mit allem notwendigen Inventar, umgeben von einer Hülle wie von einer Haut, aber auch völlig isoliert.

Bevor Sie nun endgültig aufbrechen müssen, dürfen Sie in Ihrem Bereich noch all jene Verbesserungen und Korrekturen anbringen, die Ihre Einsamkeit, die Sie zu erwarten haben, mildern und zeitweilig auflösen können. Sie suchen also Platz und Veränderungen Ihrer Planung für die Liebe, für das Verstandensein, für die Zuwendung, die Anerkennung, das Lob, das Verständnis, die Berührung, die Zärtlichkeit, die körperliche, geistige und seelische Befriedigung durch andere Menschen.

Natürlich wäre es am einfachsten, alle, die Sie auf Ihrer Reise durch Ihre nächste Lebenszeit nicht entbehren wollen, in Ihr Raumschiff hereinzuholen. Aber haben sie, mit allem, was sie sind, Platz in Ihrem Raum, der so ideal zu Ihnen paßt? Haben Sie Platz, damit die Partner, die Sie zum Wohlbefinden brauchen, ruhig schlafen, ihr Steckenpferd reiten, sich mit ihren Körpern im Bad beschäftigen, ihre Habseligkeiten in ihrer Ordnung und Vollständigkeit unterbringen können?

Und wieviel Platz bleibt Ihnen, wenn Sie nun das Vorhandene für die

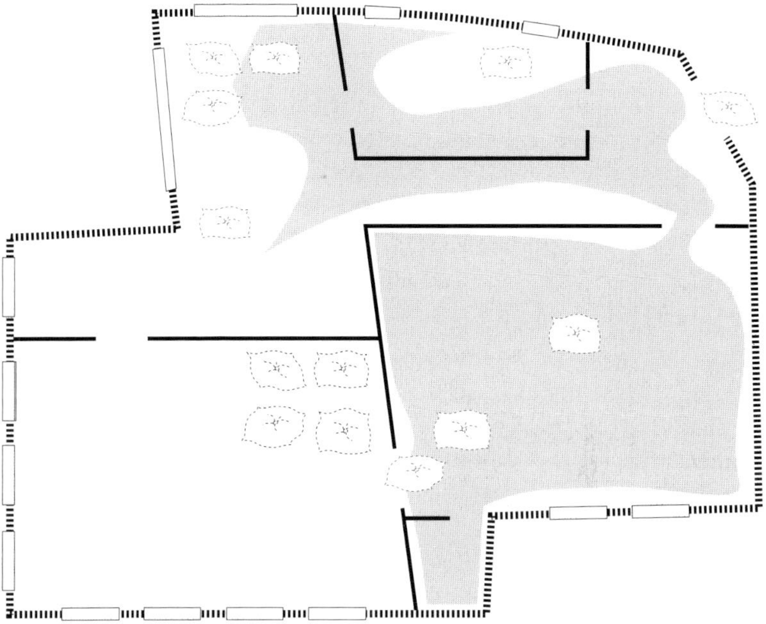

PLAN VON AR

lange Reise teilen müßten? Und wie zufrieden könnten Sie leben ohne diesen Platz?

Viele alleinlebende Menschen, die sogenannten Singles, die nach gescheiterten Beziehungen einen Neubeginn versuchen und sich dafür sehr bewußt, meist ganz anders als vorher und mit Sorgfalt ausschließlich mit Dingen und ihren Ordnungen umgeben, zu denen sie wirklich Beziehungen haben, die sich, wie in dieser Übung, entschlossen haben, die Lebensreise nunmehr qualitätsbewußter fortzusetzen, befinden sich wie in einem solchen Raumschiff. Jeder Winkel ihres Wohnens ist liebevoll mit dem gefüllt, was sie sich immer schon wünschten. Und voll Optimismus gehen sie auch in neue Beziehungen, die aber sehr oft verhältnismäßig unverbindlich bleiben. Und wer sich in ihrem Wohnen genauer umsieht, findet ja auch kaum Platz für einen anderen Menschen, der mehr als nur Gast sein will. Wie soll man aber leben mit ständig leerstehenden Kapazitäten für einen anderen Menschen, der nicht wirklich bleibt? Und soll man ihn insgesamt, mit all seinen Fehlern und Tugenden, wieder bedingungslos hereinlassen, wo es doch ebensogut auch allein geht bis auf die wenigen Stunden unbändiger

Sehnsucht? Wieder alles Errungene an Erwachsensein und die daraus erwachsende Freiheit aufgeben?

Anders ergeht es vielen Menschen, die den Partner oder einen Teil der Familie verloren haben: Die Heilung, die Überwindung des Abschieds und des Verlustes beginnt mit dem Eingeständnis, allein zu sein, das die Wohnung verändert das zweite Bett wird entfernt, die leeren Schrankregale und die möbelleeren Ecken werden mit Eigenem und die vorhandenen Räume nunmehr mit Persönlichem gefüllt, damit die Reise zum Selbst beginnen kann. Und dabei schließen sich die Löcher, die der Partner hinterlassen hat, gleichsam von selbst. Das Raumschiff wird dichtgemacht.

Und obwohl nun im geschaffenen eigenen Reich alles zu stimmen scheint, fehlt doch das andere Leben, das in besonderer intimer Beziehung zu einem selbst steht. Eine Sehnsucht regt sich, die trotz aller äußeren Vorkehrungen in der Einrichtung des neuen Lebens erst recht heimatlos macht, also Spannung aufbaut und damit Entspannung und Wohlfühlen verwehrt, entweder aus dem Wohnen treibt oder alle Bemühungen darum wertlos erscheinen läßt.

Also dann doch wieder alles für sich Erreichte aufgeben und nochmals wie neu beginnen? Räume, Zonen, Winkel, Schränke für einen möglichen Partner leerstehen lassen? Selbst Gast beim Partner werden oder ihn zum Gast machen? Was bedeutet denn der ersehnte Satz „Ich will mit dir leben" im Zusammenhang mit dem Wohnen?

Wie oft ist die Schutzlosigkeit bedingungsloser Hingabe ertragbar? Und wieviel Heimat und Geborgenheit kann man nach wie vielen Enttäuschungen in neuen Beziehungsversuchen noch finden? – Und die Enttäuschung beginnt mit dem Möbelkauf.

„Ich habe etwa eineinhalb Jahre überlegt", erzählte eine junge Frau, „ob ich meinen Mann heiraten soll. Über mein Schlafzimmer aber, mit dem ich viel länger und öfter beisammen bin, mußte ich in knapp einer halben Stunde entscheiden. Länger hatten weder der Verkäufer noch mein Mann Zeit im Möbelgeschäft." Nun findet sie auf ihrer Lebensreise, fast aussichtslos eingesperrt in die einmal getroffene Einrichtung ihres Lebens, Ruhe nur dann, wenn ihr Mann einmal verreist ist und sie das Schlafzimmer, das eigentlich keiner wollte, für sich allein hat. Sie liebt ihren Mann und versteht sich auch mit ihm. Der Preis dafür wird ihr nur langsam zu hoch. Und sie sieht keine Ausweichmöglichkeit. Sie muß seine Gewohnheiten hinnehmen oder ihn ganz verlieren. Sie erleidet ihre Liebe.

„Aber", sagte sie, „ich kann mir nicht vorstellen, ohne seine Hände, seine Schulter für meinen Kopf beim Einschlafen, seinen Schutz in der Nacht zu leben."

Den ersten Schritt zur Selbstbehauptung machte sie, indem sie die durchgehende Matratze gegen zwei durch eine Besucherritze getrennte auswechselte, so daß sie ihr Mann nicht immer an den Bettrand drängen kann. Auch die große, für beide vorgesehene Decke wurde geteilt, so daß sie nicht immer um ein wenig Wärme kämpfen muß. Nichts von diesen trennenden Maßnahmen beeinflußte das übliche, beiden liebgewordene Einschlafen. Und im Gegenzug verbannte sie ihre Zigaretten und den Aschenbecher und damit den dem Mann insgeheim verhaßten Tabakgeruch aus dem Schlafraum.

Wie also auswählen, was der andere ins Raumschiff mitnehmen darf und was er besser zurückläßt, damit jeder er selbst bleiben kann?

Um sich nach dem Verbindenden einzurichten und Trennendes dennoch nicht bekämpfen zu müssen, braucht es wieder Ehrlichkeit und Planung, die ins Detail geht: das jeweils beste Produkt für die inneren Gegebenheiten der Benutzer, Bewußtheit statt Zufall, Selbstbestimmung statt Fremdbestimmung.

Deshalb geht der Traum weiter.

Wieder befinden Sie sich in Ihrem Raumschiff – das sind die im ersten Teil des Buches entstandenen Pläne Ihres ureigenen Lebenszentrums Wohnen, das Sie bereits umgrenzt haben.

Schließen Sie bitte zur Einstimmung die Augen, und stellen Sie sich vor, daß all das Schöne, das nur andere Menschen Ihnen geben können und das in Ihrem Wohnen erst Geborgenheit entstehen läßt – die Zärtlichkeit, das Begehrtwerden, die vertraute Nähe des Atems, die Berührung, die Sanftheit, der feste Zugriff, das Leuchten der Augen, der Klang der Stimme, das verständnisvolle Zuhören und die klugen Antworten, der Duft –, daß all diese schönen Dinge wirklich Dinge wären, kleine sanfte Kissen vielleicht, die Sie in Ihrem Plan dorthin legen , wo Sie sie nicht missen wollen. Nehmen Sie sich jeden Wohnbereich einzeln vor, und geben Sie jedem dieser schönen Dinge seinen Platz in Ihrem Plan vom Bett und seiner Umgebung, vom Bad, vom Platz für Ihr Steckenpferd und seiner Umgebung. Legen Sie sie überall dorthin, wo Ihre Habseligkeiten nach Ihrer Tagesordnung wohlsortiert und übersichtlich aufbewahrt sind und für Sie bereitliegen, an die Stellen, wo zu Ihrem letzten Glück auch noch sein müßte, was vom anderen Menschen kommen soll. Je gewissenhafter Sie nun von Detail zu Detail Ihre Planung vervollständigen, desto verstehbarer werden Sie für den Menschen, der mit Ihnen leben soll.

Lassen Sie sich bei diesem Traum ausschließlich von all den Sehnsuchten führen, die Sie in sich fühlen. Es kommt nur an Sie heran, was Sie wirklich wollen. Denn wie Sie Ihre Grenzen für bestimmte Dinge, die vom Partner kommen, öffnen, so können Sie sie auch gegen gewisse Dinge verschließen durch gezielte Maßnahmen.

Wenn Sie viele der vorgeschlagenen Übungen bisher zwar allein, aber möglichst gleichzeitig neben Ihren Partnern durchgeführt und mit ihnen auch über die jeweils erreichten Ergebnisse gesprochen haben, wird es Ihnen nun leichter fallen, Parallelen der nunmehr im obigem Tagtraum ergänzten Pläne in Beziehung zu bringen und das Verbindende im Detail zu entdecken und – einander zuzuwenden. Aus der Abwägung der Vorteile für alle ergibt sich dann die Entscheidung zum Doppelbett und zu dessen Breite, zu getrennten Betten, zur gemeinsamen Schlafmulde oder zur Vorsorge dafür, daß zwar im Einschlafen noch die Köpfe zusammengesteckt werden können, die Körper aber Bewegungsfreiheit behalten.

Wie ungestört der eine bei seinen Schlafvorbereitungen sein will, wieviel Zeit zum Lesen, Nachdenken oder Rauchen der andere vor dem Hinübersinken braucht, ob leise ausklingende Gespräche das Erleben in dieser Phase bereichern oder stören, welche Beleuchtung dabei jeder für sich ausgesucht hat, ob und unter welchen Bedingungen diese wichtigen Minuten zum Tagesabschluß teilbar sein könnten – aus den ehrlichen Antworten auf solche Fragen ergibt sich die Entscheidung für oder gegen den gemeinsamen Schlafraum und die Ausgestaltung rund um das Bett und die Klärung, ob die Sicherheitsbedürfnisse und Empfindsamkeiten vereinbar sind.

Auch Fragen, die die Sexualität betreffen, werden in diesen Gesprächen über das Bett und seine Umgebung eine wichtige Rolle spielen. Denn eindeutig sollte auch geklärt sein, daß das Schlafzimmer als übergangsloser Vollzugsraum unausweichlich Zwang ausübt, den Partner in die Enge treibt. Es führt kein Weg mehr am Bett vorbei, das reizvolle Spiel der Verführung erlahmt in Raummangel und räumlicher Monotonie. Und Abweisungen im gemeinsamen Bett haben sicherlich mehr Gewicht als an jedem anderen Ort. Räumlich erzwungene Verfügbarkeit aber entwürdigt bis zur Unerträglichkeit.

Und wie weit reicht die angestrebte Gemeinsamkeit, die alles teilen will, im Bad? – Bis zur gemeinsamen Zahnbürste? Oder fängt sie erst bei der Zahnpaste an? Beim Zahnputzglas? Bei der Seife? Beim Handtuch?

Insgeheim greifen viele Menschen immer wieder nach denselben Handtüchern im Schrank und hoffen, daß sie der andere verschonen möge. Ein stiller Kampf, der ganz einfach befriedet werden könnte...

Und wie steht es um das Waschbecken? – Reicht die Gemeinsamkeit so weit, daß es auch von den Partnern gleichzeitig benutzt werden kann? Oder muß, was räumlich unmöglich erscheint, zeitlich getrennt werden, erst der eine, dann der andere? Und welche Benutzerspuren sind erwünscht, welche unerträglich? Die Wasserspritzer? Die Reste von Zahnpaste im Becken, Schlieren, weil es nicht trockengewischt wurde? Haare am Abflußrand? – Wo beginnt der Ekel vor Lebensäußerungen des anderen?

Wo setzt die Unterdrückung ein, die Verpflichtung, der Vertrauensbruch, die erzwungene Toleranz? Man kennt sich und seine Ansprüche doch ganz genau, hinter die man nicht mehr zurückweichen will! – Warum nicht die Grenzen des Zusammenlebens vorsorglich an den tatsächlichen Orten des Geschehens, im Wohnen nämlich, festlegen?

Und wie, bitte, sind Badezimmer mit Doppelwaschbecken und Toilette zu benutzen?

Was müßte aus dem Zusammenleben herausgefiltert werden, damit möglichst störungsfreie Partnerschaft entstehen kann? Wo also liegen die unüberschreitbaren Grenzen, und wo könnten sie gelockert oder, mit welchen Schutzvorkehrungen versehen, geöffnet werden?

Wieder nämlich ist nicht absehbar, wie Kämpfer, Errstarrer oder Flüchter auf mögliche Konflikte des Zusammenlebens reagieren und was im nachhinein nicht korrgierbar sein mag: das Verhalten zueinander durch ständige Auseinandersetzung, Dulden bis zur Selbstverleugnung, Davonrennen, größere Umbauten mit hohem Aufwand im Sanitärbereich als kämpferische Maßnahme gegen die Störquelle, Organisation des Nebeneinanders mit Wartezeiten, die andererseits die spontane Verfügbarkeit von Räumen einschränkt, Verzicht auf deren Benutzungskomfort, Verpflichtung eines Verantwortlichen, der die gewünschten Zustände nach jeder Benutzung wiederherzustellen hat? —In jedes neue Wohnen zieht der alte Mensch, der alle guten Vorsätze zur Anpassung und Rücksichtnahme, wenn überhaupt, nur unter größtem Energieaufwand einhalten kann, der aber das Bett, das Bad, sein Hobbyzentrum und seine Habseligkeiten so sicher untergebracht und organisiert haben will, als wären sie aus ihm selbst gewachsen. So daß jedes Zugeständnis, das er seiner Sehnsucht nach Zugehörigkeit zuliebe macht, ihn selbst Heimat kostet.

Breschen zum Du

Ist schon die Partnerbeziehung keineswegs jene sozialromantische Einheit, die der einzelne durch Liebe herstellt und in der er durch Disziplin und Rücksichtnahme innerlich wächst, indem er sich dazu zwingt, elementare Bedürfnisse zu unterdrücken, wie steht es dann um die sogenannte kleinste Zelle der Gesellschaft, die Familie?

Die Basis ihres Zusammenhalts, die traditionellen Geschlechterrollen mit der entsprechenden Aufgabenzuweisung – Versorger, Haushaltsführerin –, ist ja seit einigen Jahren heiß umkämpftes Terrain, und auch über die Erziehung ist viel geschrieben worden, was meist die Eltern zur Zurücknahme ihrer Ansprüche an die Kinder bewegen sollte.

Erziehung verlor damit ihren privaten Charakter und geriet unter öffentlichen bis hin zum politischen Einfluß, in die Auseinandersetzung von Experten, von, wie das Wort schon sagt, Außenstehenden, die mit ihren Theorien erwartungsgemäß Gegentheoretiker und neue Schulen auf den Plan riefen. Und in diese Verunsicherung der immer noch innerlich verantwortlichen Eltern sprang der Handel mit Patentlösungen, natürlich für diejenigen mit dem Geld, die Erwachsenen, denen heute schon fast jeder Spielzeug-, Möbel- und Lehrmittelhersteller mit dem Hinweis auf den sogenannten pädagogischen Nutzen seiner Ware so gut wie alles verkaufen kann.

Die Wohnlösungen, die dem aus seiner Erziehungsstruktur gerissenen und in seiner Beziehung zu den Kindern verunsicherten Erwachsenen angeboten werden, zeigen deutlich die Entfremdung und die Wirkungslosigkeit der vielen Diskussionen: Kinderzimmer sind, was anfangs keiner der Vorkämpfer für die Kleinen wollte, mehr denn je Miniaturen des Erwachsenenwohnens mit allen institutionalisierten Einrichtungen wie dem starren Standardbett, widmungsneutralen Ordnungssystemen, schonungsbedürftigen Oberflächen bis zur Schreibtischleuchte und zu allen Aufforderungen der Umweltgestaltung, die zur Unscheinbarkeit, zur Unhörbarkeit, zur Unsichtbarkeit, Unriechbarkeit maßregeln sollen.

Die Wohnverhältnisse, in denen Kinder heranwachsen sollen, unterscheiden sich in nichts von jenen Lebensräumen, die Erwachsene sich teilen – weder in der Höhe der Türgriffe, der Toilette, der Waschbecken noch in der Ausstattung der sogenannten Gemeinschaftszonen Wohnzimmer, Eßplatz, Vorraum. Mehr als jemals zuvor stellt die Erwachsenenwelt die Bedingungen für ein mögliches Zusammenleben, weil diese heutigen Woh-

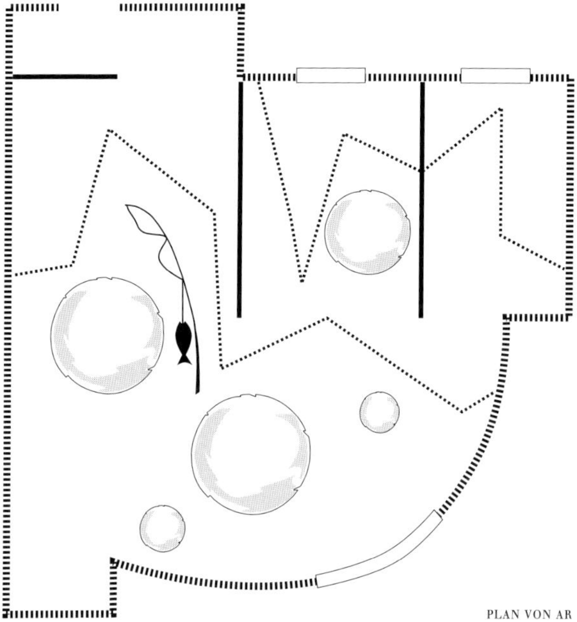

PLAN VON AR

nungen mit ihrem Schauraumcharakter Benutzungsspuren schon überhaupt nicht mehr aushalten und somit eine völlig kinderfremde Welt darstellen – im meist einzigen kleinen Bereich, den die Eltern zur Förderung ihres Nachwuchses selbst erstellen könnten.

Aber keine dieser vermeintlichen Gegebenheiten hindert uns daran, einen anderen Standpunkt einzunehmen: daß sich die Kleinen selbst, ihrem Entwicklungsstand und ihrer Persönlichkeit gemäß, ihr Wohnen und damit ihre Heimat sehr wohl selbst schaffen können, wenn ihnen Gelegenheit dazu geboten wird. Doch wie für jeden Erwachsenen auch ist das nur gleichzeitig mit den anderen Wohnpartnern, mit deren eigener Entwicklung und wachsendem Verständnis möglich. Zu jedem Möbel, jedem Teil der Ausstattung brauchen sie den Mitmenschen.

Gleichzeitig brauchen sie aber, wie der Erwachsene auch, Phasen ungestörter Ruhe und die respektierten Geheimniszonen zur Selbstbewahrung und Selbstfindung in diese Welt, die sie mit unglaublicher Neugier in sich aufnehmen.

So brauchen sie also nicht nur, wie diverse Kinder- und Jugendschutz- und -hilfsorganisationen behaupten, mehr Zeit von den Erwachsenen, sondern, wie diese, abwechslungsreiche Begegnungsplätze, die sie freiwillig und ohne Gefährdung aufsuchen, also vorfinden wollen.

Wieder sol eine Übung zu mehr konkreter Klarheit verhelfen.

Immer noch ist Ihr persönliches Zentrum, Ihre komplette, abgeschlossene Ruhezelle, Ausgangspunkt: das von seiner festen Hülle umgebene Raumschiff, in dem allerdings nun schon ihre Sehnsüchte nach dem Mitmenschen mitberücksichtigt sind.

Versetzen Sie sich entspannt wieder in dieses Zentrum, dessen feste Hülle nun aber zu Eis wird. Sie leben also in einem Iglu. Das Wandmaterial ist beliebig zu öffnen.

Noch aber sind Sie überall dort von einer Eishülle umgeben, wo nicht die von Ihnen ersehnte Wärme des Mitmenschen sich bereits einen Weg zu Ihnen hindurchgeschmolzen hat.

Und was müßte nun von draußen geschehen, das Sie dazu veranlassen könnte, eine weitere Öffnung in Ihre abgeschirmte Innenwelt zu schneiden? Ein Fenster, um hinauszusehen? Eine Tür, um hinauszugehen? Was müßte im Nachbariglu jedes Ihrer Partner geschehen?

Wenn Sie nun an Katastrophen denken, die Sie aus Ihrer Ruhe hochscheuchen, glauben Sie nicht an die perfekt funktionierende Hülle des Mitmenschen. Und vielleicht verbindet Sie auch mehr Pflichtgefühl als die Überzeugung, positiv überrascht werden zu können, nicht nur geben, sondern auch empfangen zu dürfen, mit den anderen.

Nun aber, im Plan, den Sie ja kennen, wenn Sie dieses Buch, jeder für sich, gemeinsam durchgearbeitet haben, und dem Sie deshalb vertrauen dürfen, ist drüben alles in Ordnung und für alles vorgesorgt.

Nun lockt der Partner. Er hat dafür etwas Besonderes vorbereitet. Etwas, was Spaß macht und wofür er Sie und nur Sie braucht und was auch Sie wollen. Es ist etwas, das Sie mit diesem einen Menschen da drüben am allerliebsten tun. Ihr ganz besonderes Spiel, das die engstmögliche Verbindung und Beziehung schafft.

Und nun, da Sie das wissen, gruppieren Sie auf Ihrem Bild die Iglus Ihrer Mitbewohner um Ihren eigenen herum und zeichnen Sie, was Sie dazu bewegen könnte, dafür ein Fenster oder eine Tür in Ihre schützende Eishülle zu schneiden.

Vielleicht ist es ein Basteltisch, vielleicht ist es ein Eimer Wasser für Schiffbauer, eine Sammlung, Werkzeug, Sportgerät, ein Puzzle. Die Möglichkeiten sind unbegrenzt, aber es ist zwischen diesem Menschen und Ihnen zur Zeit eben nur dieses eine und immer etwas, das elementare Verbundenheit und gegenseitiges Vertrauen schafft. Etwas, das nur Ihnen beiden gehört, weder dem einen noch dem anderen ganz allein, etwas, das deshalb weder im Iglu des einen noch in dem des anderen Platz findet, sondern nur Sinn hat in einem eigenen Partnerbereich. Das ist Ihrer beider Platz, um in allem, was Sie verbindet, zueinander zu finden. Und so entsteht zwischen Ihnen und dem einen Menschen eine eigene Partnerzone. Zuerst zwischen Ihnen und Ihrem Lieblingskind? Zwischen Ihnen und Ihrer Freundin? Und danach eine völlig andere Zone in völlig anderer Ausstattung, Größe, Widmung für den nächsten Mitbewohner. Und so für einen nach dem anderen, zwischen jeden Iglu von Ihrem aus eine andere Partnerzone.

Türen und Fenster öffnen sich zueinander, weil es zwischen Ihnen und den anderen etwas zu tun gibt, etwas ganz Persönliches, Unübertragbares, das verhindert würde, wenn der Platz dazu fehlte.

Und noch eine zweite wesentliche Erkenntnis wird Ihnen dieses Spiel bringen: daß jeder zu jedem in der Gemeinschaft eine völlig andere Beziehung hat, daß Kind nicht Kind ist, daß Sie für jedes Ihrer Kinder ein anderer Erwachsener sind. Und daß auch für jedes Kind die beiden Erwachsenen eines normalen Haushalts kein Paar, keine Einheit bilden, sondern daß jeder einzelne etwas ganz Besonderes ist, wofür er in seinen Iglu eine spezielle Tür oder ein spezielles Fenster schneiden würde.

Und nun vergleichen Sie, was die anderen zwischen ihrem eigenen und den anderen Iglus unterbringen, um den Bewohner dort herauszulocken. Wie verführt er ihn zur Partnerschaft? Zum gemeinsamen Tun?

Und ist das Vertrauen, das die Partnerzone schafft, so groß, daß sie durch die einmal von Ihnen geschmolzene Öffnung in den anderen einblicken und Einfluß gewinnen dürfen, weil es vom anderen so gewollt wird?

Wieder aber soll das Ergebnis dieser Übung kein Anlaß zur manipulierenden Belehrung, sondern eine Zustandsaufnahme sein. Hier erfahren Sie, was Ihre Wohnpartner und Sie zusammenführen kann, was Sie selbst von jedem einzelnen erwarten und was von Ihnen erwartet wird, damit Begegnungen stattfinden und Beziehungen eingegangen werden können – allerdings zwischen den Individualzonen, ihnen vorgelagert, neutralen Boden schaffend, auf dem aufgebaut sein muß, was zusammenführt.

Und noch einen weiteren Effekt könnte diese Übung haben: die Eigenart jedes Kindes besser zu verstehen und so weit zu berücksichtigen, daß jedem die eigene Einrichtung und Ausstattung seiner Partnerzonen ebenso zugebilligt wird wie den Erwachsenen .

Je natürlicher aber die Übergänge von der Individualzone zur individuell von zwei Menschen nach ihren Gemeinsamkeiten ausgestatteten und eingerichteten Partnerzone sind, je freier diese von beiden genutzt wird, desto stärker ist die Beziehung, die nun endlich auch Raum zur Entfaltung, zum Kennenlernen und gemeinsamen Wachsen findet. Und wo heute nur ein Fenster zum Mitmenschen geschnitten ist, damit man selbst hinausschauen kann, das aber noch gegen ein Eindringen schützt, kann morgen, von innen heraus, schon eine Tür entstehen...

Wer meint, auf individuelle Begegnungszonen verzichten und freundschaftliche, intime Gespräche abends vor dem Einschlafen am Bettrand sitzend erledigen zu können, um die notwendige Vertraulichkeit zu schaffen, beachtet die Wirkung von Standorten der Kommunikation nicht. Ein Beispiel aus dem Berufsalltag: Ob der Chef an den Arbeitsplatz seines Untergebenen kommt, ob er Wichtiges zur Person oder zur Leistung, Lob, Tadel, Anregung, auf neutralem Boden, im Treppenhaus etwa, ausspricht, oder ob er den Reviervorteil im eigenen Zimmer ausnutzt, in das er ihn rufen läßt – er stellt in jedem Fall eine andere Situation und Atmosphäre für das Gespräch her. Wenn sich der Chef an den Arbeitsplatz seines Untergebenen bemüht, so verstärkt sich dadurch Kritik ebenso wie Zustimmung in jener Zone, die wir für uns reserviert haben wollen. Und erst recht bedrängend wird es, wenn der Vorgesetzte, und sei es auch nur telefonisch, bis in den Wohnbereich vordringt. Daß uns die Pflicht nicht einmal in unserem Rückzugsgebiet in Ruhe lassen kann, dort, wo wir unser Revier abgesteckt haben, bedrängt uns bis hin zur zähnefletschenden Notwehrreaktion eines Tieres, das in die Enge getrieben ist.

Nicht anders ergeht es aber auch den Wohnpartnern. Es ist nicht gleichgültig, ob Gespräche im eigenen Revier, im „eigenen" Zimmer stattfinden oder ob man dazu in den Bereich des anderen gerufen wird. Und es wirkt auch jeweils anders, wenn etwa Gespräche zwischen zwei Mitgliedern, die dazu dienen sollen, eine individuelle Beziehung zu knüpfen, vor anderen, also im Familienzentrum, oder auf neutralem Boden aufgenommen werden.

Wirkungselemente der Begegnung

Drei Möglichkeiten haben Menschen, um Kontakt zueinander aufzunehmen: von oben herab, als Höher- zum Tieferstehenden, der so tief unten sein kann, daß man ihn zertreten, daß man ihm auf den Kopf spucken könnte, weil er abgesunken oder ganz klein gemacht worden ist; von unten hinauf, als Aufsteiger, der wächst und Größe gewinnt, sich aufstellt vor Empörung, sich die Latte höherlegt, hinauf will, nach Höherem strebt, über sich hinauswächst; und letztlich die dritte Möglichkeit, wo man auf gleicher Ebene, vom gleichen Blickwinkel aus, unübersehbar geworden, gleichrangig miteinander umgeht.

Es sind Beziehungen vom Großen zum Kleinen, von oben herab und dominierend, wie Vater und Mutter mit dem Kind; oder von unten hinauf, mit dem verstärkten Ehrgeiz zu wachsen, um das Niveau des anderen zu erreichen, wie das Kind, das Kleine zum Großen; oder schließlich die Erwachsenenebene, Auge in Auge, auf gleicher Augenhöhe, mit dem gleichen Augenmaß, die das Verhalten der Menschen bestimmen. Wir können den Standpunkt des anderen teilen, also auf seinem Niveau stehen, ihn in seiner gleichberechtigten Höhe akzeptieren; wir können uns ihm aber auch unterwerfen oder unterworfen werden oder ihm unterlegen sein und darauf,

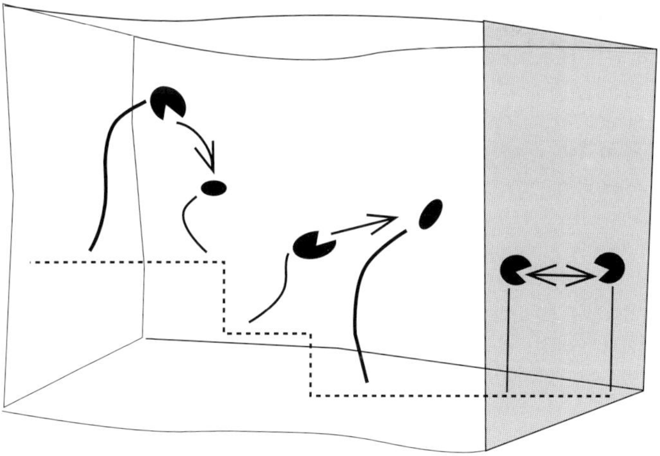

PLAN VON AR

je nach Reaktionstyp, erstarrend, flüchtend oder kämpfend reagieren; und wir können den anderen, ohnedies schon überlegen, über ihm liegend, niedermachen, hinunterdrücken, unterdrücken, unseren Worten mehr Gewicht geben und ihn unterweisen, nämlich hinunterweisen, nach unten weisen, wo er sich zu sehen hat. Schon die Sprache demaskiert, was wirklich geschieht.

Es sind subtile Prozesse, die hier ablaufen. Sie alle beziehen sich auf räumliche Verhältnisse – oben, unten, auf gleicher Ebene. Wer seine Macht bewahren will, wird den anderen auf die Knie zwingen oder sich über ihn erheben, die Aufsicht übernehmen, die Übersicht bewahren, Höherstehender sein, unerreichbar thronen. Wer fördern will, wird erheben, aufbauen, was darniederliegt, und standfest und standhaft machen, den erahnten Niedergang aufhalten, wenn nicht sogar den Absturz, er wird zu sich heraufheben, was da zu ihm aufblickt und wachsen soll.

Er tut das, weil er sich erwachsen fühlt. Und das Hinauf- und Aufbegehren des anderen ist damit bereits programmiert. Das Miteinander-Reden wird zu dem, was es tatsächlich ist – daß nämlich redet, wer das Sagen hat, und der andere zuhören soll. Auch eine Form der Unterdrückung.

Wer einen anderen erheben will, entzieht diesem meist den Boden unter den Füßen. Und so verhält der sich dann auch, schwebend vor bodenlosem Glück, und irgendwann einmal, grundlos, stürzt er ab. Und dann fliegt er meist auch schon. Und wird schon sehen, wo er landet.

Es leuchtet ein, daß unter solchen Bedingungen auszuweichen sucht, wer sich unterlegen fühlt und Flüchter ist. Es leuchtet auch ein, daß Erstarrer in Bewunderung verharren oder sich verkrampfen und daß sich Kämpfer verbohren, sich eine dicke Haut zulegen oder revoltieren, sobald sich etwas, was ihren Standpunkt verändern will, von oben oder gar von unten nähert. Denn die größte Chance zur Selbstbehauptung und zur Einsicht besteht darin, einem Menschen Auge in Auge gegenüberzustehen. So müßte, wer den anderen nicht über- oder unterschätzt, wer den anderen nicht über- oder unterfordert, dessen Augenhöhe einnehmen. Und er wird es umso lieber tun, je eher er selbst nicht unter sein Niveau in die Knie gehen oder über sein Niveau hinaus aufblicken muß.

Das gemeinsame Podium, auf dem Partnerbeziehung gedeihen kann, müßte also Gleichberechtigung, gleiche Augenhöhe auf neutralem Boden ermöglichen, am besten in jenem Bereich, den beide Menschen, die sich zur Pflege gemeinsamer Interessen und damit zum Austausch treffen, als gemeinsames Revier anerkennen. Und auch dieser Austausch kann nur zwischen Gleichberechtigten stattfinden, weil alles, was von oben kommt, als Geschenk, alles, was von unten kommt, als Abgabe gewertet wird.

Wer also die beabsichtigte Wirkung seiner Person bei den anderen wirklich verstehen will, sollte wörtlich genommen deren Standpunkt einnehmen, sich also an jene Stelle und auf jene Augenhöhe begeben, die der andere aufgrund seiner sozialen Stellung in der Gemeinschaft oder seiner Körpergröße einnimmt.

Nehmen Sie also, bitte, den Gesichtspunkt des anderen wörtlich. Es ist die Augenebene, der Blickwinkel des anderen, sein Standpunkt, das also, was er stehend sieht. Der Kleine braucht somit ein Podium, das ihn auf Ihre Augenhöhe hebt. Und beugen Sie sich nicht, gehen Sie nicht in die Knie, steigen Sie zu ihm hinunter. Locker bleibt nur, wer sich nicht strecken muß.

Und so, auf Augenhöhe, suchen Sie Kontakt zu jedem Menschen, mit dem Sie zusammenleben.

Ich habe einen solchen Versuch mit einem Architekten während einer Live-Sendung vor dem Radiomikrophon gemacht. Während unseres Streitgesprächs – es ging um das Wohnen mit Kindern – setzte ich mich auf den Schreibtischrand im Studio und redete auf ihn hinab. Der sonst recht freundliche und offenherzige Mann sah sich schon nach wenigen Minuten in einer aussichtslosen Position. Er wurde wütend und kam völlig aus seinem Konzept. Den Grund dafür – daß ich ihn in die Kinderposition manövriert hatte – erkannte er nicht, so daß ich ihn zum Platzwechsel erst ermutigen mußte. Da saß er mit hängenden Beinen auf dem Schreibtisch und ich unter ihm. Und nun verlor er in seinen Diskussionsbeiträgen erst recht den Boden unter den Füßen und suchte, auf der Schreibtischkante balancierend, Balance für seine Argumente. Er ließ mich, von oben herab, kaum noch zu Wort kommen und verfiel erst wieder in weinerliche Selbstverteidigung, als ich mich erhob, damit ich wieder über seine Augenhöhe hinausragte. Erst nachdem ich mich dann neben ihn auf den Schreibtisch gesetzt hatte, konnten wir, beide lachend, wieder unsere alten Plätze auf den Stühlen einnehmen, sehr zur Freude der verzweifelten Gesprächsleiterin und des Aufnahmetechnikers.

Solche Erfahrungen verdeutlichen ein wichtiges Einrichtungsprinzip: Standpunkte lassen sich nur in gleicher Augenhöhe, stehend und verstehend, austauschen. Was sich anpassen müßte, ist die Fußbodenhöhe wenigstens dort, wo Partner zueinanderfinden wollen. Dieser Ausgleich wird zum Kontakt aus den Egozentren locken, weil sie die Kleinen zum Niveau der Großen aufsteigen läßt und jene Gleichberechtigung kampflos zu fühlen ermöglicht, an die sie, komplette Wesen in jedem Lebensalter, selbst glauben.

Wohnen heisst tun

Natürlich würde eine solche Egalisierung der Augenhöhen das Wohnen schon beim Fußboden verändern und abhängig machen vom Heranwachsen der Kinder, was in einer Wohnkultur, die die Türschwelle, diese Erhebung in den Durchgängen zwischen den Räumen, nur noch dem Name nach kennt, zu Protesten und massiven Hinweisen auf die erhöhte Unfallgefahr und die Erschwernis der Hausarbeit führen muß. In diesen Jahren, in denen das übliche Einrichten darin besteht, in fertiggefügten Mauern die besten Plätze für Möbel zu suchen und erst dann, wenn überhaupt, an den Benutzer zu denken, ist das Maß des Wohnens der Werktätige, körperlich Gesunde und damit der geistig und seelisch zusätzlich Beanspruchbare, dem Anpassung und Gewöhnung an die zeitgemäße Serienproduktion zugemutet werden können, an das kleinste gemeinsame Vielfache und den größten gemeinsamen Teiler. Und das bedeutet, auf die Erwachsenenwelt bezogen, daß auch der Fußboden für die vielen gleich großen Menschen mit der einigermaßen gleichen Augenhöhe in einer Ebene verläuft.

Aber nicht nur die Notwendigkeit, den Größenverhältnissen der Wohnpartner angepaßte und anpaßbare Gesprächsebenen zur Verbesserung der Kommunikation zu schaffen, spricht für mehr Veränderbarkeit des Wohnens. Menschen, die vom Wohnen auch nur etwas mehr als den gemeinsamen Fernseh-Feierabend erwarten – und auch der hat, wie noch gezeigt wird, seine Tücken – und die einander durch gemeinsames Tun näherkommen wollen, brauchen diesem Tun angepaßte Ausstattungen und Einrichtungen im Wandel ihrer gemeinsamen Interessen, Räume, in denen Sport und Spiel, Basteln und Werken, Bewegung und Stille, Staub, Nässe, Gerüche, Lärm möglich sein müssen und die jederzeit wieder völlig anders eingerichtet, nach Bedarf vergrößert oder verkleinert werden können. Räume also, die Gemeinsamkeit fordern und fördern.

Und wieder geht es um die Lage der Selbstverwirklichung, zu der man nun aber den Wohnpartner braucht, um ihn zum Näherkommen zu locken, um ihm selbst näherzukommen, etwa um ihn zu verführen oder verführt zu werden, lang noch, bevor man gemeinsam ins Bett geht, beispielsweise, in einer von allen anderen Mitbewohnern respektierten Partnerschaftszone, in die jeder aus seinem ureigenen Bereich herauskommen, aus der er sich aber auch wieder zurückziehen kann, wo er sich also gefragt und nicht gezwungen fühlt.

Diese Freiheit zur spontanen, selbstbestimmten Wahl sollte aber nicht

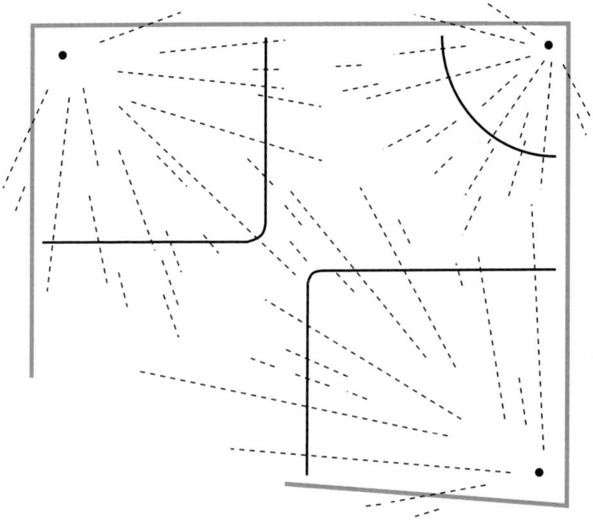

PLAN VON AR

nur für die körperliche Hingabe und Integrität gesichert sein, für den Weg zum täglich nötigen Schlaf, die stillen Stunden für sich selbst, die Partnerschaften und die Gemeinschaft im Gespräch oder gemeinsamen Tun, sondern auch für die Habseligkeiten. Wenn die Möglichkeiten geschaffen werden, aus der eigenen Zone freiwillig dorthin zu gehen, wo mit einem der Mitbewohner ein Stück Partnerschaft, Auseinandersetzung miteinander oder gemeinsam mit einem Thema, einem Werkstück, einer Tätigkeit und damit Zusammenkunft, Begegnung stattfinden, so wird das wiederum nicht ohne die entsprechenden Dinge und dafür nötigen Aufbewahrungs- und Bereitstellungsmöbel geschehen können. Teile der Habseligkeiten wandern also aus den persönlichen Zentren in diese Übergangs- und Begegnungszonen von beiden Seiten her aufeinander zu. Und vielleicht entstehen so Schränke, Regale, Laden, Fächer, Ablagen, gefüllt mit jenen Dingen, die zwei oder mehr Partner gemeinsam benutzen und die deshalb jeder auch außerhalb der eigenen Zone gut und sachkundig gesichert wissen will, so daß eine Abgrenzung hinsichtlich dieser Gegenstände nicht mehr nötig erscheint. Und gleichzeitig wirkt die geteilte Verantwortung für sie erst recht verbindend und beruhigend dauerhaft. Dies gilt allerdings wiederum nur dann, wenn sich die Partner die Aufgabe, für die sie dieses Arrangement treffen, auf gleichem Niveau stellen, also freiwillig, für beide gleichberechtigt und widerrufbar, so daß eine Trennung jederzeit möglich ist. Die Folge – daß sich das Fließen von Beziehungen auch auf die bisher starr fixierten sogenannten Korpusmöbel erstreckt und sie, wie das Wort Möbel ja sagt, mobil, also beweglich werden und den tatsächlichen Notwendigkeiten lebendig angepaßt – wird das bisherige Wohnen zusätzlich zum Praktischen hin verändern helfen.

Dies kann auch noch dem Stauraum Bedeutung für die Gemeinschaft geben und ihn aus der rein formalen Verantwortlichkeit der Haushaltsführung lösen hin zu jedem Familienmitglied. Dadurch würde zum Beispiel die lieblose Zäsur zwischen dem Eigentum der Kinder, ihrem Spielzeug und ihrer Garderobe, die üblicherweise ausgelagert und im Einflußbereich der Erwachsenen verwahrt wird, aufgelöst. Die Vorbildfunktion der Eltern kann hautnah beispielhaft wirken.

Schauen Sie nun bitte wieder gemeinsam mit Ihren Angehörigen Ihre Planungen Ihres persönlichen Wohnens an. Alle Teilnehmer an dieser Übung, die spielerisch verlaufen sollte, legen ihre Planungen vor sich auf den Tisch, am besten über einen weiteren Bogen Packpapier. Drehen Sie einander die vorgesehenen Badezimmer zu, und suchen Sie in allen von jedem einzelnen erträumten Details die Gemeinsamkeiten. Halten Sie die Wünsche an das Waschbecken fest, an die Armaturen, die Wasserqualität dort, die erforderliche Höhe oder den notwendigen Auftritt. Bedenken Sie auch hier die Möglichkeit, verschiedene Bodenebenen zu schaffen. Wie stellen sich die einzelnen Teilnehmer die Bereitstellung der reinigenden und pflegenden Kosmetika, der Handtücher, der Zahnputzgläser vor? Je detailreicher geplant wird, desto besser wird dann der gemeinsame Einkauf funktionieren, wenn jeder für sich aussuchen darf, was er für diese gemeinsam abgestimmte Zone wirklich braucht.

Wahrscheinlich wird schon dieses Gespräch über ein recht banales, dennoch wichtiges Detailthema den Planungshorizont erweitern, denn auch der Fön, die Munddusche, die elektrische Zahnbürste und andere Komfortutensilien sind Träume, die sich erfüllen lassen, wenn Platz für sie vorgesehen wird, wenn also nach eigenen Bedürfnissen und nicht nach den Vorbildfotos der Badezimmer-Prospekte oder Schauräume geplant wird.

Und könnten nicht Wasserspiele zusammen Spaß machen? Die Träume vom eigenen Wohnen haben wahrscheinlich vielen ihre Sehnsucht nach diesem lebendigsten der vier Hauptelemente unseres Lebens bewußt gemacht. Und was der einzelne für sich ersehnt, läßt sich in partnerschaftlicher Gemeinsamkeit vielleicht noch viel lustiger durchführen. Noch ist Gelegenheit, derartig Lebensbereicherndes vorzusehen und Waschbecken, Dusche, Wanne selbst genau zu beschreiben, anstatt die Auswahl einem Klempner zu überlassen. Und vielleicht ist damit der eigentliche Waschvorgang vom Baden trennbar geworden, selbst auf dem üblicherweise als zu klein beklagten Platz im dafür vorgesehenen Raum.

Dies ist auch eine Vorübung anhand des wahrscheinlich am schwierigsten zu planenden gemeinsamen Raumes. Denn nun folgt der nächste Schritt der Planung, die Fortsetzung des Großen Spiels, in dem ja schon jeder Mitbewohner, ausgehend von seiner Luftmatratze und dem Koffer mit seiner wichtigsten Habe, seine Zone eingerichtet hat.

Planungsspiele

Sie gehen also, ausgestattet mit einem Koffer voll mit den unentbehrlichen Habseligkeiten, ausgerüstet wie für einen Urlaub auf dem Campingplatz, dazu mit je einer Luftmatratze dorthin, wo Sie demnächst gemeinsam wohnen werden.

Sollte es ein Grundstück sein, auf dem Sie erst bauen wollen, nehmen Sie auch noch für jeden Teilnehmer ein Einmannzelt mit. Wenn Sie eine schon fertige Wohnung beziehen wollen, hängen Sie zuerst die Türen aus.

Und nun geben Sie den gesamten Raum frei, der der Gemeinschaft, jedem einzelnen darin, zur Verfügung stehen soll, um sich einzurichten. Jeder sucht sich seinen Platz und läßt sich dort mit seiner Luftmatratze und dem Koffer, auf dem Grundstück zuerst mit dem Zelt, nieder. Alles wird für jeden genau nach seinen Anweisungen aufgebaut.

Schon hier sollte einer dem anderen so wenig wie möglich helfen und schon gar keinen Einfluß nehmen. Wenn geholfen wird, geschieht genau, was der Hilfsbedürftige sagt. Und sobald die Zelte stehen, sobald die einzelnen mit ihren Luftmatratzen Platz gefunden haben, beginnt sich jeder für sich einzurichten.

Es ist dies eine Phase, in der vor allem manchen Müttern das Herz zu brechen scheint. Alles wendet sich von ihnen ab. Und plötzlich sehr verlassen, suchen sie mit wachen Augen nach Möglichkeiten, Einfluß zu nehmen, zu zeigen, daß sie gebraucht werden. Die treffendste Frage dazu hat wahrscheinlich die bekannte Autorin Elisabeth Kübler-Ross gestellt. – Welche Mutter, fragte sie, hilft ihrem Kind mehr: diejenige, die ihrem ungeduldig tobenden Kind die Schuhbänder bindet, oder diejenige, die der hilflosen Ungeduld der kleinen Hände ermutigend und geduldig zusieht und warten kann, bis der Kleine es selbst geschafft hat?

Auch darüber kann ein Außenstehender kein Urteil vorwegnehmen. Jetzt aber fällt die Entscheidung um Abhängigkeit oder Selbständigkeit. Denn was jemand kann, das will er auch. Und was er nicht kann, wird er sich schon aus Bewährungsangst besorgen lassen.

Als ich selbst nach fünfzehn Jahren Journalistentätigkeit meine Stellung bei einer großen Wohnzeitschrift verlassen wollte, kündigte ich meinen Ausstieg Monate vorher an und verabschiedete mich von den vielen Bekannten und Freunden. Kaum einer, besonders in den Chefetagen der Möbel- und Einrichtungshäuser, der mir nicht wortreich versicherte, er würde am liebsten mit mir gehen.

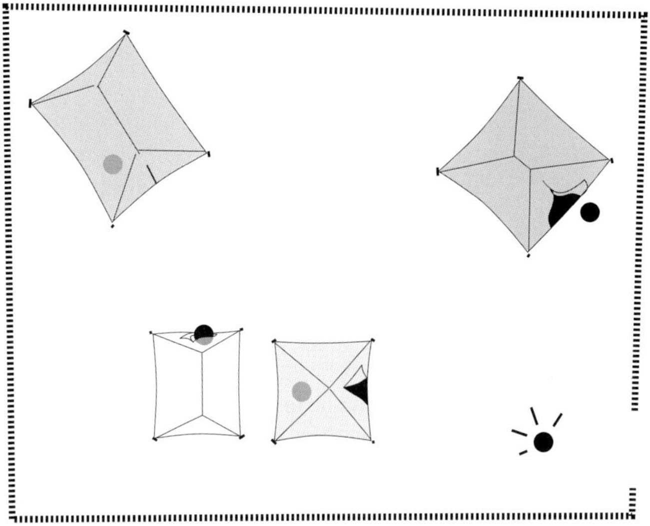

PLAN VON AR

„Warum tun Sie es dann nicht?“ fragte ich. „Kann ich denn?“ fragten sie zurück. Und sie fühlten sich alle ihren Frauen, ihren Kindern verantwortlich. Nur für sie, versicherten sie, säßen sie Tag für Tag in ihren Büros und betrieben ihre aufreibenden Geschäfte. Nur für andere lebten sie dieses Leben.

„Wenn Ihnen das alles persönlich wirklich so wenig bedeutet“, sagte ich den meisten, „wenn Sie es nur für die anderen tun, dann gehen Sie doch zu denen und fragen Sie sie, ob sie überhaupt wollen, daß ihnen so geholfen wird! Ob sie diese Hilfe wirklich wollen!“

Manche der Manager taten das. Sie fragten ihre Frau und ihre Kinder. Und deren Antworten fielen unerwartet aus: „Für mich“, entgegneten nämlich die meisten Frauen, „für mich mußt du das nicht tun. Ich hätte dich lieber bei mir.“ Und manche Kinder boten sofort an, den Rucksack zu packen, um gemeinsam mit dem Vater loszuziehen.

Fragen Sie bitte jeden, ob der, für den Sie etwas tun, dies auch wirklich will. Denn jetzt ist die Zeit des Großen Spiels. Die Zeit des Abenteuers mit dem eigenen Traum von der Unabhängigkeit. Jetzt kommt eine Chance dafür, daß sich jeder auch einmal mit sich selbst beschäftigen lernt, mit sich selbst fertig wird – was sich im Grunde alle für sich selbst und für die anderen wünschen.

Ich erinnere mich an einen Satz einer Mutter, deren Kind im Nebenzimmer ganz still geworden war. Sie, die ständig mit den Fortschritten in der Entwicklung ihrer Tochter prahlte, sagte in die Stille hinein: „Was immer du tust, laß es!“

Die wichtigste Regel in diesem Großen Spiel: Was immer die anderen tun, lassen Sie es zu!

Lassen Sie alle sich in ihren Winkeln auf dem Grundstück oder in der leeren Wohnung mit den ausgehängten Türen einrichten.

Manche Menschen wenden sich nun von den anderen ab. Mehr als alles sonst bestimmt Absonderung ihre Standortwahl. Auch der Zelteingang weist zur Grundstücksgrenze.

Andere rücken schon jetzt dem Mitbewohner nahe und hindern ihn an seiner erwünschten Selbständigkeit. Und wieder liegt es nun im Spiel, darüber zu entscheiden, was zu geschehen hat. Und wieder kommt es einzig auf die Entscheidung zwischen den Betroffenen an, die einen gemeinsamen Weg finden werden, eine Entscheidung, die der eine akzeptiert, so daß der andere nicht ständig deren Einhaltung überwachen muß und sich dabei nicht entfalten, ausbreiten kann im Raum seiner Wahl.

Und wie schon beim gemeinsamen Zeichnen und Malen auf dem Packpapier wird nun der eine zuerst seine Grenzen abstecken, während der andere mit dem Auspacken seines Koffers das Territorium findet, das er beanspruchen will.

Langsam wird sich so der vorhandene Gesamtraum aufteilen. Und irgendwann kommt Langeweile auf, Neugier zuerst, wie der eine oder andere sich eingerichtet hat, dann der Versuch, den Mitbewohner ins eigene Revier zu locken, um seine Beachtung zu werben, um sein Lob, seine Berührung, seine Anwesenheit.

Wer sich nun dazu entscheidet, diesen Signalen, daß er gebraucht wird, nachzugeben und näher an den Hilfesuchenden heranzusiedeln, wird fühlen, wie das bereits erreichte Gleichgewicht der Kräfte sich ändert, wie Eifersucht entsteht und Reaktionen bringt, die die Gemeinschaft zusammenrücken lassen. Dann werden Zelte abgebrochen und wieder neu errichtet, Luftmatratzen siedeln mit allem Inventar „in andere Gebiete“ über – Entscheidungen und Maßnahmen, die wiederum bei anderen Abwehr auslösen, weil sie nun Platz verlieren oder in bereits fertiggebauten Wohnungen sogar das gewählte Zimmer verlassen müßten. Alle diese Auseinandersetzungen sollten zwar registriert, aber unkommentiert hingenommen werden. Wieder bringt auch dieses Spiel die förderlichsten Ergebnisse für jeden und die besten Erkenntnisse über jeden einzelnen Menschen, wenn man selbst auf gestellte Fragen nicht die eigenen Antworten gibt: Ratlosigkeit des einen bedeutet ja nicht, daß ein Mensch die Antwort des anderen hören und befolgen will, sondern daß ihm nun geholfen werden darf, die eigene Antwort zu finden.

Irgendwann wird auch Hunger aufkommen, eine Gelegenheit für diejenige, die gewöhnlich für die Vorratsbeschaffung und die Zubereitung des Essens sorgt, ihre eigenen Entscheidungen über die künftige Verfügbarkeit einerseits und die Sehnsucht nach ungestörter Privatheit andererseits zu treffen. Die ersten Ideen zur künftigen Küchengestaltung könnten dabei auftauchen, Lösungen für die Vorratshaltung in Abstimmung mit den Einkaufsgewohnheiten, für die Zusammenarbeit und arbeitsteilige Mithilfe, hinsichtlich der Anwesenheit anderer während des Kochens selbst und der künftigen Einrichtungen zum Servieren, Essen, zur Reinigung – Selbstverteidigungsmaßnahmen, zu denen jetzt selbst jene Menschen greifen könnten, denen das freiwillige Zusammenkommen der Mitbewohner an der Futterstelle Genugtuung und mehr Befriedigung als Belastung bedeutet.

Wie von selbst werden sich auch die Partnerschaften innerhalb der Gemeinschaft ergeben. Damit öffnen sich die einzelnen Privatbereiche zueinander, und es entstehen Gemeinsamkeiten im Umgang mit Dingen und Ideen, die zu gemeinsamem Tun führen. Die Freiwilligkeit aller gegenüber allen ist ein wichtiger Bestandteil des Zusammenlebens und kann nun, gegen alle gewohnte Abwehr und Verpflichtung zur Verfügbarkeit, neu erprobt werden.

Natürlich ist die Übung jederzeit unterbrechbar. Dann kehren alle vorübergehend in alte oder bereits gesicherte neue Wohngewohnheiten zurück. Viele Menschen strengt dieses Spiel an, und Pausen helfen, das Erfahrene zu überdenken.

Die Übung hat ihr Ziel erreicht, wenn schließlich alle, nach und nach ausgestattet mit den Lieblingsmöbeln an deren provisorischen Plätzen in der neuen Wohnung, aber ohne rasch zugelegte Ausstattung und noch ohne Türen, ruhig schlafen, weil die Balance zwischen dem einzelnen und der Gruppe sich langsam einpendelt, so daß an die Fixierung des Trennenden und Verbindenden durch bauliche Maßnahmen gedacht werden kann.

Planungsspiele in Einmannzelten auf dem Grundstück könnten für einige Tage zum Leben wie auf dem Campingplatz führen und werden um so länger dauern, je kleiner die Kinder sind, die man beobachten will und die selbst noch nicht denkend mitplanen können. Selbst sie werden aber sehr rasch fehlendes Spielzeug oder fehlende Möbel beklagen, die man ihnen probeweise anbieten kann, um zu sehen, was sie damit anfangen.

Interessant sind dabei auch die Beobachtungen der Erwachsenen an sich selbst, ihr erwachendes Schutzbewußtsein, das sie von sich aus an die Kinder heranbringt, denen das vielleicht gar nicht so recht ist.

Als erfolgreich abgeschlossen kann die Übung in Wohnungen auch dann gelten, wenn einzelne Bewohner, in ihren Räumen und Zonen still geworden, die Notwendigkeit zur baulichen Veränderung fühlen und Verbesserungen vorschlagen: die Decke zu verschönern, die Kehlungen und Übergänge zu den Mauern, die vielen verschiedenen Linien zu begradigen, die der Fensternischen und Fensterteile, der Türen, der Heizkörper, wenn also die Architektur so schön gemacht werden soll, daß es eigentlich schade um jeden Blickwinkel ist, der durch Möbel verstellt wird . Das wird auch die Möbelauswahl in Übereinstimmung mit dem Raum und seiner Verwendung bringen helfen.

Natürlich werden nur wenige Menschen das Große Spiel wirklich konkret spielen – üblicherweise bezieht man neue Wohnungen an jenem Tag, an dem die alte aufgegeben wird. So werden in einer finanziell ohnedies angespannten Zeit wenigstens Mieten gespart. Aber achtzig von hundert Menschen, so das Ergebnis statistischer Untersuchungen zur Wohnzufriedenheit, beziehen ihre neuen Wohnungen mit dem Wissen, daß dort vieles nicht stimmt. Und wieder achtzig von solchen hundert Unzufriedenen nehmen sich fest vor, im nachhinein die nötigen Änderungen durchzuführen. Wenn sie aber erst einmal in bewußt in Kauf genommenen unzulänglichen Verhältnissen leben, schwingen sich nur noch etwa zehn von ihnen zu den ins Auge gefaßten Umbauten auf. Alle anderen gewöhnen sich lieber und verzichten damit auf Verbesserung ihrer Lebensqualität.

Wahrscheinlich werden mit der ganz anderen Planung, die dieses Buch vorschlägt, die alten Kompromisse bei der Aufteilung der Räume Wohn-, Schlaf- und Kinderzimmer, in denen dann niemand zu Hause ist, endgültig überwunden, weil sich niemand, der es mit seiner eigenen Entfaltung und der seiner Angehörigen ehrlich meint, den Luxus wird leisten mögen, Räume einfach ins Leere zu verschenken. Mit diesem Ergebnis des Planungsspiels wird Heimat für den einzelnen und seine unterschiedlichen Beziehungen zu jedem anderen Mitbewohner in jenem Wechsel von Nähe und Entfernung entstehen, der wie von selbst zur Gruppenbildung führt.

Planen heisst pflanzen

Die Reaktionen von Mensch und Tier auf Gefahren – das Totstellen durch Erstarren und mit Hilfe von Tarnungen, das Flüchten und das Kämpfen – sind Verhaltensweisen, die sich seit langem im Wohnen als recht unpraktisch erweisen: Die allzu große Nähe anderer Menschen, von denen heute die allergrößte Bedrohung ausgeht, läßt dem Erstarrer kaum mehr Möglichkeit zur Lockerung, verstellt den Fluchtweg und macht auch den siegreichen Kämpfer schließlich zum ewigen Verlierer. Auf dem begrenzten Raum, der ihm gemeinsam mit den von ihm Besiegten zur Verfügung steht, verliert er mit jedem Sieg mehr von der Partnerschaft, weil die Menschen um ihn herum nur erstarren, flüchten oder zu zähnefletschender Notwehr und heimtückischem Angriff gezwungen werden. Daraus erwächst für ihn in jedem Fall unheimliche Gefahr, die zu Anpassung und Heimatlosigkeit führt. Die steigende Zahl der Mißhandlungen im Familienbereich und der Scheidungen, dazu die ständig anwachsende Fraktion der überzeugten

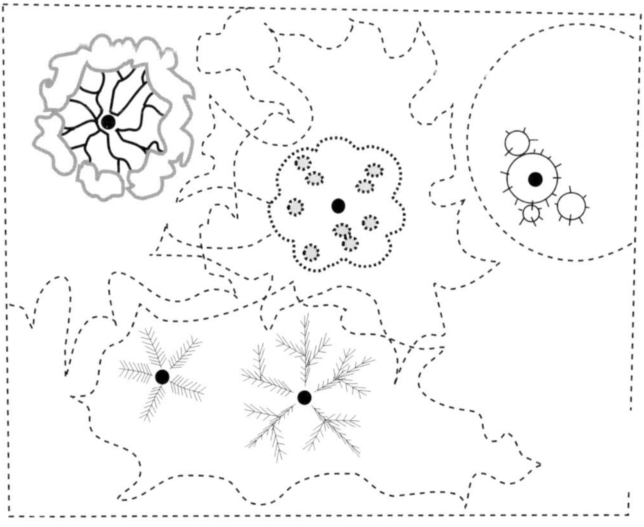

PLAN VON AR

Singles sprechen für die Etablierung einer vierten, dem Menschen immerhin möglichen Reaktionsweise zwischen Selbstverwirklichung und Selbstverteidigung: das neugierige, aufmerksame, verliebte Nebeneinander von Menschen, deren Freiheit so weit reicht, bis sie die Freiheit des anderen trifft, das Miteinander, das Reden, die Partnerschaft als verbindendes Thema, das sich stets erneuert und bestätigt.

Ein Buch, das sich mit Fragen des besseren Wohnens beschäftigt, kann natürlich keine vollständige Ehe-, Familien- oder Erziehungsberatung bieten. Wohl aber ist das Wohnen jener Teil der Welt, wo sich Ehe, Familie und Erziehung ereignen. Wohnen bietet oder verweigert also die räumlichen und zeitlichen Voraussetzungen für alles, was geschieht.

Es ist, wo seine Unzulänglichkeiten überhandnehmen, die Folterkammer geistiger Unterdrückung, Erstarrung der Sinnlichkeit und körperliche Qual; es ist, wo Menschen ihre persönlichen Bedürfnisse zu dosieren gelernt haben, bis zur Langeweile monotoner Wartesaal; oder es kann die belebend erfrischende Klimakammer des Wachsens und Reifens sein, in der jeder Wurzel der Person die richtige Nahrung für Körper, Geist und Seele am richtigen Platz zur Verfügung steht und in der der treibende Widerstand der Umgebung Wucherungen und Wildwuchs verhindert, aber das Nebeneinander von Vielfalt erlaubt.

Stellen Sie sich Ihr Zusammenleben mit Ihren Angehörigen einmal als eine Wiese vor, auf der jeder der Menschen, die mit Ihnen leben, eine Pflanze ist. Ihre Wurzeln im Boden dehnen sich ungehindert aus und suchen nach der unterschiedlichsten Nahrung im geistigen, körperlichen, seelischen Bereich, um für die gesunde Farbigkeit und Leuchtkraft der Pflanze, für ihren Duft, für ihre Elastizität, für ihr Aufstreben, für die Reifung ihrer Früchte, für ihr Gedeihen zu sorgen.

Stellen Sie sich den Ast- und Blattbereich dieser Pflanzen vor, die sich ausbreiten müssen in ihrem sichtbaren Lebensbereich über dem Boden, bereit für die Sonne, den Tau, die Luft, den Durchzug des Windes, der sie biegt und in dem sie sich bewähren.

Stellen Sie sich auch den Stamm vor, der die Verbindung zwischen dem Standort und dem Entfaltungsraum der Pflanze herstellt.

Welche Pflanze wären Sie selbst, wenn Sie eine sein dürften?

Welche Pflanze wäre jeder Ihrer Wohnpartner nach seiner eigenen Wahl? Welche Pflanze ist jeder von ihnen in Ihren Augen?

Und welche Pflanze sind Sie in den Augen jedes anderen?

Will die Mimose, die sich bei Berührung wie schreckhaft und beleidigt einzieht, daß man sie berührt? Was wehrt der Kaktus mit seinen Stacheln ab? Will die Birke mit ihrer zarten Beweglichkeit, daß sie aus dem Wind gestellt wird? Und wenn die Espe nicht mehr zittern soll mit ihrem Laub? Und die Eiche schwach sein muß? Oder die Pappel ausschließlich in die Breite wachsen soll? Und die Früchte des Obstbaums verfaulen, weil sie niemand ernten will? Und die Sonnenblume im Schatten einer anderen Pflanze? Efeu im prallen Sonnenlicht?

Ein einsamer Getreidehalm?

Welche Pflanze sind Sie? – Was soll zu Ihrem Gedeihen geschehen? Was können Sie zum Gedeihen der Menschen, mit denen Sie zusammenleben wollen, beitragen, ohne Ihr eigenes Wachstum zu vernachlässigen, für das nur Sie selbst sorgen?

Und wenn Sie die Pflanze werden wollten, die der andere, der Partner, ist: Stünden Sie nicht erneut neben ihm, je dichter beisammen, desto entschlossener, die gegenseitigen Wachstumshemmungen hinzunehmen und von ihm dasselbe zu erwarten?

Wie sieht in den Augen der Pflanze aus, wer für sie nur Dünger sein will?

Und wie fühlt sich eine Pflanze, die von einer anderen ausschließlich zum Dünger gemacht wird?

Zeichnen Sie bitte, jeder für sich auf einem gemeinsamen Blatt Papier, jeder seine Pflanze, die er ist, von seinem Platz am Tisch aus, Ihre Pflanze mit ihren Wurzeln, ihrem Stamm, ihren Ästen, Blättern und Blüten. Genau dorthin, wo Sie stehen wollen auf dem gemeinsamen Boden, der das Blatt Papier ist!

Sieht das Ergebnis aus, wie Sie sich Ihr Zusammenleben vorstellen? Wollen Sie näher zueinander? Weiter auseinander? Lassen Sie die Äste und die Blätter wachsen! Und halten die Wurzeln und der Stamm die Annäherung in Balance auch beim nächsten Windstoß?

Nur wenige Menschen beginnen ihre Zeichnung mit der Berührung. Im Gegenteil: Sie versuchen beim Zeichnen, die Wurzeln des anderen oder sein Blattwerk nicht zu behindern. Und kaum ein Paar setzt die Stämme seiner beiden Pflanzen unmittelbar nebeneinander und sieht sich im gleichen Nährboden stehen oder das Ast- und Blattwerk, Blüten und Früchte ineinander verschlungen aufwachsen, einander wohl behindernd etwa, aber als Ergänzung. Jeder versucht, seine Pflanze vollständig und unabhängig vom anderen darzustellen. Auch die des Kindes, das sie so gut wie niemals unter den Schutz der Erwachsenen stellt, sondern eher abseits gedeihen läßt.

So entsteht aber hier kein einheitlich geplanter oder auch nur klimatisch oder auf die Gesamtwirkung hin abgestimmter Park, sondern ein fast zufällig wirkendes Nebeneinander, wo kaum einer Beziehung zum anderen aufnimmt.

Vom Respektabstand

Und doch erscheint die Annäherung an den anderen Menschen heute vielen als ihr vordringliches Lebensproblem: persönliche Wärme geben und empfangen dürfen, also so nah sein, daß die Temperatur übertragen wird, den Abstand verringern, Hindernisse abbauen, die sich vor ihm auftürmen, so dicht an ihn heranzukommen, daß er einem Gehör schenkt, einen wirklich sieht, ansieht, wahrnimmt, begreifbar, greifbar wird und sich berühren läßt, daß seine Gleichgültigkeit, die gleiche Gültigkeit, eine ordnende Wertskala erhält, in der man Mittelpunkt wird und zusammenrückt, um sich – auseinanderzusetzen.

Wieder enthüllt die Sprache, wie wichtig die räumlichen Voraussetzungen für zwischenmenschliche Beziehungen sein können. Was man sich da wünscht, hat mit der horizontalen Gliederung des Raumes und mit Wohntätigkeiten zu tun. Denn tatsächlich wird eine Auseinandersetzung dort leichter, wo man sich zusammensetzen kann, um in der Auseinandersetzung eine gemeinsame Basis zu finden.

Und wieder will die Sprache beim Wort genommen werden. Wer seine Probleme vor dem anderen ausbreiten will, braucht dafür Platz, auf den er sie offen hinlegen kann. Denn wenn der andere allzu nah ist, werden sie ihm aufgeladen. Und manchmal ist die Nähe so groß, daß man mit der Nase auf diese Probleme gestoßen wird.

Es erscheint einleuchtend, daß sich der andere diesem Zugriff zu entziehen versucht, der ihn in die Ecke drängt, daß er das Problem des Partners, wenn dieser ihm damit zu dicht auf den Pelz rückt, als Angriff empfindet, obwohl es ihm doch nur endlich nahegehen soll, so nahe, daß er es begreifen kann.

Und damit liegt bereits ein erstes Maß für die Auseinandersetzung fest: sie braucht zwei Armlängen Abstand: die Armlänge dessen, der die Probleme auf den Tisch legt, um endlich reinen Tisch zu machen, und die Armlänge dessen, der endlich etwas begreifen und dann annehmen soll.

Versuche dazu sind recht einfach:
Gehen Sie bei der nächsten Begrüßung eines Menschen einfach so nahe an ihn heran, daß er seinen Arm zum Handschlag erst gar nicht hochzuheben braucht. – Hat er noch die Möglichkeit, Ihnen seine Hand hinzuhalten, ohne dafür zurückweichen, seine Bewegungsrichtung auf Sie zu

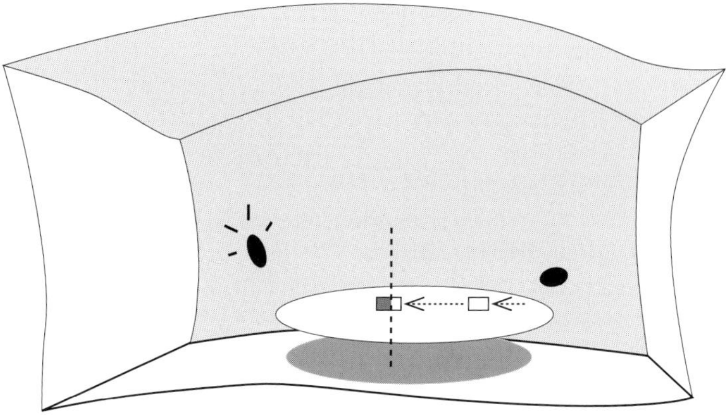

PLAN VON AR

verändern zu müssen? Kommt da jemand auf ihn zu, oder steht er schon im Weg?

Die meisten Menschen ziehen auf die knappe Distanz von einer Armlänge ihre Hand zurück. Und dem anderen bleibt dann nur noch die Umarmung, die Umklammerung: Er legt seine Arme um die Schultern des anderen und macht ihn damit wehrlos.

Daß dieses Ritual der „vertrauten" Annäherung zwischenmenschlichen Problemen keinen Platz läßt und sie zur Seite drängt, also verdrängt und nicht erledigt, scheint klar. Auseinandersetzung mit diesen Problemen aber erfordert, wie erwähnt, Platz zur Einsicht und zum beidseitigen Begreifen und somit etwa zwei Armlängen Distanz.

Was aber geschieht, wenn einer dem anderen seine Probleme auftischt?

Setzen Sie sich mit einem anderen Menschen an einen Tisch, um mit ihm zu reden. Nehmen Sie während des Gespräches unauffällig irgendeinen Gegenstand und schieben Sie ihn dem anderen zu, hinüber zu seinem Platz, langsam immer näher an ihn heran. Lassen Sie dann einen zweiten Gegenstand folgen.

Sie selbst spüren wahrscheinlich die Aufregung, wenn Sie die unsichtbare Grenzlinie überschreiten, die das Revier des anderen markiert. Sie dringen bei ihm ein. Sie belegen einen Teil jenes Platzes auf dem Tisch, der sonderbarerweise durch irgend etwas gesichert scheint. Sie überschreiten Ihre Grenze.

Schieben Sie die Gegenstände von Ihrer Tischseite immer näher an den anderen heran, und warten Sie auf seine Reaktion. Sie kann sehr plötzlich und mit jäher Bewegung erfolgen. Auch kann Ihr Übergriff das Gespräch zuerst stören und danach zum Thema werden. Und dann ist nichts mehr weiter zu klären als Ihr Eindringen.

Zu dieser Irritation des anderen bis hin zu dem Impuls, nur noch sein Revier auf dem Tisch zu verteidigen, kommt es schon bei so nichtssagenden Dingen, wie sie zwischen Ihnen auf dem Tisch liegen. Wie wird er sich dann erst verhalten, wenn er sich zu dicht mit den zwischenmenschlichen Problemen konfrontiert sieht, die Sie auftischen?

Auseinandersetzung braucht den Respekt vor der Grenzlinie, die weit über das hinausgeht, was der andere besitzt, also den Stuhl und den Platz auf dem Tisch für seine Unterarme und Hände.

Wer einsehen soll, muß die Übersicht behalten dürfen, soll ihn nicht Angst vor dem Unvorhersehbaren so abwehrbereit machen, daß er nicht mehr richtig zuhört. Und auch dieses sichernde Vorhersehen hat seine ganz automatische, unwillkürlich überwachte Distanz.

Versuchen Sie, Ihre Distanz zum anderen Menschen zu finden, jenen Abstand, von dem an Sie bei Annäherung die Augen niederschlagen, um nicht aufdringlich zu sein. Denn auch Aufdringlichkeit setzt vor allem Selbstschutzmechanismen in Bewegung, das heißt, der andere wird nur noch darauf achten, daß ihm von Ihnen nichts geschieht.

Und Sie fühlen ebenfalls recht genau, daß Sie auf diese allzu knappe Distanz nur noch das Erwartete tun sollten, und setzen, was Sie sich dem anderen gegenüber vorgenommen haben, mit mehr Kraft fort als nötig. Das fordert den anderen natürlich heraus und verschärft den Konflikt.

Wer freiwillig und vernünftig Einsichten gewinnen soll, braucht also jene mittlere Distanz, wo er nicht mehr wegsehen, schon einsehen, aber die Folgen für sich selbst noch absehen kann. Dann wird sein optisches Alarmsystem noch Platz zur Vor-Sicht und zur Vor-Stellung der aufgetischten Probleme haben und nicht vor allem auf Selbstschutz bedacht sein.

Aber auch das Ohr will zu seinem Recht kommen. Viele Auseinandersetzungen klappen deshalb so gut und führen zu raschen, beidseitig akzeptierbaren Ergebnissen am Telefon, weil hier Redezeiten nicht nur bezahlt werden müssen, sondern weil es auch so schwer ist, aneinander vorbeizureden, wenn man den Hörer direkt am Ohr hat. Allerdings ist auch das Hören vor allem ein Alarm- und Warnsystem zur Sicherung der eigenen Existenz, und es wird diese Hauptfunktion, unabhängig vom Inhalt des Gesagten, zuerst wahrnehmen. Auch kann sich das Ohr zum Selbstschutz nicht verschließen wie das Auge. Und so ist es auf Horchen aus, gespitzt, geschärft, um rechtzeitig zu bestimmen, ob etwas Gefährdendes von vorn, von der Seite oder von hinten kommt, ob es also zur Richtungsänderung zwingen wird, ob man an der möglichen Gefahr in der Laufrichtung noch vorbeikommen könnte oder ob man auf der Hut sein muß.

Es ist also nicht gleichgültig, aus welcher Richtung etwas auf das Ohr zukommt. Vielleicht hört der andere schon deshalb weiter zu, weil er dabei seine Richtung beibehalten darf. Zwar braucht es die richtige Distanz, die ihn aufhorchen läßt, aber allzu große Nähe wird in ihm einen Fluchtimpuls wecken, weil sie ihm keine Zeit mehr läßt, angemessen auf eine mögliche Gefahr zu reagieren.

Und auch hier wieder ein Versuch, der Ihnen Klarheit über Sie selbst und Ihre Wirkung verschaffen kann: Grüßen Sie das nächste Mal nicht aus der Ihnen gewohnten Distanz, sondern ganz bewußt einen Schritt zu früh oder zu spät. Und das nächste Mal erst, wenn Sie beim Vorbeigehen unmittelbar neben der Person angelangt sind. Und dann auch einmal erst, wenn Sie schon an ihr vorübergegangen sind.

Einmal von vorn, so nah wie möglich, und dann wieder von der Seite. Mit dem Blick ins Gesicht des anderen, dann wieder, während Sie einfach zur Seite schauen.

Suchen Sie die freundlichste Variante, den besten Winkel zur Kontaktaufnahme .

Und sagen Sie bei all diesen Versuchen nicht die übliche Grußformel, sondern einfach etwas Harmloses wie „Blaues Auto“. Und beachten Sie die Reaktionen der Personen, aus welcher Position Sie Interesse erwecken, wann Ihr Zuruf Empörung hervorruft und wann das Unerwartete nicht einmal verstanden, sondern einfach mit einem Gruß bedankt wird. Nun wissen Sie, wo Sie stehen könnten, wenn man Ihnen zuhören soll.

Wer also mit dem anderen eindringlich, in ihn eindringend, reden will, ihm etwas vorhält und ihn aufhorchen läßt, wird ihn nicht unbedingt nur aus der Reserve locken, sondern möglicherweise herausfordern. Das eigene Eindringen in den anderen wird somit schon vorher durch den Aufzug der Reserve oder der Kampftruppen verhindert, die natürlich ebenfalls näher kommen und tatsächlich einen Schlachtplan brauchen. Dann aber ist die Auseinandersetzung wieder eine Distanzverringerung von beiden Seiten, in der einer dem anderen nahetritt. Wer dann Einsicht gewinnen soll, braucht zuerst einen Rückzug, der, weil der Kampf ja schon eröffnet ist, zum Gefecht entartet und möglicherweise Wunden zurückläßt, die erst einmal heilen müssen. Natürlich brauchen auch Partner ihre wechselseitigen Siege, Waffenstillstände und Niederlagen, damit jeder seine Lebensstrategien und

-taktiken überprüfen kann. Wirklich ernste Themen aber, Koexistenzfragen, die den freiwilligen Entschluß zum Zusammenbleiben und gemeinsamen Leben betreffen, fordern Entspannung, also für jeden einzelnen eine Umgebung, in der die Alarm- und Warnsysteme sich wie von selbst zurückschalten, weil man sich in völliger Sicherheit mit seinem Körper, seinem Geist und seiner Seele weiß, wo also auch der Partner, der ja lebendiger Teil dieser Sicherheit sein sollte, begreifbar nah, aber ebenso begreifbar entfernt sein muß. Menschen, die einander näherkommen sollen, müssen zuerst Entfernungen voneinander als zu groß erleben dürfen. Wer sich zurückgezogen hat, wird sich irgendwann als zurückgesetzt empfinden und nach Anschluß und Nähe suchen. Er wird für beide Bewegungen, nach vorn und zurück, Möbel brauchen, die sich bewegen lassen.

Das Wissen um die Wirkung von Nähe und Distanz findet auch in Chefzimmern Anwendung. Denn welcher Besucher vor dem Chefschreibtisch wagt es schon, dort seine Arbeitsunterlagen ohne Scheu und Unterwerfung abzulegen. Da ihm aber sonst keine Ablage zur Verfügung steht, bedient er sich sehr oft des Fußbodens und ist auf diese Weise zum Kotau gezwungen.

Diese vergleichsweise brutale Nutzung räumlicher Wirkungselemente verstärkt beispielsweise auch, wer das Gesicht seines Besuchers ins helle Licht setzt, selbst aber seinen Kopf im Schatten hält. Und auch die Raumaufteilung oder die Lage des Zimmers wird ihre Wirkung nicht verfehlen: Lange Anmarschwege für den Besucher, vielleicht auch noch von der Zimmertür bis hin zum Schreibtisch, zeigen meist einen Menschen, der sich eine lange Prüfzeit vorbehält, also Berührungsängste hat und unerreichbar sein will.

Respekt durch Sitzverteilung schaffen sich derzeit auch Beamte: Stand lange Zeit auch ihr Besucherstuhl vor einer Barriere von ehrfurchtsgebietenden Akten auf dem Schreibtisch, evelltuell geöffnet in einer schmalen Schleuse zum Bürger hin, ist nunmehr die Verhörsituation meist etwas entschärft: Der Bürger ist eingeladen, neben dem Schreibtisch Platz zu nehmen. Dort balanciert er dann mangels einer Ablagemöglichkeit seine Unterlagen ebenfalls auf den Knien und hat schon damit alle Hände voll zu tun, erspart dem Staatsdiener aber immerhin das harte Auge-in-Auge des direkten Gegenübers, weil man nun mit ihm nicht einmal mehr am selben Tisch sitzt, sondern eben daneben…

Die räumliche Beziehung zwischen den Menschen ist in solchen Arrangements so eingerichtet, daß auch eine schrittweise Annäherung tunlichst erschwert wird. Und die Plazierung der Sitzmöbel verfehlt ihre Wirkung fast nie, weil Betroffene meist schon abgefertigt sind, bevor sie nach den Ursachen für ihre Duldsamkeit forschen.

Denn wer stellt sich, noch dazu auf fremdem Terrain, den Sitz schon so zurecht, wie er wirklich mit dem anderen reden will!

Freiraum für Gespräche

Im Wohnbereich allerdings sollte alles Erdenkliche getan werden, um Spannungen abzubauen und Gleichberechtigung herzustellen – und das bedeutet für die Sitzzonen: Verzicht auf alle Arrangements, die Rangunterschiede betonen oder gar einschüchtern. Denn hier geht es ja darum, daß selbst Worte, die durch Erregung eingefärbt sind, Themen, die Emotionen wecken, in ihrem Inhalt noch verstanden werden, weil der Zuhörer, der sich die Wahrheit des anderen sagen lassen muß, seine Distanz wahren kann, so weit vom anderen entfernt sitzt, daß er nicht gerupft oder zerzaust werden kann, daß er ungeschoren, mit heiler Haut davonkommt.

Wie findet man nun das rechte Maß zueinander, aus dem eine Annäherung bis dorthin möglich ist, wo man sich die Hände reichen kann? – Ein erster Anhaltspunkt ist, daß Sicherheit, Voraussetzung für entspanntes Zuhören, entsteht, wenn beide Partner einander von Kopf bis Fuß im Auge haben. Das Thema, das der andere anspricht und in seiner Person vertritt und darstellt, bedeutet ja für den Zuhörer eine unbekannte Gefahr, die im anderen leibhaftig wird. Und so ist es nicht verwunderlich, wenn der Zuhörer sich seine Reaktionszeit auf jede Regung des anderen sichert. Nur wer sich ganz gewiß ist, im Wechselspiel von Angriff und Verteidigung nicht überrascht werden zu können, wird sich ruhig auf so ein Gespräch einlassen.

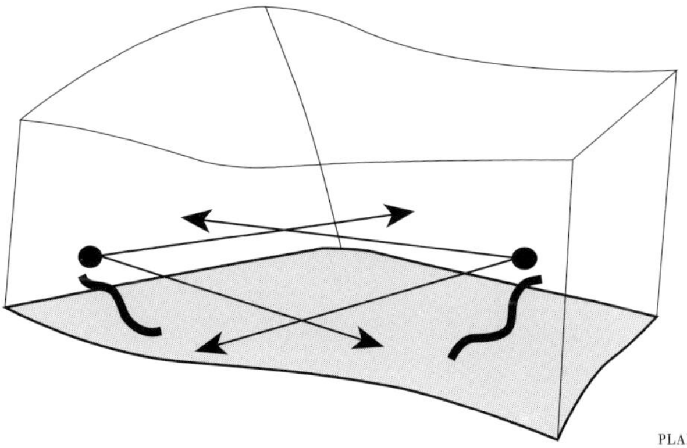

PLAN VON AR

Immer vorausgesetzt, daß dem anderen etwas klargemacht werden soll, daß man ihn nicht beeindrucken, sondern ihm etwas verständlich machen will, beträgt der ideale Abstand im Gespräch etwa zwei bis drei Meter voneinander. Er vergrößert sich jedoch, wenn ein Großer mit einem Kleinen spricht, weil der Kleine wegen seiner geringeren Übersicht weiter zurücktreten muß, um den Großen in seiner ganzen Länge einschätzen zu können.

So einleuchtend diese Voraussetzungen auch sind, von der Einrichtungswirtschaft werden sie übersehen: Die Gestalt der auf die Raummaße des sozialen Wohnungsbaus abgestimmten Polster- und Sitzmöbelgruppen bemühen sich, weil sie vom Möbel her denken, einzig um die Beinfreiheit der Benutzer, nicht aber um den eigentlichen Möbelzweck: sich zusammenzusetzen, um sich auseinanderzusetzen. Und so sitzen dort dann meist Menschen zusammen, die längst erfahren und begriffen haben, daß man genau in diesen Sitzmöbeln bestenfalls Belangloses miteinander reden sollte um des lieben Friedens willen. Wer mit den anderen uneins ist und eigentlich ein klärendes Gespräch braucht, wird diese Zone eher meiden, sich in ihr nicht entspannen können und lieber das alle Gespräche tötende Fernsehgerät einschalten. Denn die Sitzgruppe, die durch ihre Starrheit auch dann zu allzu großer Nähe zwingt, wenn längst schon Auseinandersetzung nötig wäre, schafft einen bedrängend verlogenen Zustand von ohnmächtiger Wut einerseits und abwehrender Dickfelligkeit andererseits.

Der berühmt-berüchtigte Fernsehsessel mit der betont abwehrenden hohen Rückenlehne, die sich über andere Sitzgelegenheiten wie ein Turm erhebt, mit den Ohren, die dereinst den Schädel vor Zugluft schützen sollten, nun aber wie die Scheuklappen für Pferde wirken, die immer stur geradeaus blicken sollen, mit den beidseits sichernden Armlehnen und vielleicht noch dem vorgelagerten Fußschemel ist eine deutlich gekennzeichnete Festung für den bereits vollzogenen Rückzug aus der Gruppe. So bequem er auch sein mag für die starren Gemeinschaftsabende vor dem Bildschirm, so eindeutig isoliert er auch seinen Benutzer, der nun Abend für Abend demonstriert, wie solitär er sich selbst schon sieht, von drei Seiten durch das Möbel und von vorn durch den Bildschirm abgeschirmt und durch den Fernsehton auch noch vor Gesprächen bewahrt...

Die Fernsteuerung für den Fernsehapparat gibt dem derart Thronenden dann auch noch die Macht über das allabendliche Freizeitprogramm aller, die nun meist immer noch nicht ihrer Wege gehen wollen, weil sie diese Wohnungen von heute verlassen müßten, um an ihr Ziel, zu aktiver Selbstverwirklichung oder zu wärmender Geselligkeit oder Partnerschaft, zu kommen.

Ganz anders könnte das Zusammenwohnen sein, wenn sich die Sitzgruppenplanung aus dem Großen Spiel entwickelt.

Dazu sollte der Raum, den Partner für ihre Zusammenkunft nutzen wollen, möbelleer sein. Die Beteiligten bringen ihre derzeit bequemsten improvisierten Liegemöbel, Decke, Luftmatratze, Kiste, einfach mit. Freie Platzwahl, freie Distanzwahl, Veränderbarkeit der Sitz- und Liegeposition und der Anordnungen, Vorrichtungen für Ablagen rund um das jeweilige Lager des einzelnen, möglichst freie Anpaßbarkeit, wie jeder sich und seine Habseligkeiten in der Gemeinschaft unterbringt – alles zusammen spielt sich ein und soll sich bewähren, bevor die passendsten Wohnwerkzeuge gesucht werden.

Natürlich ergeben sich, ausgehend vom persönlichen Bedarf jedes einzelnen Benutzers, der dann auch in der Gemeinschaftszone seinen besonderen Sitz und Besitz hat, ganz andere Polstermöbelgruppen. Wer es mit der Bequemlichkeit des einzelnen Menschen wirklich ernst meint, wird diesem einzelnen sein bequemstes Möbel zubilligen müssen. Die Polstermöbelgruppe kann also aus Einzelmöbeln bestehen, von denen keines dem anderen gleicht. Die „Garnitur" würde aus dem Wohnzimmer verschwinden. Der zentrale Raum für die Familie könnte dadurch ein ganz anderes Aussehen erhalten als der Schauraum im Einrichtungshaus oder in der Wohnzeitschrift. Das Wohnzimmer, die gute Stube, wäre nicht mehr einheitliches Klischee nach irgendeinem Vorbild, sondern ergäbe sich aus der Summe der tatsächlichen Bedürfnisse.

Ich erinnere mich an ein Geständnis eines jungen Ehepaars. Wenn niemand zu Besuch sei, legten sie sich zum Fernsehen auf den Fußboden. Das sei bequemer, sie seien näher beisammen, nur die Polstermöbel und der Couchtisch störten ihre Bequemlichkeit, weil sie sich zwischen die Möbel zwängen müßten, die eigentlich ständig im Weg stünden.

Danach habe ich in vielen Familien nachgefragt, wie sie ihre Abende verbringen. Fast alle sehnten sich am meisten danach, sich gemeinsam zum entspannenden Miteinander ausstrecken zu können, und der Liegeplatz vor dem Fernsehapparat, der das erlaubte, war deshalb der begehrteste. So wurde er entweder zum Ziel eines allabendlichen Wettlaufs, der zu Platzverweisen führte, oder er war dem Privilegierten vorbehalten, der dann auch, weniger aus Sehnsucht nach dem Fernsehprogramm als aus Sehnsucht nach dem Hinlegen in Gesellschaft, den Einschaltknopf drückte, um sich gegen die Vorwürfe der anderen abzusichern, die sitzen mußten, wo er liegen durfte.

Das Auseinandersetzen kann auch ein Darlegen sein: sich in die augenscheinlich wehrloseste Körperposition bringen, im schonendsten Respektabstand zu den anderen, sich ihnen zuwenden und seine Vorstellungen vor sie hinstellen.

Widersprüche in der Küche

Alles Bedenkbare scheint klar für die Küche. Sie ist Teil der sogenannten Naßzelle der Wohnung. Hier werden auf möglichst wasserfestem und schmutzabweisendem glatten Boden ebensolche Möbel fest und in starrer Abfolge montiert: Ablagefläche, Kochmulde, Arbeitsfläche, Wasserbecken, Abstellfläche, verbunden durch eine möglichst robuste, fugenlos durchgehende Arbeitsplatte in der arbeitstechnisch idealen Griffhöhe, darunter eine Reihe von Stau- und Geräteräumen, die sogenannten Unterschränke, für das Koch- neben dem Eßgeschirr und für Vorräte, der Kühlschrank, der Geschirrspüler, das Back- und Bratgerät. In Kopfhöhe dann die Oberschränke für Gläser, weitere Lebensmittel, Gewürze, das feinere, heiklere Geschirr. Zwischen Unter- und Oberschränken eine wasserfeste Wandverkleidung, die nach oben und unten fugenlos abschließen soll, die Beleuchtung der Arbeitsflächen und ausreichend Anschlüsse für Wasser und Strom. In der idealen Greifhöhe mit der besten Übersicht also ordentlich aufgeräumter Leerraum über der Arbeitsplatte. Das Strecken und Bücken, für ältere Menschen oder schwangere Frauen, ist programmiert.

Eventuell tauchen in den Planungsüberlegungen noch spezielle Fragen auf – ob in den Raum die Frühstückstheke oder ein Tisch mit ausreichender Bestuhlung paßt, welche Farbigkeit und Musterung die Schranktüren haben sollen, ob Links- oder Rechtshänder ist, wer für die Familie kocht, weil sich danach die Abfolge der Funktionszonen richtet. Alles andere ist nur noch eine Frage von Stil, Geld und Geschmack und wie der Planer das Erforderliche im kleinen Raum nach den heute üblichen Regeln der Innenarchitektur für die Küche unterbringen will.

Tatsächlich ist die Küchenplanung längst auch durch den Computer zu erledigen, weil sie, für alle Menschen gleich, so endgültig ausgereift erscheint. Und es scheint auch nur noch ein kurzer Schritt bis zur vollmechanischen, voll technisierten Küche, zu einer Maschine also, in die Lebensmittel auf einer Seite hineingesteckt und fertiggekochte Speisen auf der anderen Seite tischfertig herausgenommen werden. Der Mikrowellenherd in Verbindung mit den Tiefkühlmenüs ist ebenso ein erster Schritt in diese Richtung wie die Universalküchenmaschine, die Fleisch, Gemüse, Obst fachgerecht zerkleinert, aufbereitet und die Zutaten kochfertig mischt. Die fugenlosen Arbeitsflächen, die für diesen Raum entwickelt wurden, erleichtern die Reinigungsarbeiten, ebenso der Geschirrspüler. Und die Lagerhaltung wird durch Kühlschränke und Tiefkühltruhen zusätzlich vereinfacht.

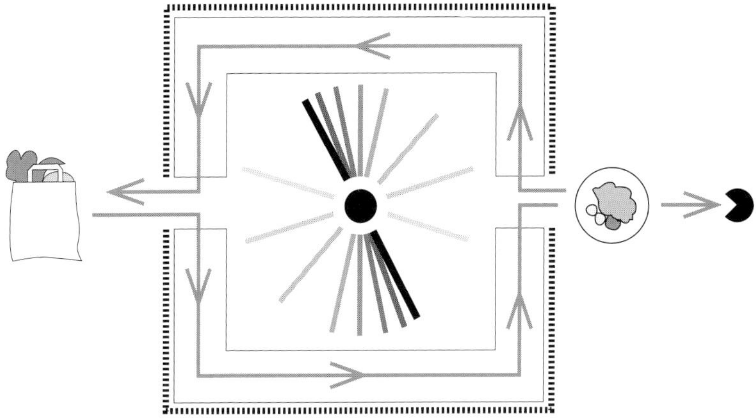

PLAN VON AR

Dazu gesellt sich eine fachliche Küchenplanung, deren Grundsätze ausschließlich von Arbeitsplatzexperten erstellt wurden. Denn – so will es die zeitgemäße Wohnlichkeit – die Küche gilt als Arbeitsplatz der Wohnung, alle ihre Fragen sind von Fachleuten längst arbeitstechnisch richtig und praktisch so gut wie beantwortet. Was wäre an den Küchen noch zu verbessern?

Diese Entwicklung zur Einheitsküche, die nach dem Ende des Zweiten Weltkriegs mit der Einführung der damals sogenannten amerikanischen Küche einsetzte, hat allerdings auch ihre Tücken: Die Küchenplaner entwickelten mit Möbeln und Maschinen Raumausstattungen und -einrichtungen, die ausschließlich für eine Person gedacht sind. Wer diesem einen Menschen in der Küche helfen will, muß seine Mitarbeit meist auf dienende Funktionen beschränken. Er darf vielleicht zureichen und wegräumen, Gemüse oder Geschirr putzen, mit den eigentlichen Kochvorgängen, dem Einkaufen, der Lagerhaltung, der Speisenzubereitung, den Pflege- und Reinigungsarbeiten kann meist immer nur eine Person beschäftigt sein.

Das trennt die Familie und bürdet das Kochen, einen nicht unwesentlichen Teil der Hausarbeit, und die alltägliche Verantwortung für die Ernährung allein einem Menschen für alle anderen auf. Wer die schon seit einigen Jahren zu Recht erhobene Forderung nach partnerschaftlicher Arbeit im Haushalt umsetzen will, tut sich gerade wegen dieser heute üblichen modernen und praktischen Küche schwer. Der einzige Raum, in dem in diesen Wohnungen von heute noch produziert werden kann, ist einem einzigen Menschen vorbehalten. Die einzige Produktion des gemeinsamen Lebens liegt ungeliebt auf den Schultern von Frauen, die sich von dieser Bürde befreien wollen.

Aber es gibt noch ganz andere Widersprüche: Einerseits wird der Bewegungsmangel der Menschen in dieser Zeit beklagt. Andererseits versucht man alles, was als Arbeit Bewegung schaffen kann, möglichst abzuschaffen oder überhaupt wegzurationalisieren. Könnte man nicht versuchen, arbeitstechnisch notwendige Bewegungen in ganz anderen Küchen lustvoller zu organisieren?

Einerseits drängen Familienangehörige durchaus in den Küchenraum. Männer wollen bei ihren Frauen, Kinder bei ihren Müttern sein. Sie wollen sich auch nützlich machen. Andererseits wird dort der Arbeitsplatz für den einen, der kocht, immer enger.

Einerseits soll Hausarbeit wie das Kochen partnerschaftlich erledigt werden, andererseits entwickelt sich die Küche immer mehr zur ergonomisch ausgewogenen Arbeitszelle für einen.

Einerseits soll diese Küche so praktisch wie möglich werden, ausgestattet mit hochtechnischen Maschinen und Geräten, andererseits soll sie die Familie zusammenführen und wohnlich werden wie das Wohnzimmer, dessen Komfort sie allerdings niemals erreichen wird.

Einerseits soll das Kochen immer noch eine kreative Leistung sein, andererseits wächst der Anspruch, diese fast schon künstlerische Leistung immer gesundheitsbewußter, abwechslungsreicher und – zeitsparender zu erbringen.

Einerseits drängen ständig mehr Versuchungen in die Küche: Grillgeräte, der Mikrowellenherd, Maschinen für Shake- und Mixgetränke, exotische Rezepte, die wir von Urlaubsreisen mit nach Hause bringen; andererseits bleibt der starr möblierte, festverbaute Arbeitsraum Küche in unseren Wohnungen immer gleich klein...

Die Küche ist also ein sehr widersprüchlicher Raum. Hier kommt Gegensätzliches wie Feuer und Wasser, Hitze und Kälte, höchster Hygieneanspruch und Abfall und Schmutz auf engstem Raum zusammen. Hier stoßen aber auch unterschiedliche Forderungen aufeinander: Konzentration des einzelnen und Partnerschaft, Belastung und Pflichterfüllung, Kreativität um die Lust am Essen und Verantwortung für die Ernährung und die Gesundheit der Familienmitglieder. Konflikte und Streß sind programmiert. All diese Zwiespältigkeiten durchlaufen dann noch alle Phasen in einer Partnerschaft, das Auf und Ab des Zusammenlebens, das mit Verliebtheit beginnt und mit dem Ärger über ungeliebte Gewohnheiten und Rollenverteilungen und schließlich dem Protest gegen alles endet, was das zur unausweichlichen, täglichen und lebenslänglichen Verpflichtung macht, was man irgendwann einmal gern für den anderen getan hat. Und dieser andere, der einstmals, als er noch allein lebte, durchaus für sich sorgen konnte oder bis dahin von der Mutter versorgt wurde, ist nun mit dem längst Vergessenen oder nie Erlernten hilflos allein und verlassen. Er merkt ganz deutlich, daß er sich nicht einmal selbst ernähren kann, weil er vom Partner nichts gelernt hat und nichts von seiner Arbeit für die Familie weiß...

Dic Gelegenheit dazu wird in den meisten Partnerbeziehungen in der Küche vertan. Denn die Küche ist sehr viel mehr, als sich berufsmäßige Planer in den Einrichtungshäusern vorzustellen wagen. Sie ist der letzte Ort, an dem in den heutigen Wohnungen noch produziert wird. Hier wird täglich mehrmals etwas Lebensnotwendiges und Lebenserhaltendes hergestellt, die Nahrung nämlich. Sie entsteht in einem Arbeitsprozeß, der von der genauen Auswahl aus der Vielfalt der Lebensmittelangebote über die sorgfältige Lagerhaltung, die Mischung der Zutaten im richtigen Verhältnis und mit detaillierter Fachkenntnis bis hin zum Umgang mit den Temperaturen und Kochtechniken reicht. Eine breitc Vielfalt von Tätigkeiten ist erforderlich, die eigentlich nach Spezialisten ruft. Die Küche könnte also als gemeinsame Produktionsstätte Wohnpartner zusammenführen zu gemeinsamem Tun mit dem gemeinsamen Erfolgserlebnis des genußvollen Essens.

Dazu müßte sie allerdings ganz anders aussehen, ganz anders ausgestattet und eingerichtet sein als bisher. Sie könnte nämlich zum gemeinsamen Freizeitraum werden, in dem jeder zum Essen jene Vorarbeit beiträgt, die ihm am meisten liegt. Menschen, die gern mit Wasser umgehen, hätten hier ebenso ihre Wirkungsstätte wie Menschen, die den Umgang mit dem Feuer und der Hitze lieben. Und wer gern Lagerhaltung betreibt und den Nachschub kontrolliert, könnte sich hier ebenso entfalten wie jener, der gern sortiert und unüberschaubare Mengen selbst noch auf kleinstem Raum unterbringt und ordentlich verstaut und griffbereit macht. Menschen mit der feinsten Nase und dem feinsten Gaumen sind wahrscheinlich ideale Würzmeister, und diejenigen, die findig immer nach Neuem Ausschau halten und neugierig sind, werden vielleicht für die Speisezettel sorgen wollen und ihre Begabung verfeinern. Es gibt auch Menschen, die schmutzige oder schwere körperliche Arbeit mögen, und andere, die durch ihr ganzes Wesen verläßlichste Sauberkeit und Hygiene garantieren.

Es geht darum, schon lange vor der Küchenplanung die Stärken und Schwächen jedes Wohnpartners zu finden, damit in der Küche, bei allen Tätigkeiten, die das Kochen erfordert, die jeweiligen Spezialisten eingesetzt werden können. Sie werden sich bewähren. Sie werden Lob erhalten und ihre Fähigkeiten entwickeln. Sie werden sich als Teil einer Gemeinschaft begreifen, die sich durch gemeinsames Tun selbst schafft. Fragen Sie, wer eigentlich was tun will. Und das soll er dann auch tun dürfen. Wenn ihm die Küche dazu Platz läßt...

Die moderne Küche hat zwei Ursprünge. Zum ersten entstand sie aus der Küche am Bauernhof. Hier war sie Arbeits- und Eßraum für alle. Hier war sie wohnlich, weil sich die Menschen zuerst um das gemeinsame Feuer versammelten und hier arbeitsteilig auch zur Beschaffung, Vor- und Zubereitung der Speisen ihr Teil beitrugen. Als aus der Feuerstelle der Herd wurde, setzten sich die Menschen um den Tisch und brauchten dann eine zusätzliche Lichtquelle. Man aß auch noch aus einer Schüssel und war einander somit enger verbunden als heute. Vieles von dem, was heute Wohnküche heißt, stammt aus der Sehnsucht nach der damaligen Zeit. Der andere Ursprung liegt im Bürgerhaus. Hier war dieser wichtige Raum Arbeitsstätte für Dienstpersonal. Die Küche war vom eigentlichen Wohnbereich streng getrennt, klein, vielleicht technisch gut ausgestattet, aber eben Arbeitszelle, in die mit den Jahren zunehmend die Hausfrau verbannt war, weil es kaum mehr Dienstpersonal gab. Und sehr oft ist die Küche bis heute dort geblieben: in den Häusern und Wohnungen in die Ecke gedrängt, so klein und praktisch wie möglich, als ginge es dort vor allem darum, möglichst rasch fertig zu sein.

Dabei wäre die Küche jener Raum, in dem sich alle Vorlieben für das Feuer, das Wasser, die Erde, das Pflanzliche, Mineralische, Tierische, für die Gerüche, die Ordnung, das Entstehen, die Veränderungen nach eigenen Erfindungen, das Experiment mit Exotischem, Fremdländischem oder die Verfeinerung des Traditionellen, die Ver- und Entsorgung und vieles andere mehr entfalten könnten.

Voraussetzung dazu ist – als erster Schritt – die Klärung, in welchem Stadium sich Ihre Paar- und Familienbeziehung befindet. Für die folgende Übung ist ein möglichst emotionsfreies Vorgehen wichtig. Sie soll nicht zu Konflikten führen oder sie verschärfen, sondern sie lockern helfen.

Tun Sie einmal eine Zeitlang in Ihrer Küche nur, was Sie wirklich wollen!

Lassen Sie jede ungeliebte Tätigkeit einfach aus, und beobachten Sie, möglichst ohne bewußtes Warten oder Lauern, ohne Resignation oder böses oder gekränktes Zugreifen, was geschieht.

Warten Sie, bis die Unterlassung der ungeliebten Tätigkeit irgend jemandem auffällt, und beachten Sie auch den Zeitpunkt und den Ton der Fragestellung.

Tun Sie einfach nur noch, was Sie wirklich wollen.

Es ist ja meistens nicht so, daß Menschen, die in der modernen Küche arbeiten müssen, dort gar nichts mehr tun wollen. Es sind nur einzelne Tätigkeiten, die das Kochen verleiden können.

So gibt es Menschen, die eben nicht gern Kartoffeln schälen. Sie sollten es während dieser Übung auch nicht tun. Irgend jemandem werden die fehlenden Kartoffeln auffallen. Und dann werden möglicherweise von dieser Seite her Vorschläge zu Hilfe kommen. Es gibt auch Menschen, die nur widerwillig den Tisch abräumen und es dennoch über lange Zeit getan haben. Nun bleibt das gebrauchte Geschirr einfach stehen oder wird bestenfalls zur Seite geschoben, bis jemand nach der Ursache für die geänderten Gewohnheiten fragt.

Oft stellt sich beim ersten Gespräch darüber heraus, daß Familienmitglieder durchaus helfen, sobald die Hausfrau diese Hilfe dulden kann. Meist wird auch sie bei solchen der Übung folgenden Gesprächen viel Hörenswertes erfahren und sich zum Beispiel mit der Frage beschäftigen, ob sie überhaupt bereit ist, die Verantwortung, unter der sie leidet, auch zu teilen. Und oft wird sich die räumliche Unzulänglichkeit der Küche als Ursache für ihre Degradierung zum Dienstboten herausstellen, der ungeliebte Arbeiten nicht an jene übergeben kann, die darunter weniger leiden, denen sie vielleicht sogar Spaß machen.

Nach solchen Übungen meldeten sich viele Männer und erzählten, daß ihnen die Reinigung von Kochtöpfen eigentlich überhaupt nichts ausmache, daß sie ohnedies, meist heimlich, verdorbene, liegengebliebene Lebensmittel aus dem Obstkorb oder dem Kühlschrank entfernten und das gern auch offiziell täten, daß es ihnen zur Gewohnheit werden könnte, den Müll mitzunehmen, wenn sie das Haus verlassen, daß sie eigentlich gern einkauften und das Lebensnotwendige und einige Leckerbissen dazu mitbrächten, daß sie den Geschirrspüler nur deshalb nicht entleerten, weil es danach immer wieder Krach gebe, wenn die Frau das Nötige nicht am gewohnten Platz finde und über ihr Ordnungsprinzip nicht konstruktiv rede. Bis zur völligen Teilnahmslosigkeit des verwöhnten Paschas gibt es jedenfalls viele Vorstufen, die Hoffnung wecken und Abhilfe möglich, die Küchenarbeit teilbar erscheinen lassen, so daß jeder nur noch tut, was er mag, und dadurch zum Teil der Gemeinschaft wird – auch wenn dafür im neuen Wohnen eine völlig andere Küche entstehen muß.

Das wird vor allem nötig sein, wenn Tätigkeiten gleichzeitig miteinander nebeneinander ausgeführt werden sollen, wenn zum Beispiel der Partner die bis dahin ungeliebte, für manche sogar ekelerregende Arbeit mit dem Fleisch durchführt, während der andere durchaus mit Freude am Gemüse arbeitet...

Das neue Wohnen ist eine Gelegenheit, bisher unhaltbare Zustände zu ändern, wenn man die Küche ändert, das heißt, dem tatsächlichen Bedarf anpaßt, sie also zum Lebensraum macht, anstatt sie weiter als Arbeitsplatz zu dulden und den unbedankten Dienstboten zu spielen. Vielleicht ergibt sich aus den Gesprächen nach dieser Übung eine Rangordnung der verschiedensten Tätigkeiten nach ihrem Beliebtheitsgrad für den einzelnen: Was dem einen schwerfällt, macht dem anderen nichts aus oder sogar Spaß.

Zweifler an der Wirksamkeit solcher Übungen und Spiele seien darauf verwiesen, daß sich Männer bei Gartenfesten oder Barbecues leidenschaftlich um das Grillen und Würzen bemühen, Schürze und Küchenhandschuhe tragen und sich mit großer Sachkenntnis um die Getränke am Tisch kümmern wollen – Ambitionen, die sich ausbauen lassen. Solche gern übernommene Mitarbeit macht dem Mann verstehbar, wie angewiesen auch er auf ein Kompliment und Verständnis ist und wie befriedigend ein persönlicher Beitrag zum Essen sein kann.

Einladung zum Picknick

Die geheimen Talente einer Lebensgemeinschaft, die dann zur arbeitsteiligen Küchenarbeit im arbeitsteiligen Küchenraum führen können, lassen sich am ehesten bei einer Wanderung durch die Natur entdecken. Baugrundbesitzer können die folgende Übung auch als Planungshilfe auf der künftigen Baustelle durchführen.

Gleichgültig, ob Sie mit dem Fahrrad, dem Auto, zu Fuß unterwegs sind oder auf Ihrem Grundstück arbeiten – lassen Sie einfach den Hunger kommen.

Diesmal suchen Sie allerdings keine Gaststätte auf. Diesmal essen Sie dort, wo Sie sich gerade befinden. Allerdings ist dafür nichts vorbereitet. Aber alle Angehörigen, die mit Ihnen künftig leben wollen, werden eingeladen, zu einem gemeinsamen, abenteuerlich lustigen Mahl beizutragen. Jeder tut, was er will.

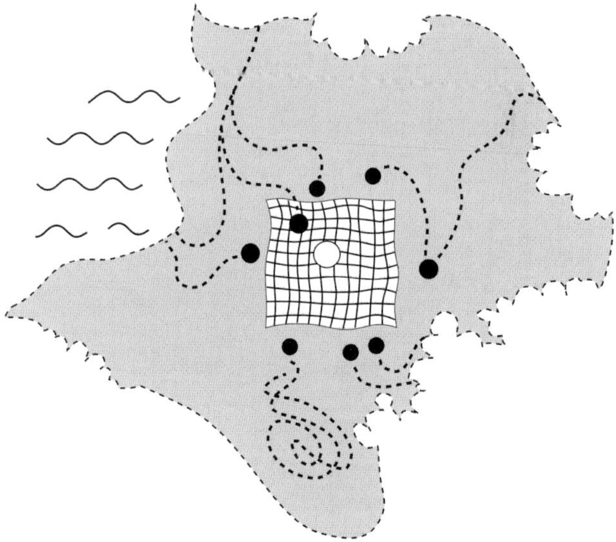

PLAN VON AR

Da wird sich jemand um Pilze und Beeren kümmern wollen. Ein anderer wird sich nach einer Angel umsehen oder vielleicht sogar von der Jagd träumen. Da wird es Interesse für das Wasser und das Feuer geben. Man wird Zünder, Holz, Steine für die Feuerstelle, ein Gefäß für das Wasser, eine Wasserstelle brauchen. Man wird Sitzgelegenheiten schaffen wollen. All die in jedem verschieden angelegten praktischen Fähigkeiten werden als Improvisation an den Tag kommen.

Und dann senden Sie die einzelnen Spezialisten aus. Und sei es mit dem Auftrag, in den Supermarkt um die Ecke zu gehen, weil die Welt ja für wirkliche Abenteuer schon allzu eng geworden ist.

Wichtig ist aber die unkritisierte, ungeplante Selbständigkeit jedes einzelnen. Nichts absprechen! Jeder soll wieder Sammler und Jäger für das Wichtigste im Leben, das Essen und Trinken, werden! Und bleiben Sie konsequent! – Aus dem Zusammengetragenen soll tatsächlich ein gemeinsam zubereitetes Essen werden!

Beobachten Sie, wer sich nun der Vorbereitung der Lebensmittel auf welche Weise annimmt, was jeder tut in der Intensität dieses Spiels. Es entdeckt dem einzelnen die Gemeinschaft und gibt Aufschlüsse über verschiedene Spezialisierungen.

Die Frage, warum es nicht viel öfter und auch daheim etwas Ähnliches geben könnte, zeigt vielleicht, wozu die Küche von morgen auch im Alltag geeignet sein müßte und wie sich Haushaltspflichten nur nach dem aufteilen lassen, was jeder Mitbewohner ohnedies gern tun will.

Kochwerkzeuge und Maschinen

Natürlich hat jeder, der gern und freiwillig arbeitet, auch das Recht auf einen Arbeitsplatz, der genau seinen Träumen entspricht Und ebenso muß dieser Arbeitsplatz mit jenen Geräten und Werkzeugen ausgestattet sein, die ausschließlich seine Tätigkeiten erleichtern und ihm Freude machen.

Es gibt eben sehr unterschiedliche Menschen: Der Spaß, den der eine am lauten Surren der Küchenmaschine findet, die in Windeseile Gemüse zerkleinert, Teig rührt oder Getränke mixt, wird dem anderen zum infernalischen Lärm, weil er viel lieber ruhig vor sich hinschneidet, seine Kraft und Ausdauer im stillen Rühren fühlt, bei dem er seine Gedanken auf die Reise schickt Und was dem einen sein scharfes Messer für das Kartoffelschälen, ist dem anderen sein spezielles Patentwerkzeug. Manche Menschen stehen bei solchen Arbeiten, andere sitzen lieber. Manche säubern Obst, Gemüse, Salate, Geschirr am liebsten unter fließendem Wasser, während andere lieber in vollgelaufenen Becken arbeiten. Immer ist das

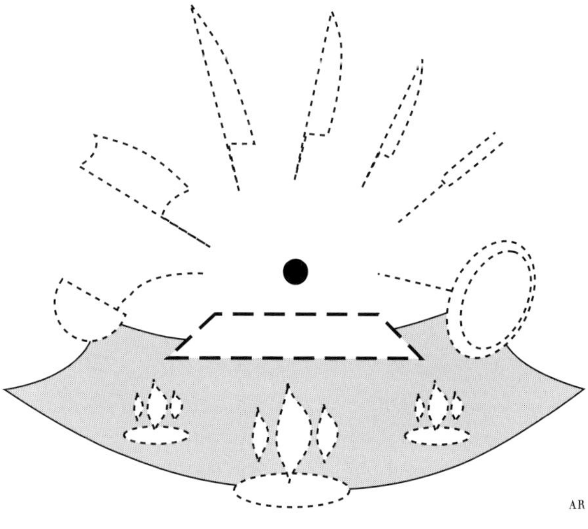

Ergebnis, wenn auch vielleicht manchmal mit unterschiedlicher Arbeitsdauer, dasselbe. Aber auch die Zeiterfahrung des Menschen ist kein absoluter Wert, wie er mit der Uhr gemessen wird. Für Kinder vergeht eine Stunde sehr viel langsamer als für Erwachsene, und auch für diese dehnt sich Zeit bei eintöniger Tätigkeit und verfliegt, wenn etwas Spaß macht. Was dem einen also als unerträglich langwierig vorkommt, ist für den anderen geradezu spannend.

All das sollte bedenken, wer mit anderen Menschen zusammenarbeiten will. Das eigene Zeitmaß, die eigene Arbeitstechnik und die eigenen Geräte am eigenen Platz bedeuten für den anderen möglicherweise unerträgliche Arbeitsbedingungen, die bcsonders in der Küche zu ständigen Nörgeleien führen. Wieder verursacht der Raum mit seiner Ausstattung und Einrichtung die zwischenmenschlichen Konflikte mit. Und wieder könnte eine anpassende Veränderung des Raums die Konfliktzone Küche entschärfen, wenn jeder, der mitarbeiten und helfen soll, sich seine idealen Bedingungen, seinen Traumarbeitsplatz selbst schafft.

Wieder befinden Sie sich im schwerelosen Raum. Die Erdanziehung fehlt. Was immer Sie aus der Hand lassen, schwebt genau an jener Stelle in der Luft, in der Sie es zurücklassen, und ist dort rund um Sie und zu Ihrem Gebrauch für Sie bereit. Sie sind von dem umgeben, was Sie nun für ein großes Festessen vorbereiten: von den Zutaten, vom Kochgeschirr, von den Werkzeugen und Geräten, die Sie brauchen. Und alles ist schon so zu- und vorbereitet, wie Sie es haben wollen und wie es Ihnen lästige, ungeliebte Tätigkeiten erspart.

So sind Sie umgeben von kochfertigen Zutaten und von Lebensmitteln, die völlig naturbelassen sind. Sie alle wollen Sie zu Tätigkeiten verführen, die Sie gern vollbringen. Die Konserven, die Sie verwenden wollen, sind ganz nach Ihren Neigungen vorhanden. Es gibt Tiefgekühltes für Menschen, denen der Umgang mit den eiskalten Packungen liegt, Vakuumpackungen für jene, denen das Anstechen und Aufschneiden oder Aufreißen keine Mühe macht. Gläser mit genau den Verschlüssen, die Sie lieben.

Werden Sie sich darüber klar, welche der Konservierungsarten Ihnen die liebsten sind und wie weit Lebensmittel bereits vorbereitet sein sollen.

Es gibt Menschen, die ihr Mehl lieber selbst mahlen und deshalb eine Kornmühle und den entsprechenden Vorrat an Körnern verschiedener Getreide aufbewahren. Es gibt Menschen, die Gewürze in ihrem natürlichen Zustand bevorzugen und sie erst im Moment des Gebrauchs zerkleinern. Andere haben Mischgewürze, fertig gemixt, am liebsten, wenn sie kochen. Gehen Sie Ihren Vorlieben genau nach. Sie sind nun auch von Ihren Traumgeräten und -werkzeugen umgeben. Alles, was Ihrer persönlichen

Kochtechnik entspricht und Sie bei diesen Arbeiten unterstützt, ist am richtigen Platz um Sie herum verteilt, auch Ihre Helfer, Hände, die zureichen und wegstellen, Anregungen für das bessere Gelingen, Bücher und Rezepte. Und der gesamte Vorgang Ihres Kochens, der Vorbereitung und Garung der Speisen, ist ausschließlich mit wohltuenden Details erfüllt, mit Gerüchen, die Sie genießen, mit Berührungen, nach denen sich Ihre Finger und Hände sehnen, mit Bewegungen, die Sie im richtigen Rhythmus entspannen, mit Tätigkeiten, die Ihnen Bewegungsfreude schenken, mit Anblicken ausschließlich appetitmachender Dinge und Vorgänge, mit den Geräuschen, die Sie selbst verursachen, weil sie Ihnen Freude machen und den erfolgreichen Fortgang Ihrer Arbeit ankündigen. Was Sie umgibt und womit Sie in Berührung kommen, ist Ihnen weder zu kalt noch zu heiß, weder zu schwer noch zu leicht, weder zu feucht noch zu trocken, weder zu schmutzig noch zu steril.

Was Sie umgibt, macht Sie froh. Sie sind Herr über alles, weil es Ihnen dient. Sie sind nicht länger Sklave irgendeiner Tätigkeit, sondern dürfen mit leichter Hand genial kreativ sein.

Sehen Sie sich nun in dieser Traumküche um, und halten Sie in möglichst vielen Einzelheiten fest, was Sie brauchen, weil es Ihnen gefällt und bekommt. Und fixieren Sie auch die für Sie besten Plätze für alles, was für Sie zum Kochen nötig wäre. Legen Sie fest, ob Sie sitzen oder stehen wollen, ob Sie eine der vielen möglichen Stehhilfen brauchen können oder Bewegungsraum haben müssen.

Legen Sie Ihre Arbeitsfläche fest, ihre ideale Höhe, die für Sie ideale Tiefe, Länge und Breite und das Material dieser Fläche: Stein, Holz, Kunststoff. Ob sie fest montiert, verschiebbar oder abhebbar sein soll zur besseren Reinigung, weil Sie lieber stehende als liegende Platten säubern. Legen Sie fest, ob diese Platte Fräsungen zum Auffangen von Flüssigkeit braucht oder lieber ganz glatt sein soll.

Malen Sie sich Ihr ideales Schneidewerkzeug aus, das zur Plattenoberfläche paßt: die glatte Schneide, die auf Stein rascher stumpf wird als der Wellenschliff, ob Sie mit Schneidewiegen oder mit welchem Messergriff und welcher Klingengröße lieber umgehen und wie das Gewicht Ihres Lieblingsmessers sein soll.

Was soll sich rund um Ihre Arbeitsplatte befinden? Über ihr, um es direkt vor Augen zu haben? Links davon in welcher Höhe? Rechts davon? Darunter in einem Fach, einer Lade, zum Herausziehen oder Hineingreifen? Und wie soll laufen, was Sie da herausziehen? Eher langsam oder auf Rollen wie geschmiert? Braucht es eine Arretierung hinten, damit nicht die ganze Lade ständig in Absturzgefahr ist? Und wie sieht die Ordnung in dieser Lade aus, in der Sie alles sofort sehen und ergreifen können? Darf unter

Ihrer ersten Lade unter der Arbeitsfläche noch eine zweite sein? Wofür? Und welche Ordnungshalter wollen Sie in solchen Laden? Genau bedachte Besteckeinlagen, größere Unterteilungen, völlig neutrale Ablageflächen? Und wie tief, wie breit, wie hoch sollen diese Laden sein? Welche Inhalte erwarten Sie für diese Laden unmittelbar an Ihrer persönlichen Arbeitsplatte? Was sollen sie für Sie bereithalten? Sollen vielleicht mehrere Laden nebeneinander liegen?

Welche Geräte und Maschinen brauchen Sie rund um Ihre Arbeitsplatte in unmittelbarer Griffnähe und sofort einsatzbereit? Was würden Sie auch von etwas weiter weg herbeiholen? Was müssen Sie an die Steckdose anschließen und vor ihr aufbauen? Wo soll sie sich befinden? Wie viele Anschlüsse soll sie haben? Wie lang dürfen Elektrokabel sein, die über Ihren Arbeitsplatz laufen? Was sollen die Maschinen für Sie tun? Und was wollen Sie für die Maschinen tun? Zu welchen Reinigungsarbeiten sind Sie bereit, sobald die Maschine ihren Dienst getan hat? Und wie groß soll jede der erforderlichen Maschinen sein? Und wohin mit ihnen, so daß sie nicht stören?

Wenden Sie sich mit diesen Fragen sowohl Ihrer rechten als auch Ihrer linken Körperseite zu, und halten Sie detailliert fest, was sich wo und in welcher Entfernung und Griffnähe befinden soll.

Und planen Sie nun auch, was sich hinter Ihnen für Sie und Ihre Arbeit bereithalten sollte.

Planen Sie Ihren idealen Arbeitsplatz in seiner Länge, Breite und Tiefe rund um sich herum, nach oben, nach unten, nach links und rechts. Halten Sie genau fest, was sich in den Laden, in den Fächern, in den Kästchen für Sie befinden soll.

Sie sind immer noch im schwerelosen Raum in Ihrem Traum. An die Möbel, die ja nur Träger all Ihrer notwendigen Küchengeräte und Werkzeuge sind, müssen Sie erst denken, wenn Sie ihn verlassen.

Die Planungsreihenfolge für die heutige Küche stimmt nämlich nicht. Wer zuerst die Möbel und dann die arbeitstechnischen Einrichtungen plant, muß später in die vorhandenen starren Spanplattenverbauten hineinzwängen, was die Küche funktionieren läßt, das Werkzeug, die Lebensmittel, die Vorräte, das Geschirr und Besteck und all die anderen vielen nötigen Dinge.

Wenn nun alle Wohnpartner, die sich in den vorhergehenden Spielen in ihren Talenten für die Küchenarbeit bewährten, diese Übung ernsthaft für sich mitgemacht haben, liegen sicherlich unterschiedlichste individuelle Idealküchen vor, in denen wahrscheinlich jeder Erfinder seinen Spaß am Kochen fände. Nun kann man anhand der verschiedenen Zeichnungen darangehen, von einander zu lernen und jene Küche festzulegen, in der jeder,

der mitarbeitet, auch auf seine Rechnung kommt, Spaß und ideale Bedingungen für seinen Beitrag für die Gemeinschaft findet.

Ausgehend von der tatsächlichen Aufgabe der Küche wird die Planung somit bei der gemeinsamen Arbeit und den dafür nötigen Geräten, Maschinen, Zutaten usw. beginnen müssen, für die dann erst die richtigen Möbel gefunden werden. So gesehen, ist die heutige Küchenplanung, die vom Möbelhändler ausgeht, ein Unsinn. Wenn schon Außenstehende als Fachleute beraten und planen wollen, sollte die Planung beim Gerät und bei den Maschinen beginnen, so wie der Benutzer sie braucht. Nur so werden sie arbeitstechnisch richtig im Raum stehen.

Kochen im Schlaraffenland

Die ideale Küche sollte aber nicht nur der bestmögliche, auf die persönlichen Vorlieben ausgerichtete Arbeitsplatz, sondern auch das Schlaraffenland Ihrer Träume sein. Und dorthin führt die nächste Übung. Wieder brauchen Sie eine Stunde zum Nachdenken und Träumen.

Lehnen Sie sich zurück, und stellen Sie sich Ihr Schlaraffenland vor.

Sie können ganz sicher sein: Alles um Sie herum ist, wie Sie es sich wünschen. Die gebratenen Tauben fliegen durch die Luft. Bei Bedarf ist der Tisch reich gedeckt, Vorräte wachsen von selbst nach. Alles ist genau dort zu haben, wo Sie es sich vorstellen.

Sie befinden sich in Ihrem Schlaraffenland und richten sich dort Ihr Leben ein.

Würden Sie im Schlaraffenland noch für Ihre Angehörigen kochen? Würden Sie Ihre Freunde noch bewirten? Ist im Schlaraffenland die Sattheit noch Voraussetzung für die Wonne des Wohnens, für die Gemütlichkeit, die Mut macht, weil man mit dem Essen wieder Kraft in sich fühlt? Würden Sie die Freude und Genugtuung vermissen, Ihre Mitbewohner mit Nahrung zu versorgen? Würde Ihre Beziehung darunter leiden, wenn Sie der Partner nicht mehr mit Essen versorgt? Würden Sie Ihren Wohnpartnern die gesundheitsbewußte Selbstverpflegung im Schlaraffenland zutrauen? Würden Sie bevorraten?

Schließen Sie die Augen, und stellen Sie sich Ihre Küche im Schlaraffenland vor. Besitzen Sie hier eine Tiefkühltruhe? Einen Kühlschrank mit Tiefkühlfach? Wäre für Sie bereits das Schlaraffenland, wo Sie fertige Gerichte, Fleisch, Obst, Gemüse, Beilagen, immer frisch, unabhängig von der Jahreszeit, auf Lager halten? Für ein halbes Jahr? Ein Vierteljahr? Einen Monat? Einige Tage? Sehen Sie in Ihrer Schlaraffenlandküche den Mikrowellenherd? Das offene Feuer? Welche Kochplatte?

Würden Sie in Ihrem Schlaraffenland vorkochen, einfrieren, um Gerichte rasch vorschlagen und ebenso rasch auf den Tisch bringen zu können? Würde es Ihnen in Ihrem Schlaraffenland Freude machen, Vorräte zu haben und die Verfallsdaten der Lebensmittel zu beachten und sie vorher zu verbrauchen und neue herbeizuschaffen? Wäre es Ihr Schlaraffenland, schon Tage, Wochen, Monate, eventuell auch ein halbes Jahr im voraus zu wissen, was auf den Tisch kommt?

Oder wäre Ihr Schlaraffenland jene ideale Welt, in der um Sie herum

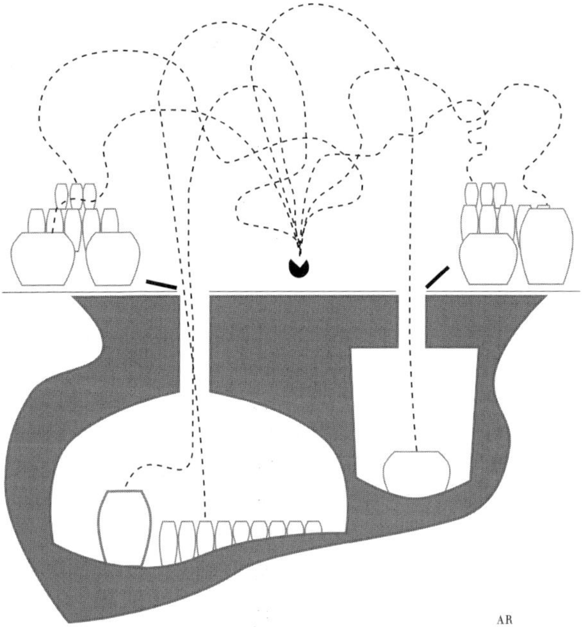

alles Pflanzliche frisch wächst, das Obst, das Gemüse, die Kräuter und Gewürze? Wo im Geflügelhof, in den Ställen und Teichen Tiere schlachtreif werden? Wo Getreide wächst und auf die Ernte und sichere Lagerung wartet?

Mahlen Sie es in Ihrem Schlaraffenland selbst? Auf Vorrat oder unmittelbar vor dem Verzehr? Töten und zerlegen Sie dort die Tiere, die Sie essen, selbst? Als Fleischer? Als Jäger? Als Fischer? Würden Sie in Ihrem Schlaraffenland die Zutaten täglich frisch herbeiholen, oder dürften sie bereits einige Tage in Ihrer Küche bereitliegen? Und wie lange nach der Ernte bleiben für Sie Ihre idealen Lebensmittel frisch? Zwei bis drei Tage? Eine Woche? Nur wenn alles täglich frisch ins Haus kommt?

Bedeutet für Sie das Schlaraffenland, daß Sie auch selbst ernten wollen? Oder genügt Ihnen ein Bauernmarkt? Ein verläßlicher Obst- und Gemüseladen? Wie weit darf ein verläßlicher Fleischer, wie weit ein guter Wild-, Geflügel- und ein Fischhändler entfernt sein? Und an welchem Tag in der Woche gehen Sie in Ihrem Schlaraffenland dorthin, oder wollen Sie fahren, um nach den schönsten Lebensmitteln Ausschau zu halten und einzusammeln, was Ihnen schmeckt und was Ihr Körper gerade braucht?

Bleiben Sie in Ihrem Traum vom Schlaraffenland, und genießen Sie es mit wachen Sinnen, solange es Ihnen Freude macht. Beobachten Sie sich, umgeben von Nahrung. Gleicht Ihr Schlaraffenland einem Bauernhof? Liegt es nahe oder inmitten eines Marktes? Oder im Lebensmittelbereich eines Supermarktes, der sich in dieser Wohlstandsgesellschaft ja ebenfalls als Schlaraffenland darstellt? Ist Ihr Schlaraffenland ein Restaurant? Ein Gasthaus? Mutters Küche?

Und nun, da Sie im Traum Ihr Schlaraffenland gefunden haben, in dem Sie dennoch kochen würden, sehen Sie sich bitte in dieser Küche genauer um!

Sie schauen in die Vorratsschränke und wissen, wieviel Mehl, Zucker, Reis, Teigwaren, Kaffee, Gewürze und alles andere gelagert ist. Sie wissen, daß Sie für den für Sie nötigen Zeitraum genug von allem zu essen haben.

Sie sehen auch Ihr Gemüse und Obst in der für Sie appetitlichsten Form und Frische, den wohlgelagerten Fisch und das Fleisch. Für lukullische Abwechslung ist gesorgt. Alles ist dafür vorbereitet, daß es Ihnen gutgeht. – Wie viele Lebensmittel müssen Sie für wie lange im voraus vorrätig haben, damit sich dieses Gefühl einstellt?

Sie schreiben und zeichnen Ihre Idealvorstellung von Ihrem Schlaraffenland auf. Die Ausstattung Ihrer idealen Vorratshaltung. Sie legen nun die Nahversorgungseinrichtungen fest, die Sie zu Ihrem Wohnglück brauchen: den Bauernhof, den Bauernmarkt, die Fachgeschäfte, die Lebensmittelabteilung im Supermarkt. Und Sie halten Ihren idealen Einkaufsrhythmus fest: für die Dauerlebensmittel, für Obst, Gemüse, Fleisch, Fisch, Kräuter, Gewürze. Wie weit diese Dinge schon vor-, wenn nicht gar zubereitet sein sollten, so daß Sie sie nur noch aufzuwärmen und anzurichten brauchen. Oder ist Ihnen sogar das bereits zuviel, weil Sie sich nach dem Restaurant sehnen? Oder nach Mutters Küche, in der Sie nicht einmal mehr zu wählen brauchen und die Sie vom Partner erwarten?

Sie legen nun fest, wie Sie Vorrat halten wollen. Nach der Art Ihrer bevorzugten Lebensmittel und wie Sie am besten für Sie appetitlich bleiben. Sie stellen sich genau die idealen Geräte und Hilfen zum Frischhalten vor und finden die ideale Größe und Anordnung. Sie malen sich den gesunden Keller aus, die Speisekammer, die ideale Tiefkühleinrichtung, das Lager für die Dosen, den trockenen, klimatisierten Raum für die Dauer- und die frischen Lebensmittel. Die reizvollsten Speicher.

Sie legen fest, wo und wie Sie einkaufen und was Sie dann regelmäßig besorgen. Sie planen, wie Ihre Wohngegend mit Geschäften und Einkaufseinrichtungen versorgt sein sollte, um für Sie zum Schlaraffenland zu werden. Und Sie berücksichtigen diese Wohnumgebung in Ihrer Planung: Sie wissen, in welchem Rhythmus Sie einkaufen wollen und daß davon die Größe und die Einrichtungen zur Lagerhaltung abhängen. Wer häufiger einkauft, braucht wahrscheinlich weniger Stauraum und Konservierungsmittel als Menschen, die zwischen Einkäufen mehrere Tage verstreichen lassen wollen oder müssen, weil die Anmarschwege zu lang oder zu unbequem sind.

Einkaufsgewohnheiten sind meist nur unter Zwang veränderbar. Also sollte die Kücheneinrichtung auf sie und die infrastrukturelle Erschließung der Wohnumgebung abgestimmt sein. Wer selbst so genau vorplant, wird ausreichend Platz für das künftige Schlaraffenland finden, eine Küche, in der sich alles Bekömmliche in ausreichender Menge am richtigen Platz befindet, weil die Kücheneinrichtung auf die Einkaufsgewohnheiten und die individuell erwünschte Lagerhaltung abgestimmt ist.

Wieder empfiehlt es sich, daß alle Familienmitglieder Ihren Traum vom Schlaraffenland träumen und ihre Idealvorstellungen bekanntgeben. Ein Ausgleich der Vorstellungen in so wichtigen Fragen wie denen der Ernährung ist möglich und für alle lehrreich.

Vielleicht verstehen Partner dann auch besser, was sie selbst zum Küchenzettel beitragen können, weil sie sich an der Vorratsbeschaffung leicht beteiligen können, wenn etwa die Fachgeschäfte besser um den Arbeitsplatz als in der Wohngegend verteilt sind. Auch in dieser Frage ist also Partnerschaft möglicherweise arbeitsteilig planbar und erleichtert wieder die Hausarbeit des Einkaufens und der Vorratshaltung. Voraussetzung aber bleibt, daß die Küche für diese gewünschte individuelle Aufgabe auch entsprechend eingerichtet werden kann. Und dazu wird ausschließlich Bewußtheit verhelfen.

Zu dieser Bewußtheit gehört aber auch die Berücksichtigung des erwünschten, individuell abstimmbaren Pflegerhythmus. Wer weiß, daß er täglich Geschirr spült, wird weniger Gefäße und Besteck brauchen als ein Mensch, der diese Arbeit auf das Fassungsvermögen seines Geschirrspülers abstimmt und Engpässe bei Tellern, Tassen, Messern, Gabeln und Gläsern vermeiden will, also mehr Lagerplatz für alles Nötige zusätzlich in den Schränken finden muß.

Vorratshaltung, die genau auf die Lebens-, Pflege- und Einkaufsgewohnheiten der Küchenarbeit abgestimmt ist, wird genau jenen Platz schaffen, der nötig ist.

Hunger als Küchenplaner

Wer von seiner Sehnsucht nach Ernährung ausgeht, von seinem Hunger und von seinem Appetit, wird sehr viel für seine Küchenplanung erfahren: Der Hunger sagt uns, daß wir essen wollen. Er sagt es in Abstimmung mit dem Verdauungsapparat, der uns auch den Zeitpunkt nennt, wann er wieder beschäftigt sein will und wann der Körper Nachschub braucht.

Der geschulte Appetit – und er wird geschult, geschärft, verfeinert, indem wir auf ihn hören – sagt uns, was der Körper braucht, was wir also essen sollen und wie es für uns am bekömmlichsten wäre: wie frisch es sein, wie es aussehen, duften, sich anhören, sich mit den Fingern anfühlen soll, wie es zubereitet sein müßte, gebacken, gegrillt, gedünstet, fritiert, blanchiert, wie zerkleinert, gegart, gewürzt, um bekömmlich zu sein. Und er meldet uns auch, wie rein, beispielsweise von chemischen Zusätzen und sonstigen Verschmutzungen, es sein müßte, weil der Organismus ohnedies bereits mit der Verarbeitung anderer Belastungen ausreichend zu tun hat.

Wer also seine Küchenplanung bei Hunger und Appetit beginnt, wird sehr bald wissen, ob sein Organismus sich so zeitgerecht meldet, daß zwischen Wunsch und Verwirklichung noch ausreichend Zubereitungszeit bleibt. Und er wird sich von beiden auch sagen lassen, womit und wie das Essen gekocht sein sollte. Diese Wahrnehmung kann so sensibilisiert sein, daß viele, aus sich heraus und ohne sich dieser Sicherheit überhaupt bewußt zu sein, ganz genau wissen, wie sie sich selbst und sogar ihre Angehörigen gesund erhalten! Daraus lassen sich viele Erkenntnisse über die Notwendigkeiten der Vorratshaltung und der infrastrukturellen Versorgung in der Umgebung ableiten.

Gleichzeitig entstehen derart die Kochgewohnheiten. Wer von seinem Fühlen ausgeht, wird daher auch wie von selbst wissen, wie die Hitze beschaffen sein sollte, der er am meisten vertraut: Elektrizität, Gasflamme, offenes Feuer. Und auch die Art der appetitlichsten Konservierung wird für ihn bald festliegen, so daß er weiß, ob er sich ein Dosen- oder ein Tiefkühllager anschaffen oder eben doch auf einer natürlich klimatisierenden Kelleratmosphäre bestehen sollte.

Schließlich wird die Frage der gemeinsamen Arbeit in der Küche zu klären sein, wenn jeder seine Essensplanung ehrlich von seinem persönlichen Hunger und Appetit herleitet. Ein Vergleich der Planungsergebnisse zeigt die Gemeinsamkeiten ebenso auf wie das Trennende. Wenn aber beispielsweise jemand das stets fertig vorgesetzte Kantinenessen beklagt, wäre

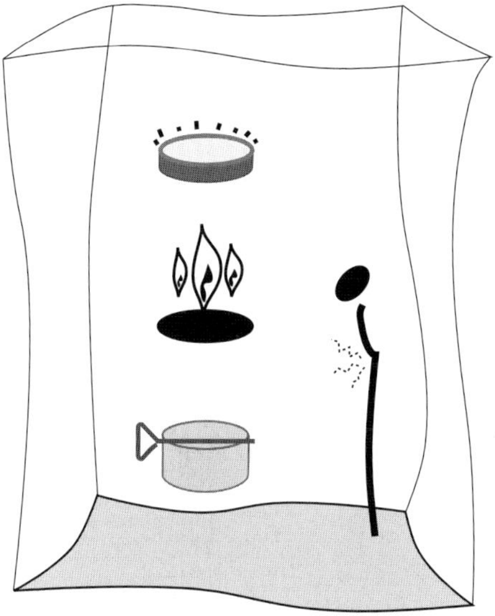

AR

er dann nicht möglicherweise ein Kandidat, der sich die Wochenenden durch Selbstversorgung oder Mithilfe verschönen will?

Vielleicht müßte er dazu nur nachlernen, wovon er in seiner Kindheit ferngehalten wurde, obwohl er doch sicher, wie alle Kinder, am liebsten in der Küche war, voll Langeweile meist und bereit, alles mitzumachen, was die Mutter erlaubt...

All das könnte zu einer partnerschaftlichen Küche führen, auch wenn ihre Einrichtung und bei Hausplanungen sogar ihre baulichen Voraussetzungen neu erfunden werden müßten.

Ebenso ließe sich Planung von einer anderen Sehnsucht ableiten, vom Bedürfnis nach Ruhe, nach Abbau von Erschöpfung und aktivem Aufbau neuer Kraft, nach Entgiften, Zerkauen und Hinunterschlucken, was der Tag so hineinstopft, nach Abladen und Auftanken.

Auch wer von dieser Sehnsucht ausgeht, kann all die Zutaten zusammensuchen und geordnet zweckmäßig um sich herum aufbauen, all die Voraussetzungen für seine Ruhe, die ihn stark macht, einer wahrscheinlich viel größeren Sehnsucht Raum zu geben – der nach Anerkennung, Verständnis, Zuneigung, nach Menschen, für die man etwas tun kann, die einen lieben für das, was man ist.

Wer von diesen Sehnsüchten, der nach Ernährung für den Körper, der nach Ruhe für das Denken und der nach Gemeinschaft für das Fühlen, ausgeht, jede einzeln in sich auslotet in möglichst vielen Wurzeln und möglichst alle am starken Stamm des eigenen Gestaltens Äste, Blätter, Blüten und Früchte treiben läßt, kommt vielleicht zu einem völlig anderen als dem gewohnten Leben, aber sich selbst und damit den Menschen um ihn herum näher, weil er selbstbestimmt lebt.

Ist es nicht besser zu lernen, was zufrieden macht und diese Sehnsüchte stillt, um sich damit zu umgeben, als in dem, was sich ergibt, diese Zufriedenheit suchen zu müssen und auf das zu verzichten, was dann eben nicht mehr möglich ist?

Nur auf diesem Weg der selbstverantwortlichen Planung wird es möglich sein, weder die Wirkung der Dinge und ihrer Ordnung noch die Besonderheit der Mitbewohner, sei es aus Machtlust, sei es aus Hilflosigkeit, zu mißbrauchen, so daß das Wohnen zum Ort des Wachsens werden kann.

Gedanken zum Essplatz

In Wien kennt man noch heute den Ausdruck „Bassena-Haus“

Gemeint sind mehrgeschossige Mietwohnanlagen, vorwiegend aus den Gründerjahren vor der Jahrhundertwende, in denen pro Etage ein einziger Kaltwasserhahn für alle Wohnungen installiert war. Er befand sich im Hausflur, umgeben von einem Gußeisenbecken mit hochaufragender Rückwand zum Spritzschutz. Auch die Toilettenanlagen befanden sich außerhalb der Wohnungen und wurden von mehreren Familien benutzt. Man wohnte, wie die Wiener sagten, „indisch“, mit Wasser und Klosett „jenseits des Ganges“.

So sehr die Wohnungsbauer die heute wesentlich bequemeren Standards auch bejubeln, so sehr trauern manche Soziologen der Bassena nach. Sie war immerhin, wie der Brunnen in den alten Dorfgemeinschaften bis hin zu den Wurzeln unserer Kultur, die zentrale Wasserstelle, Zwangsbegegnungszone für die Nachbarschaft. Hierher mußte, ausgestattet mit einer

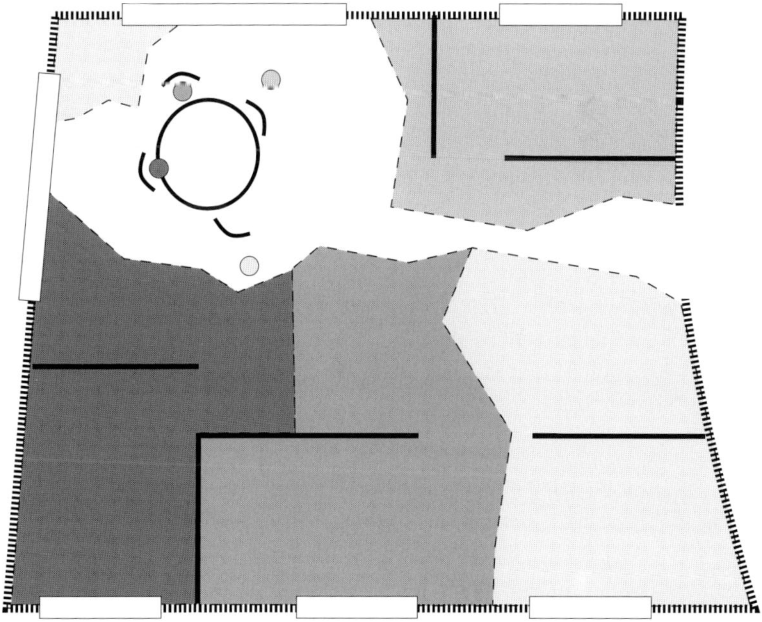

PLAN VON AR

klobigen, meist weiß emaillierten Fünfliterkanne, jeder Bewohner des Bassena-Hauses irgendwann einmal aus seinem Mietwohnloch schlüpfen, meist lässig in Hausarbeitskleidung. Was soll man auch vor Menschen verbergen, mit denen man die Toilette teilt?

Noch heute gilt die Bassena Wohnkonfliktforschern als geradezu ideales Kommunikationszentrum. Hier war, während das Wasser in die Kannen rann, der Platz für ein kleines Gespräch zwischen Nachbarn, hier entspann sich der sprichwörtlich gewordene Bassenastreit, das Intrigenspiel, das den Hausflur zum Schlachtfeld machte.

Was die Bassena allen anderen Zwangsbegegnungszonen voraushatte, war ihre Nähe zu den Wohnungstüren, den Zufluchtstätten, hinter denen auch der heftigste Angreifer nach seinen Rückzugsgefechten sicher war. Diese nahe Sicherheit erlaubte die individuell lauthals vertretene volle Wahrheit, die Entladung der Konflikte, die hart aufeinanderprallen durften und in der schließlich unausbleiblichen Versöhnung zu tragbaren Kompromissen führten. Hier luden die räumlichen Voraussetzungen förmlich dazu ein, sich mit den anderen auseinanderzusetzen und Beziehungen zu klären, ganz anders als die heutigen Liftkabinen etwa, aus denen es keinen Ausweg gibt und die deshalb besonders vorsichtig machen, so daß hier einer den anderen nicht einmal anzusehen wagt, weil dazu auch die Distanz nicht stimmt.

Auch Wohnpartner leben in Zwangsgemeinschaften mit- und nebeneinander, äußerlich meist allzu nahe, innerlich oft weit voneinander entfernt. Es ist verstehbar, daß in dieser Situation aus seinem persönlichen Zentrum gerät, wer dem anderen in einem Raum begegnen muß, der seinem inneren Distanzbewußtsein nicht entspricht.

Lehrreich ist auch ein zweites Beispiel aus dem Wohnungsbau der letzten Jahre. In einer mächtigen Wohnhausanlage, ebenfalls in Wien, waren zwischen den unten gelegenen Wohnungen fensterlose Räume als unvermietbar und unverkäuflich freigeblieben. Die Mieter der gigantischen Wohnsilos in einer der letzten sogenannten Satellitenstädte, fanden, wie damals noch üblich, weder Einkaufsgelegenheiten noch Kindergärten, wo sie den Nachwuchs während der weiten Versorgungsfahrten hätten unterbringen können. Das Problem betraf vor allem die Mütter, die einander schließlich wechselseitig halfen, indem die eine die Kinder beaufsichtigte, während die andere unterwegs war. Wieder hatte äußerer Zwang die Barriere zwischen Menschen gebrochen.

Das gute Rezept verständiger Nachbarschaft machte Schule und führte schließlich zu Platzproblemen, die die Frauen lösten, indem sie einfach zuerst eine, dann immer mehr der in den Haussockeln leerstehenden Zellen belegten – harmlos zuerst, wie Mieter eben vorgehen müssen, indem sie

Spielmöbel in die Räume stellten, um den Kindern in etwas robusterem Ilmfeld Bewegungsraum zu schaffen. Die ersten Auseinandersetzungen mit der Hausverwaltung bestanden die Frauen siegreich und eroberten dann mit immer mehr Verbindendem, mit zusätzlichen Stühlen, Bänken, Bodenbelägen, Wandgestaltungen einen Raum nach dem anderen zur Kinderaufsicht nach Altersgruppen, als Spielzimmer für Jugendliche, als Altentreff, als Tischtennisraum. Hier schuf sich alles Raum, was sich in den Wohnungen nicht durchführen ließ, aber als Wohnsehnsucht wach geblieben war.

Architektenschaft und Hauseigentümer beobachteten die Selbsthilfe zuerst mit heftigem Widerstand. Später schwand ihr Mißtrauen, bis endlich Soziologen in die Wohnanlage einzogen, eine überdurchschnittlich hohe Wohnzufriedenheit feststellten und den Erbauer zum Sozialisierungsgenie hochjubelten. Er, der vorher wegen der Wolkenkratzer am Stadtrand eher einer von vielen gewesen war, die nach Lösungen für die immensen Nachbarschaftsprobleme und Vandalismusschäden suchten, und der deshalb, wie so viele vor ihm, mit dem Schwimmbad auf dem Dach Freude am Wohnhaus schaffen wollte, hatte sich belehren lassen. Er baute eine Ideologie um den Erfolg, den ihm auch kritische Fachleute schließlich bescheinigten.

Eine der ersten Initiatorinnen des Mütter-Selbsthilfeprogramms war aus einer Villa einer Wiener Nobelgegend in die Riesenwohnhausanlage gezogen, weil sie, wie sie mir erzählte, nicht länger zusehen wollte, wie ihr Kind mit der Hausmauer Fußball spielte, einsam wie die Nachbarskinder, durch Mauern und Zäune von ihnen getrennt – und wo Hecken waren, mußten sie aus Dornenhölzern sein. Ein Klima, sagte sie, in dem man erfrieren konnte. Und anfangs sei es auch im Hochhaus nicht anders gewesen. Nun aber, da sie zusammen mit anderen Frauen außerhalb der perfekt verplanten, zwischen den üblichen Ausstattungen und Möblierungen kaum noch Freiraum bietenden Wohnungen die leeren Räume entdeckt und selbst gestaltet hatte, gegen den Widerstand, der sie noch mehr zusammenführte, war Heimat entstanden. Ohne die zufällig frei gebliebenen Innenräume aber, das wußte auch sie, wäre gar nicht erst entstanden, was bis heute dem Genie des Architekten zugeschrieben wird.

Ohne diese Leerräume, und das ist die Lehre aus der Geschichte auch für das Wohnen innerhalb der Familie, wird Partnerschaft nicht entstehen. Sie braucht eine völlig offene Zone außerhalb der Privatbereiche der einzelnen. Und wenn diese Zone fehlt, funktionieren auch Kinderzimmer nicht, in denen Geschwister miteinander auskommen sollen, die dann aber eine harte Grenze, eine Demarkationslinie auch gegen alle Erziehungsversuche aufrechterhalten, einen Eisernen Vorhang für den nie endenden Kalten Krieg.

Es ist die gleiche gedachte Grenze, die sich überall bildet, wo Menschen zusammenkommen, scheinbar unaufhebbar und deshalb erst recht heikle Planungsaufgabe, um die Gemeinschaft zu entlasten, weil ja auch Partnerschaftskonflikte, Unstimmigkeiten zwischen zwei Mitgliedern jedes andere Mitglied anders betreffen und von ihm anders gelöst werden wollen. Der Streit im Kinderzimmer liegt ebenso wie ein Schatten über jedem Elternteil wie der Streit zwischen den Eltern über den Kindern; der Streit des Vaters mit einem Kind stört auch die Harmonie für alle anderen.

Alle diese elementaren, notwendigen Geschehnisse werden in die Gemeinschaftszone des Wohnens hineingezogen werden müssen, weil es sonst keinen Platz dafür gibt, denn in den Individualzonen des einen oder anderen Streitpartners kann es ja nur Sieg oder Niederlage, keine partnerschaftliche Lösung geben. Dort sollten sich die Konflikte wie an der Bassena entzünden und entladen können, im Niemandsland zwischen den respektierten Individualzonen, die im Mindestabstand des Augenmaßes voneinander entfernt sein müßten.

Streit darf sein

Auch wenn Paare und Familienmitglieder bis tief in ihr Innenleben hinein innig miteinander verwurzelt sind, auch wenn sie also zwischen ihren Zonen und denen des Partners keine undurchdringliche Wand hochziehen, sondern immer wenigstens eine Tür zueinander offen halten, erwarten sie gerade im Vorfeld ihrer Beziehungen, daß sie auch aneinander vorbeikommen, so daß nicht jedes Aufeinandertreffen zum Aufeinanderprallen wird, dem man lieber aus dem Weg geht, indem man sich entweder völlig in sich verkriecht oder gar nicht mehr nach Hause kommt.

Deutlicher auf das Wohnen übertragen bedeutet das eine ähnliche Situation, wie sie sich – am besten an sich selbst – täglich beispielsweise an Tischen in Kaffeehäusern oder Restaurants beobachten läßt.

Bitte, beachten Sie Ihre Warnsignale, wenn sich jemand dem Tisch nähert, an dem Sie allein sitzen! Ihre Versuche, den anderen daran zu hindern, sich zu Ihnen zu setzen, manchmal sogar schon, dem Tisch überhaupt allzu nahe zu kommen. Die Versuchung aufzustehen, um größer und bedrohli-

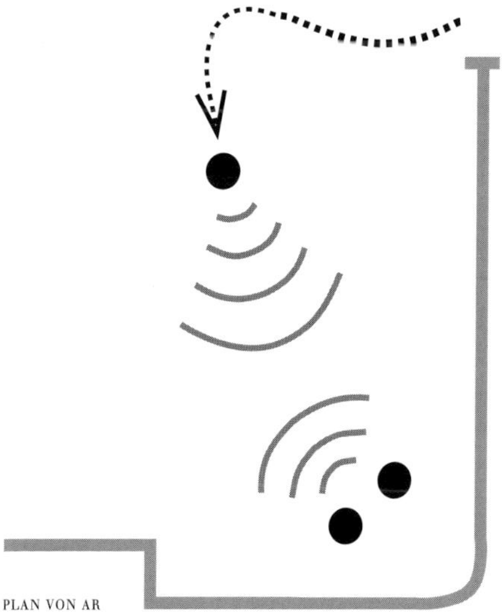

PLAN VON AR

cher zu wirken, wäre sie nicht auch gleichzeitig als höfliche Einladung oder als Geste zu verstehen, daß man den Tisch freigeben will.

Beobachten Sie sich aber auch umgekehrt als Eindringling, dem es vielleicht, seiner Art nach, nicht schwerfällt, sich irgendwo dazuzusetzen, oder der sich, da kein Tisch frei ist, einem bereits besetzten Platz zögernd nähert.

Und beachten Sie die Feindschaft, die da anfangs fast greifbar wird.

Verstehen Sie jetzt besser, was sich im Klopfspiel auch schon bei den Kleinsten bemerkbar machte?

Und noch eine zweite Erfahrung, die das Zusammenwirken von Mensch und Raum als Planungshinweis verstehbar machen soll: Halten Sie sich vor Augen, wie Sie in ein Zugabteil eintreten, in dem schon jemand sitzt: seinen Blick, seine Reaktion auf Ihren Gruß, seine anfängliche Reserviertheit. In welcher Entfernung zu ihm nehmen Sie Platz?

Und dann denken Sie wieder umgekehrt daran, wie Sie einen Eindringling abzuwehren versuchen oder bei seinem Eintreten wenigstens ohnmächtige Verteidigungsbereitschaft spüren.

Was alles muß sich in Ihnen abbauen, bevor ein vernünftiges Gespräch beginnen kann? Und welche Kumpanei entsteht zwischen Ihnen beiden, wenn nun ein Dritter eindringt?

Wieder reicht der Bogen der Raum-Mensch-Erfahrung individuell von offener Neugier und der Empfangsbereitschaft für den anderen bis hin zur Vertreibung mit allen Mitteln oder zur schnellstmöglichen Flucht. Wenigstens ansatzweise kommt es zu ähnlichen Reaktionen auch im eigenen Wohnen – wenn man etwa als erster in der Sitzgruppe Platz genommen hat und mit vielleicht nur als leises Zucken in den Knien wahrnehmbarer Abwehr auf eine Annäherung antwortet oder wenn man in den Raum vor der eigenen Zimmertür hinaushorcht, bevor man sie zu öffnen wagt. Viele Paare unterbrechen ihr Gespräch, wenn ein Dritter auf sie zukommt, oder sie verändern abrupt das Thema oder ihr Verhalten zueinander. Auch dieses Ausschließen des anderen ist eine Abwehrreaktion, die der Eindringling bemerkt.

So ist die Räumlichkeit des Menschen, ob sie nun Dunstkreis, Aura, Revier, Bann, Zauber, Distanzzone oder ähnlich genannt und bereits versuchsweise gemessen oder wissenschaftlich beobachtet wird, ein Planungsfaktor, den jeder für sich selbst erkunden sollte. In dieser Zone schlagen Alarmsysteme an und rufen körperliche Reaktionen hervor.

Diese aber sind individuell sehr unterschiedlich: Möglicherweise kann nämlich einer den anderen nicht riechen, nicht schmecken, nicht anschauen, nicht hören. – Nase, Augen, Ohren, der Mund sind betroffen! Möglicherweise wird einem bei Annäherung des anderen, oft bloß beim Gedanken an ihn, heiß und kalt, man kommt ins Schwitzen oder bekommt eine Gänsehaut. Bis hin zum unwillkürlichen Schütteln, zum Erblassen und Erröten und Erstarren reicht das Spektrum der Körperreaktionen auf das Eindringen in die Hoheitszone. Das Vorwarnsystem funktioniert schon lange vor der Berührung. Es macht kampfbereit, wo vielleicht nur Harmloses zu erwarten ist. Und es muß sich von der Harmlosigkeit überzeugen, bevor es die Bereitstellung, die Spannung wieder abbaut und vernünftiges Reden möglich wird.

Wohnen könnte zur Entschärfung beitragen, indem es so etwas wie Bassena-Atmosphäre erlaubt und vielleicht sogar bewußt schafft. Ein solcher Bereich, das stellte vor einigen Jahren eine Wohnzeitschrift fest, ist die Familientoilette in der Hauptfrequenzzeit am Morgen. Hier beweist sich nicht nur liebevolles Verständnis des dringend Wartenden, sondern es entlädt sich auch die meist längst aufgestaute Wut all jener, die bereits Spannung zwischen einander aufgebaut haben. Und dann tosen die endlich entzündeten Gewitter durch die geschlossene Tür. Sie stören allerdings bei einer wichtigen Leibesfunktion, und deshalb war sicher die Bassena besser.

Sie ereignen sich auch in einer Gemeinschaftszone, und deshalb werden sich die anderen Familienmitglieder störend einmischen. Sie werden die Entladung meist schon im Ansatz ersticken. Vielleicht verdrängen sie die Auseinandersetzung aber auch dorthin, wo sie noch gesundheitsschädlicher wirkt, an den Eßtisch nämlich. In anderen Familien klammern sie sich im Vorraum fest, wo dann einer ausgerechnet in dem Moment auftaucht, um sich mit dem anderen auseinanderzusetzen, wenn dieser, gerade in Eile, seine Schuhe anzieht, unter schwächendem Zeitdruck steht und leicht, so nah an der Tür, entkommen kann.

Wieder gibt es kein allgemeingültiges Rezept, einzig den Hinweis auf die Notwendigkeit der Auseinandersetzung, die ihre Zone braucht, am besten zwischen den einzelnen Partnerschaften und abgestimmt auf deren Warn- und Alarmsystem und seine Reaktionsansätze.

Es ist auf jeden Fall ein Thema, das in die gemeinsamen Planungsgespräche aufgenommen werden sollte. Manche Gemeinschaften entschließen sich zur Einführung von sogenannten „Wahrheitsstunden“ und legen Spielregeln fest, wie sich die Partner aussprechen. Manche wissen, daß sie die Zeit im Bad aufbringen wollen, um einander die Wahrheit zu sagen. Es sind Arrangements, die immer beide Partner akzeptieren. Und alles ist besser als der stets vom Stärkeren bestimmte Zufall, der so hilflos und heimatlos macht.

Um es zusammenzufassen: Bei der Planung der Gesprächsatmosphäre geht es nicht darum, sich selbst in die stärkste Position des Unangreifbaren zu manövrieren, sondern um die Schaffung jener räumlichen Voraussetzungen, allein für sich selbst zuerst, wo man am gelassensten und geduldigsten zuhören kann, wo die Annäherung des anderen willkommen ist und dieser sich selbst dabei so wohl wie möglich fühlt. Es ist auch ein Platz, der nicht das Gefühl gibt, ständig zum anderen kommen zu müssen, der neutrale Boden für die beste persönliche Anfangsdistanz und unter Berücksichtigung der individuellen Alarmsysteme beider, dessen, der zuhören will, wie dessen, der zur Klärung kommt. Nicht Schwächung, sondern Stärkung des Angehörigen ist die Aufgabe der Wohnpartnerschaft!

Dinge und Menschen

Familienzentrum Tisch

Für die meisten Menschen ist der Eßtisch Zentrum und Inbegriff ihres Wohnens. Hier findet sich ihre Gemeinschaft zusammen, hier entsteht zufriedene Sattheit und harmonische Geborgenheit. Hier hat jeder seinen angestammten, meist unumstrittenen Platz im Ranggefüge der Gruppe: Zum Essen setzt man sich zusammen, nicht auseinander.

Die ursprüngliche Bedeutung des Wortes Tisch leitet sich von der Schüssel her, jenem runden, großen, dampfenden Kochgeschirr, an dem man friedlich zusammenkam, sich seinen Teil herausholte, ihn in Sicherheit brachte und doch in möglichst großer Nähe blieb, wo man sich in Ruhe und bequem niederließ. Mag sein, daß deshalb der runde Tisch, der noch an die Schüsselform erinnert, recht beliebt ist, obwohl er nur schwer in die rechteckigen Räume passen will.

Die weitverbreitete Meinung allerdings, die runde Form sorge für Gleichberechtigung, verhindere, daß jemand den Vorsitz übernimmt, hält der Überprüfung nicht stand. Es wird immer, auch am runden Tisch, einen Vorsitzenden geben, einen Menschen, der das Wort führt, der durch den Platz, den er einnimmt, als Ranghöchster erkannt wird. Es ist gleichzeitig der Platz, der den größten Überblick gewährt, die Aussicht auf die Tür, die mögliche Gefahrenquelle. Daraus erwächst jenem Menschen eine Verantwortlichkeit für die anderen, die auch noch das Essen dirigiert. Man beachte, auch an runden Tischen, das Bedienungspersonal in Restaurants: Die Kellner wenden sich an den Vorsitzenden, nicht an denjenigen, der dem Eingang am nächsten sitzt, sondern, so umständlich das auch sein mag, an den Gast, der mit dem Rücken zur Wand und meist ganz hinten seinen Platz gefunden hat. Er nimmt die gesichertste, damit die stärkste Position ein.

Was jemand sagt, der dort sitzt, scheint somit – auch am runden Tisch – die größte Gültigkeit zu haben. Und wie magisch wirkt dieser Platz auch stärkend auf das Selbstbewußtsein der Menschen und bildet eine Rangordnung unter ihnen, wenn dieser runde Tisch im Freien steht. Wer hier die Sonne im Rücken hat, also ungeblendet schauen kann, hat nicht nur den für seine Augen angenehmsten Platz und damit wieder die beste Übersicht, er führt auch den Vorsitz. Und wenn er diesen Platz dann auch noch mit einem Stuhl ausstattet, der ihn bevorzugt, einem mit höherer Lehne, mit Armlehnen, und wenn sich dieser Platz darüber hinaus in der Raumecke befindet, wird der Herrscher nicht mehr zu halten sein. Er wird das Sagen haben.

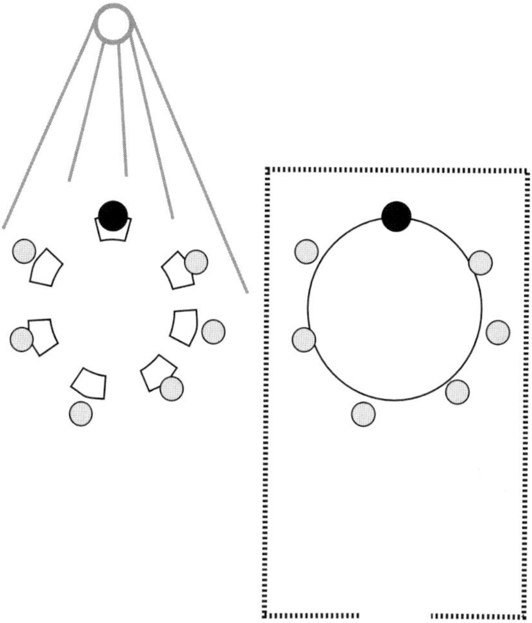

PLAN VON AR

Das Märchen von der Tafelrunde – dem runden Tisch, der Rangunterschiede aufheben und Gleichberechtigung schaffen soll – wird sich in der Praxis nicht bewähren. Der vielstrapazierte Begriff Tafelrunde stimmt nämlich schon von der Wortgeschichte her nicht. Das Wort Tafel leitet sich vom lateinischen Wort tabula her und bedeutet dort Brett, ein eckiges, kein rundes Stück Holz.

Rund wurde die Tafel erst, wenn jeder Teilnehmer sein Eßbrett in einer Runde aufstellte – derart kleine Eßbretter für eine Person und auf Standbeinen finden sich vielfach in der abendländischen Möbelgeschichte und könnten eine Anregung für Möbelerfinder der Gegenwart sein. Aber selbst wenn alle ihre Eßbretter, die Tafeln für sich mitbringen und im Kreis anordnen, wird es wieder bevorzugte Plätze geben, die wie magisch ihre Besitzer stärker machen. Die Menschen mit der besseren Rückendeckung und Übersicht zur Tür hin übernehmen die Verantwortung und Herrschaft über alle anderen.

Die Rangstufen sind aus der Tischordnung aber nicht nur ablesbar, sondern auch gestaltbar.

Wenn Sie es mit der Gleichberechtigung ernst meinen, geben Sie die Platzwahl manchmal völlig frei. Wer etwas zu sagen hat, sollte jenen Platz erhalten, auf dem er das Sagen hat, zu Ehrungen ebenso wie zum Ansprechen von Problemen. Sobald der Gedanke, die Formulierung „Ich an deiner Stelle“ auftaucht, könnten Sie diese Stelle tatsächlich einnehmen, das heißt den Platz wechseln und die Dinge von dort aus betrachten.

Das wird vielleicht nicht sofort funktionieren. Aber meist genügt eine kurze Umgewöhnungszeit, bis sich die Positionen zum besseren Verständnis des anderen wie von selbst verkehrt haben. Und meist erlebt man auf diese Weise recht genau und spiegelbildlich, wie man selbst von seinem Platz aus agiert, und kann sich dann auch in seiner Wirkung auf den anderen beurteilen.

Manchem Erwachsenen wird nach dem Platzwechsel zum Beispiel die Wirkung auf das Kind recht klar: Er sitzt plötzlich zwei Augenpaaren gegenüber, die gegen ihn Front machen, beide gesichert durch die Wand dahinter, während man selbst mit dem Rücken in den Raum weist und sich, weil ungeschützt und ungeborgen, auf den Schutz derer verlassen muß, die den besseren Überblick haben, die aber nun gemeinsam, wie verschworen, aus dieser Position der Stärke heraus auch noch von vorn angreifen.

Wer an die Stelle des anderen getreten ist, wird dann dessen unsachliche, recht oft überdimensionierte Abwehr und Sturheit ebenso verstehen wie seine Verschlossenheit. Er hat mit sich selbst, mit seinem Platz und dessen Wirkung genug zu tun.

In Restaurants oder Kaffeehäusern wurde der Platz, der mit dem Rücken zur Tür oder in den Raum weisen muß, häufig durch Spiegel an den Wänden „entschärft“. So konnte, wer seinem Gesprächspartner galant den sichersten Platz gewähren wollte, sich wie schützend vor ihn setzen und behielt doch durch den Spiegel den Überblick. Dadurch gewann er eine Sicherheit, die es ihm ermöglichte, den anderen, der nun an die Wand gedrängt war, noch zusätzlich zu bedrängen.

Dieser Platz war dann auch eine große Hilfe zur Abwehr von Fremden, die sich dazusetzen wollten: Den Vorsitz zu übernehmen, indem sie sich mit dem Rücken zur sichernden Wand setzten, erschien ihnen unverschämt; gleichzeitig schreckte sie die Aussicht ab, vom anderen eingeschlossen zu werden. Ein eigenartiges Spannungsverhältnis, dem man besser ausweichen wollte und den Tisch also mied.

Kopffreiheit und Schwertarm

Wie aber Menschen entschärfen, die sofort mit ihren entnervenden Soloauftritten beginnen? Wie störungsfreie Sicherheit und Geborgenheit garantieren, die allein die feinen Nerven des Verdauungssystems arbeiten und das Essen genießen lassen?

Wieder, wie bei der Schlaf- und Gesprächsplanung, spielt der Abstand von der Wand eine wichtige Rolle: Der Bewegungsspielraum des Kopfes von vorn nach hinten bestimmt nicht nur das Gefühl von Freiheit und Sicherheit, sondern auch das subjektive Empfinden der Raumgröße. Wer beim Aufsetzen oder erst recht beim Zurücklehnen mit seinen Haaren, die sich dann ganz plötzlich zu höchst empfindlichen Tastorganen entwickeln, die Rückwand spürt, wird sich geduckt fühlen. So schützend die Wand also empfunden wird und jenen frei und mutig machen kann, der sich durch sie gedeckt fühlt, so beengend, entmutigend und beklemmend wird ihre allzugroße Nähe sein.

Probieren Sie dies wieder selbst aus, indem Sie sich mit einem Stuhl an die Wand setzen und sich die für Sie beste Distanz zu ihr suchen. Beim Abstand für den Kopf wird es manchmal um Millimeter gehen, die zwischen dem Gefühl, beengt oder geschützt zu sein, entscheiden.

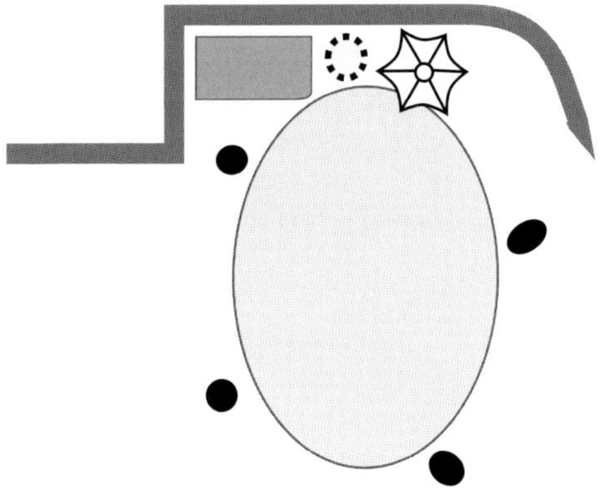

PLAN VON AR

Wie der Kopf die Raumdimension und Bewegungsfreiheit von vorn nach hinten fühlend mißt, so messen die Schultern und die Oberarme bis hin zu den Ellbogen den Wirkungsradius nicht nur des Körpers, sondern der ganzen Person. Wer sich frei bewegen kann, auch wenn er am vollgeräumten Tisch sitzt, wird sich wie mit seinen Armen auch selbst entfalten können. Das gilt auch für Menschen, die wenig gestenreich sprechen: Das Wort Angst kommt von „Enge". Wer Enge empfindet, wird entmutigt. Oder eben zahm.

Beengungen der Reichweite eines Menschen reduzieren seinen Wirkungsradius, denn er wirkt zunächst einmal, im physischen Sinne, so weit er greifen kann. Das tut er aber zuerst mit seiner bevorzugten Hand, Rechtshänder mit der rechten, Linkshänder mit der linken und mit dem entsprechenden Arm. Wer ihm den Bewegungsraum beschneidet, indem er ihm etwa einen Platz allzu nahe an der Wand zuweist oder eine Bodenleuchte an ihn heranrückt, wird aus ihm den besseren Zuhörer machen, denn er beschränkt den Schwertarm, mit dem der Vielredner die Runde beherrscht, und damit seine Dominanz.

Versuchen Sie es bitte wieder selbst, indem Sie mit Ihrem Stuhl nun seitlich den für Sie besten Abstand zur Wand suchen.

Legen Sie die Mindestabstände für jeden Ihrer beiden Arme und auch für die Knie fest.

Fühlen Sie dabei, wie sich auch Ihre Kleidung als vorgelagertes Tastorgan erweist?

Für die in manchen Kulturkreisen verbreitete Sitte der Männer, die Hüte nicht abzusetzen, gilt die Erklärung, die Krempen sollten verhindern, daß man sich in den niedriggebauten Häusern den Kopf stieß. Und daß weite Röcke, ausgebaute Schultern und ausladende Ärmel den räumlichen Umfang des Menschen erweitern und als Abstandhalter fungieren, wird wahrscheinlich jedem einleuchten, der nun seine persönliche Mindestdistanz zur sichernden Mauer festlegt. Er wird auch spüren, wie die Wand, die nur auf den Körper und seine Beweglichkeit zu wirken scheint, auch das Denken, Reden und Fühlen beeinflußt.

Daß aber Partnerschaft nur dort entstehen kann, wo der einzelne seine volle Bewegungsfreiheit nach allen Seiten entfalten kann, daß also die Sitzordnung so zu orientieren ist, daß der an sich Schwächste den stärkendsten Platz erhält, erscheint einleuchtend und wenigstens einen Versuch wert.

Geben Sie also die Platzwahl frei, bis jeder den von ihm begehrtesten Platz gefunden hat. Sie werden auf diese Weise erfahren, was mit jedem in der Gruppe wirklich los ist: wer sich ans Ende der Tafel verdrückt, weil ihn etwas drückt, wer kämpfen und siegen will und deshalb die beste Ausgangsposition sucht, wer zuhören und wer reden will.

Harmonie ist machbar

Wer den Grund dafür sucht, warum bei Tisch jeder die Hände aller Teilnehmer auf dem Tisch sehen will, wird wieder auf geheimnisvolle Zusammenhänge mit dem eigenen Sicherheitsbedürfnis stoßen. Denn nicht sichtbare Hände von Menschen, die einem so nahe sind, noch dazu in der bereits recht hilflosen Position als Sitzender, wirken unheimlich. Ob sich die Warnung, die wir dann empfangen, als Hygienefrage erweist, weil über dem Tisch die unbedenklichste Sauberkeit herrscht, ob das Sicherheitsbedürfnis Tätigkeiten unter der Tischplatte ausschalten will, die mit dem Essen nichts zu tun haben – die sichtbaren Hände machen die Nähe weniger bedrohlich.

Dies mag einer der Gründe dafür sein, daß bevorzugte Sitze noch zusätzlich mit Armlehnen ausgestattet sind, die ja nicht unbedingt nur Bequemlichkeit für den Benutzer bringen. Denn, wie jede Begrenzung, schirmen sie ihn zwar gegen seitliche Bedrängung ab, engen ihn aber auch gleichzeitig ein und richten ihn nach vorn aus. Sie behindern also die Zuwendung an all jene, die zur Seite sitzen.

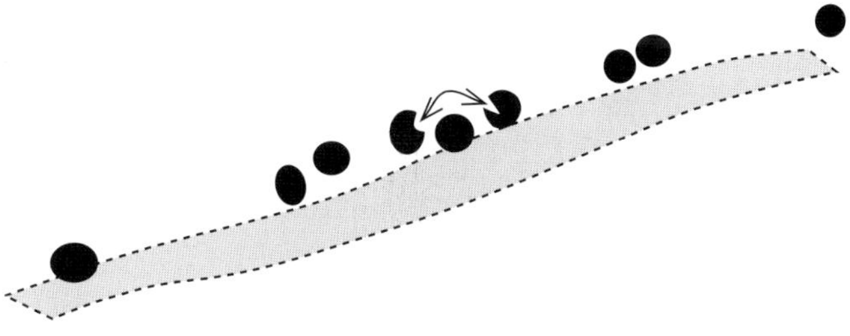

Wieder ein Versuch: Stellen Sie zwei Stühle so eng wie möglich und in gleicher Richtung nebeneinander. Nehmen Sie zuerst auf einem der beiden Stühle Platz und beobachten Sie, was der andere tut, der sich dazusetzt! Rückt er seinen Stuhl schon vorher beiseite? Setzt er sich nachher mitsamt seinem Sitz um? Weg von Ihnen? Wie weit? Sie werden erleben, wie es nach und nach zu Korrekturen kommt oder auch zu tatkräftiger Bewegung der Selbstbewußteren, die sich sofort die nötige Distanz verschaffen.

Messen Sie den schließlich für beide zufriedenstellenden Abstand. Er wird von Paar zu Paar unterschiedlich sein.

Wiederholen Sie den Versuch mit Armlehnenstühlen. Und messen Sie wieder die Distanzen.

Distanzzone und Stuhlbreite bilden dann das notwendige Maß für jenen Eßplatz, der für die Runde, von Partner zu Partner, am befriedigendsten sein wird. Und da durch eine solche Sitzordnung und -distanz beziehungsweise -nähe jeder auch noch ausreichend Bewegungsfreiheit für seine Beine braucht, besonders für die hochempfindlichen Knie, wird zu überlegen sein, ob man zum Essen nicht einen Tisch verwenden sollte, der auf einem zentralen Einbein steht.

Gleichzeitig werden solche Versuche auch die Entscheidung über die recht beliebt gewordene Frühstückstheke erleichtern: Wer sich dazu entschließt, sollte sich vorher der Wirkung des allmorgendlichen Schulter-an-Schulter bewußt sein, zu dem sie ihn zwingt. Hier holte sich die Einrichtungsbranche Anregungen aus dem Barbetrieb. Dort aber sitzen üblicherweise Menschen nebeneinander, die einander nicht kennen und trotz großer körperlicher Nähe für sich bleiben wollen, einzig der Bedienung zugewandt. Kann sich eine solche Orientierung bewähren, wo Menschen partnerschaftlich zusammenwohnen wollen?

Die Frühstückstheke ist ein Versuch der Einrichter, das leidige Platzproblem zu lösen. Denn eindeutig erwiesen statistische Untersuchungen, daß um so mehr Menschen um so öfter direkt in ihren Küchen essen wollen, je größer die dafür vorgesehenen Räume sind. Also – so die Überlegung – sollte der Frühstücksplatz, zu dessen Vorbereitung meist weniger Zeit bleibt als bei allen anderen Mahlzeiten, weil jeder pünktlich aus dem Haus muß, in die Küche verlegt werden. Und da dort oft kein Tisch mehr Platz fand, wurde die Idee der Küchentheke geboren, die die Frühstücksrunde zu einer Reihe umformt.

Wieder ist eine Erprobung in einem derart ausgestatteten Restaurant empfehlenswert, bevor man sich zu einem solchen Einbau entschließt. Man muß die durch die Theke vermittelte Atmosphäre des Miteinander-auf-ein-Ziel-zu mögen. Und tatsächlich reden ja viele Paare am besten miteinander, wenn sie nebeneinanderher spazierengehen. Schwierig wird es in dieser Reihe vor allem für die dritte und vierte Person. Wenn sie nicht nur mit dem Nachbarn kommunizieren wollen, steht dieser ihnen unverrückbar im Weg. Und es wird Außenseiter geben.

Wieder geht es darum, all diese Wirkungselemente des Wohnens so einzusetzen, daß für die ersehnte Geborgenheit der bestmögliche, das heißt der entspannendste Platz entsteht, wo die Alarmsysteme abgeschaltet werden können und sich keiner hoffnungslos zurückgesetzt fühlt.

Aus der Sitzplatzgestaltung in einer Wohnung läßt sich also sehr viel über die Struktur der Gemeinschaft ablesen.

Wirbel für Wirbel

Noch erschreckender als Berichte über Untersuchungen zum Schlafverhalten von Menschen – die dazu beispielsweise unter die Erde in geräuschlose Zonen gebracht werden, wo sie kein Sonnenstrahl erreicht, damit sie sich nur noch an ihrem eigenen Zeitgefühl, ihrer inneren Uhr orientieren können – lesen sich die Protokolle von Messungen, mittels derer die gesündeste Haltung für die Wirbelsäule festgestellt werden soll. Von den japanischen Orthopäden Yamaguchi und Umezawa wird erzählt, sie hätten 122 Personen mit Rückenbeschwerden „je eine Nadel in zwei dorsale Fortsätze von Lumbalwirbeln implantiert. Die Spannungsänderungen zwischen den Wirbelfortsätzen bei verschiedenen Sitzhaltungen wurden auf elektrischen Meßstreifen aufgezeichnet... An zehn Personen wurden überdies mittels feiner Nadeln (Halbleitermeßröhren) die Druckänderungen in der Bandscheibe zwischen dem vierten und fünften Lumbalwirbel gemessen."

Erkenntnisse solcher Sitzuntersuchungen ergeben dann beispielsweise, daß der Winkel zwischen Sitzfläche und Rückenlehne nie weniger als 105 Zentimeter betragen darf, sollen die Bandscheiben nicht unter Druck geraten. Je stärker sich die Sitzfläche nach hinten neigt, desto kleiner muß außerdem der Winkel zwischen Sitz und Rückenlehne werden. Und nunmehr mit Zahlen belegbar war auch, daß die vorgebeugte Haltung zur größten Sitzbelastung führt, auch wenn die Arme dabei auf den Tisch gelegt sind und so einen Teil des Körpergewichts tragen.

Um die günstigsten Druckverhältnisse herzustellen, muß man also die entspannteste Sitzhaltung einnehmen. Und die wiederum hängt von der Neigung der Sitzfläche nach hinten und von der über den rechten Winkel hinaus ausladenden Rückenlehne ab.

Die Druckverhältnisse in den Wirbelknochen, Bandscheiben und Bändern erhöhen sich aber möglicherweise nicht nur beim vorgebeugten, sondern auch beim Gerade- und Aufrechtsitzen.

Dabei werden zwar die meist recht wenig trainierten Rückenmuskel entlastet, aber das Gewicht ruht dann allein auf der Knochenstruktur und führt hier zuerst zu Ermüdung, später zu Schmerzen und schließlich zu jenen Schäden, die seit Jahren Mediziner Alarm schlagen lassen.

Denn wir sitzen tatsächlich im Alltag meist länger, als wir liegen und schlafen. In dieser optimalen Ruhestellung sucht sich der Körper die für ihn beste Lage automatisch und mit sehr viel mehr Variationsmöglichkeiten als beim Sitzen, wo uns darüber hinaus die Disziplin zum ungesunden Stillhal-

ten zwingt. Bei der Auswahl des Stuhls, des Sessels, des Sofas sollten wir uns mehr Sorgfalt auferlegen als beim Kauf einer Matratze.

Als Regel kann vorerst gelten, daß am gesündesten sitzt, wer zwischen seiner geraden Wirbelsäule und den Oberschenkeln einen Winkel von 90 Grad ohne Anstrengung halten kann. Die Oberschenkel sind dann am gesündesten in der Waagrechten, wenn die Sitzfläche des Sessels so hoch über dem Fußboden ist, daß beide Füße mit Ferse und Ballen fest auf dem Boden stehen und die Unterseite der Oberschenkel von der Vorderkante der Sitzfläche nicht eingepreßt wird. Die Sitzhöhe des Stuhls oder Sessels sollte also genau auf die Länge der Unterschenkel und auf die Absatzhöhe der Schuhe abgestimmt sein.

Wer es mit seinem Gesundheitsbewußtsein und seiner Fürsorge für die Wohnpartner ernst meint, müßte somit unterschiedliche Stuhlhöhen vorsehen und die Sitzgelegenheit am Arbeits-, aber auch am Eßtisch beispielsweise dem Heranwachsen seiner Kinder anpassen. Von Eßplatzstühlen, die mitwachsen, hat man aber bisher noch nichts gehört.

Obwohl also wissenschaftlich begründete Zahlen vorliegen, nach denen man sich im Einrichtungshaus richten könnte, werden Sitzgelegenheiten immer noch ohne Zentimeter- und Winkelmaß und für alle diese schon körperlich so unterschiedlich gebauten Menschen einheitlich gekauft.

Wieder entpuppt sich der Einrichter mehr als Kaufmann denn als Berater. Von ihm ist derart Diffiziles wie kompetente Antworten auf die Fragen eines Kunden, dem die gesündeste Sitzposition wichtiger ist als die Schönheit von Design und Bezugsstoff, freiwillig sicherlich nicht zu erwarten. Der Kunde muß vorerst selbst wissen, was er braucht.

Er weiß es allerdings nicht so ganz genau. Zwar hat die Medizin bereits eine Diagnosetechnik entwickelt, die Segment-Therapie, die es ermöglicht, aus Verspannungen in bestimmten Rückenmuskeln auf Organschädigungen zu schließen. Auch Zusammenhänge zwischen der Bauchbildung des Menschen und seinen Sitzgewohnheiten wurden bereits gefunden, und die sich aus all diesen Untersuchungen ergebenden, wissenschaftlich verläßlichen Kenntnisse haben dann auch zu Empfehlungen geführt, die nach mehr Bewegung, nach einem ständigen Wechsel der Sitzpositionen, also nach dem lebendigen Vorbeugen, Aufsetzen, Zurücklehnen verlangen.

Diese Empfehlungen haben allerdings nicht berücksichtigt, daß der Mensch mit seinem Körper auch sprechen will, also bestimmte Körperhaltungen automatisch einnimmt, um damit unbewußt seine Befindlichkeit auszudrücken oder auf andere Menschen zu reagieren.

Die Sprache weiß da etwas mehr vom „Rücken steif halten“, vom „angespannten Zuhören“, von einer „schiefen Sicht“ der Dinge, von „Brust raus, Bauch rein“, vom „Sich-ducken-Müssen“, vom „Aufrechtsein“.

Und noch mehr weiß darüber die Heilkunde des Ostens, die aus Verspannungen der Körperteile nicht nur auf körperliche Veränderungen, sondern auch auf psychische Probleme schließen kann. Und wie man bei uns beispielsweise Ausfallserscheinungen im menschlichen Gehirn nach Schlaganfällen zu beheben sucht, indem man die Hand des Kranken trainiert, so entspannen manche Körpertherapeuten, etwa beim Rolfing oder Shiatsu, Muskelpartien und wirken so auf innere Organe und auf die Psyche ein.

Das aber würde bedeuten, daß Verspannungen einzelner Körperpartien, die auch von falschen Sitzmöbeln erzwungen werden, auf die Seele und das Denken, und nicht nur auf den Körper wirken. Und das wieder heißt, daß es irgendwann einmal schlüssige Erkenntnisse darüber geben wird, welche Möbel auf die Einheit von Körper, Geist und Seele positiv einwirken – wie beispielsweise die Akupressur: Wer ganz bestimmte Hautpunkte drückt, schafft sich Erleichterung für das Herz, bei eingeschlafenen Armen, Depressionen, Störungen der Bauchspeicheldrüse, Bandscheibenschmerzen, Magenbeschwerden und Verstopfung, Kreuz- und Rückenschmerzen – und hier sind nur einige Beschwerden genannt, die in einem Buch über

Akupressur für Laien aufgezählt werden. Entsprechend gestaltete Rückenlehnen könnten da vielleicht ebenso helfen wie der empfohlene Druck mit dem Mittelfinger...

Ein weites Feld für wissenschaftliche Durchdringung tut sich auf, und diese wird vielleicht einmal dazu führen, daß wir klar formulierte Kriterien für die Gestaltbarkeit des Lebens entwickeln. Vorerst kann dieses Buch aber nur auf die Chancen hinweisen, die ein wachsendes Körperbewußtsein schafft. Denn dieses Nimm-Haltung-an, zu dem uns der Alltag zwingt, formt den Rücken mit seinen Wirbeln, Bandscheiben, Bändern und Muskeln – und wir sollten sie doch wenigstens in unseren eigenen vier Wänden entspannen können.

Finden Sie für sich selbst Ihre beanspruchten Wirbel! Legen Sie sich dazu flach auf den Rücken auf eine harte Unterlage, am besten auf den Fußboden. Fühlen Sie die Stellen am Rücken, bei deren Entspannung Sie auch Vorgänge in Ihrem Körper wahrnehmen. Machen Sie sich Ihren Rücken bewußt. Versuchen Sie diese Bewußtheit beizubehalten.

Setzen Sie sich in dieser Bewußtheit auf einen Stuhl mit weicher Rückenlehnenkante und suchen Sie mit Ihrem Rücken jene Stelle, wo Ihnen die Unterstützung dieser Kante das angenehmste Gefühl bereitet. Breiten Sie dazu auch noch die Arme weit nach hinten aus.

Nur wenn Sie zum Zusammentreffen von Rücken und Lehne im Stuhl weder hinunter- noch hinaufrutschen müssen, ist Ihre Lehne richtig hoch. Merken Sie sich diese Stelle, Ihren heikelsten Kontrollpunkt auf dem Rücken, bevor Sie Sessel kaufen gehen. Mit diesem Punkt erproben Sie die für Sie richtige Höhe der Lehne und ihre Polsterung und Tapezierung.

Aber nicht nur der Rücken über dem Becken, auch die Lagerung des Beckens selbst ist wichtig. Hier, zwischen Kreuz- und Steißbein, sitzt das Chakra für die Energieversorgung des ganzen Organismus, das Wurzelzentrum, das zusammen mit dem Bereich zwischen fünftem Lendenwirbel und Kreuzbein, dem Sakralzentrum, den Hara-Raum bildet, der, nicht nur im körperlichen Sinne, auf Ausscheidung und Reinigung wirkt.

Auch für diesen wichtigen Bereich des Beckens liegen Sitzempfehlungen vor: Das Kreuzbein soll gegen das lastende Gewicht der Wirbelsäule abgestützt werden, weil sonst das Becken nach hinten kippt. Der gute Ruhesitz sollte demnach eine nach vorn konvex gewölbte Lendenstütze aufweisen.

Auch hier geht es wieder darum, sich die individuell beste Position bewußtzumachen. Sie ist wahrscheinlich am ehesten bei jenen Sitzen zu finden, mit denen sich die Forschung am intensivsten beschäftigte: beim guten

Sessel für das Büro und beim komfortabelsten Autositz. Dorthin sollten Sie probesitzen gehen und fühlen und sich merken, was Ihnen die entspannendste Bequemlichkeit beschert. Und mit den Erinnerungen daran begeben Sie sich dann zum ausführlichen Probesitzen ins Einrichtungshaus, bevor Sie Ihr „Familienparlament“ bestuhlen, wo Sie ja nicht nur essen, sondern auch recht lange locker entspannt zum Gespräch zusammensitzen wollen.

Wenn Sie den idealen Sitz gefunden haben, lassen Sie ihre Empfindungen, während Sie sich auf ihm entspannen, weit nach innen gehen. Fühlen Sie jeden Ihrer Wirbel; spüren Sie, wie jeder am besten auf dem anderen liegt. Fühlen Sie Ihr Becken und seine für Sie bequemste, entspannendste Lage zur Wirbelsäule. Fühlen Sie Ihre Schultern und Ihren Nacken.

Sie können die verwendeten Träger- und Schaumstoffmaterialien, die Federungen, die technischen Werte und Kombinationen, die Komfortpolsterung darüber und das Zusammenspiel mit der Tapezierung und dem Material, der ganze Sandwich, wie Fachleute den Aufbau nennen, dazu die Wirkung des Überzugs und die Verarbeitung, was immer man Ihnen erzählen will, nicht beurteilen. Die vielen Worte, die da gemacht werden, sollen Sie nur von einem ablenken: daß Sie in Ruhe in sich hineinfühlen, um das auszuwählen, was Ihrem Rücken am meisten bekommt, was Sie bis tief in Ihr Inneres hinein entspannt. Und das kann für jeden Wohnpartner ein anderes Sitzmöbel sein.

Dann wird es bei Ihnen zwar nicht wie im Schauraum oder im Restaurant aussehen, dafür aber wird wirklich Zusammengehörigkeit entstehen – durch die Behaglichkeit des einzelnen, nicht durch die vorgetäuschte Einheitlichkeit von Möbeln, in denen sich keiner wohl fühlt.

Wenn Sie aber dem Vorschlag zur Gruppierung von sichtbarer Individualität nichts abgewinnen können, hilft vielleicht, bevor Ihrer Gesundheit Schaden zugefügt wird, was nachher ohnedies unvermeidlich ist: das Kissen, rechtzeitig in den Rücken gelegt und zum Ensemble passend... Auch dazu eine kleine Übung, zu der allerdings ein Partner nötig ist.

Dieser Partner stopft die Hohlräume, die sich ergeben, mit kleinen, weichen Dingen aus, mit Wollknäueln, Strümpfen, Schals beispielsweise, wenn Sie sich flach auf den Fußboden legen. In ständiger Absprache mit Ihnen polstert er Sie so lange ab – oft muß die Polsterung auch wieder gelockert werden -, bis Sie für sich die angenehmste Stützung in jedem Teil des Rückens empfinden.

Je genauer und bewußter Sie dabei auf die einzelnen Punkte und Partien des Rückens achten, je sorgsamer Sie jeder Veränderung, die der Partner durch härteres oder weicheres Auffüllen erreicht, im Innern nachgehen, desto sensibler werden Sie dafür, wie die Lehne zu Ihrem Wohlfühlen beitragen kann, und desto exaktere Angaben können Sie machen.

Insgesamt wirkt also unglaublich viel zusammen und entscheidet, ob ein Sitzplatz zur Ruhe und zum ruhigen Zuhören veranlaßt: die Abstände, die Augenhöhe, die Ellbogenfreiheit, die Beweglichkeit des Kopfes nach vorn und hinten, die Übersicht im Raum mit dem Blick auf die mögliche Gefahrenquelle, für viele Menschen auch die Schallrichtung, aber auch die Ruhestellung des Körpers, die Durchblutung der Beine, das Temperaturgefälle zwischen Fußboden und Decke. Dazu die Neigung der Sitzfläche im Zusammenspiel mit der Rückenlehne zur Entlastung des hinteren Beckenrandes, über dem dann die Wirbelsäule aufsteigt, fest und doch beweglich wie ein junger Baum, Wirbel für Wirbel, jeder mit seinem Muskelumfeld verbunden und mit den Nervensystemen, die von hier aus mit der Kommandozentrale im Gehirn und inneren Organsystemen kommunizieren. Unser gesamtes Befinden, unser Fühlen und Denken wird durch das Sitzen mitgeprägt und ist durch Berührung, Stützung, Entlastung, Erwärmung beeinflußbar.

Aufrichtig, aufgerichtet und in Einklang mit sich selbst wird nur jemand Haltung bewahren, der ohne Verdrehungen und Verkrümmungen auskommt. Und auch die sind wieder in der Wirbelsäule, die das alles tragen und ertragen muß, spürbar bei Fehlern des Standorts zuerst durch Ermüdung, dann durch Schmerzen und schließlich durch Schäden, die wieder das Leben und Zuhören beeinträchtigen.

Schrecksekunde und Oberfläche

Um den Tisch im Seminarraum haben sich drei Familien niedergelassen. Sie reden mit mir über Wohnmaterialien. Über Fußböden, Möbeloberflächen, Tapezierungen und Anstriche, hauptsächlich aber über Teppiche, Klinker, Holzparkett, Hochglanzfliesen, und ein Mann will sogar Schiefer auf den Boden legen lassen.

In den langsam aufwallenden Auseinandersetzungen um Schönheit und Pflegeleichtigkeit der gewünschten Traumprodukte behalten schließlich die Männer die Oberhand. Die alte, absurde Rollenverteilung kommt zum Vorschein: Die Frauen werden für die Schönheit verantwortlich gemacht. Und die Männer werden von den Frauen mit der Beurteilung der technischen Dinge betraut. Sie beurteilen also beispielsweise die Pflege und Wartung der Produkte.

Ich lasse das Gespräch laufen und stelle Knabbergebäck und Getränke auf den Tisch zwischen die Fachsimpelei.

Und dabei werfe ich dann mit Schwung ein Glas Rotwein um.

Das klirrt und spritzt gefährlich eine große Pfütze über die Tischplatte. Und nun breitet sich der gefürchtete Fleckenkobold auch noch aus. Der Rotwein rinnt auf die Tischkanten zu.

Die überraschte Runde erstarrt zuerst. Dann reagiert jeder genau nach dem in ihm angelegten Reaktionsplan. Der eine rückt kraftvoll vom Tisch weg. Er bringt sich und seine Garderobe in Sicherheit. Er hebt dabei auch noch beide Hände gegen den Himmel, um nur ja nichts anzufassen. Es ist der Mann mit dem Schieferboden.

Ein anderer, er war für den Teppich, ergreift hastig sein Notizheft und den bereits feuchten Bleistift. Auch er entfernt sich, so rasch er kann, mit seiner Habe.

Andere fahren mit bloßen Händen, ihre Ärmel nicht beachtend, in die rote Pfütze, um zu verhindern, daß sie auf den Fußboden tropft.

Und nur ganz wenige greifen ruhig nach den dafür von mir bereitgelegten Papiertaschentüchern, während andere mit irgend etwas, das in Reichweite liegt, die Gefahr einzudämmen versuchen.

Als der Schaden behoben ist, zeige ich, ohne ein Wort zu sagen, auf den Mann, der vorhin auf einem hellen Teppichboden im Vorraum seines Hauses bestand und der nun weit weg von der Katastrophe seine Hände mit gespreizten Fingern von sich weghält, erschrocken über sich selbst, weil er

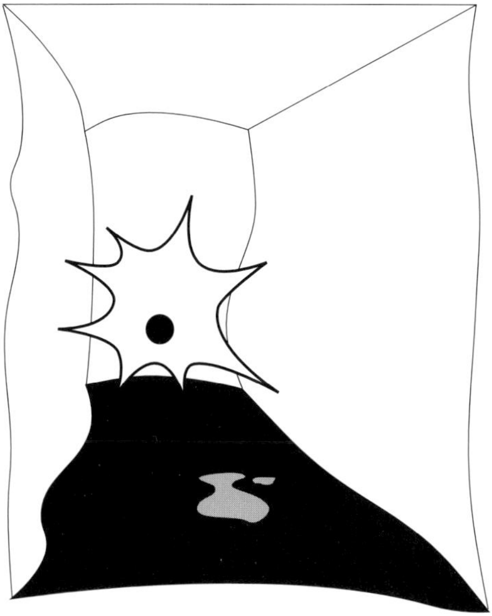

AR

die Rotweintropfen auf seinem Daumennagel bereits automatisch auf sein Hemd über dem Bauch gewischt hat.

Er fühlt sich ertappt, lacht verlegen, und auch die anderen, die vorher für die aufwendigen hochglänzenden Fußböden gewesen waren und nun, weit weg vom Malheur, mit erhobenen Händen dastehen, haben verstanden: So werden sie immer wieder reagieren, wenn etwas passiert. Und auch die unbedacht Hilfsbereiten, die spontan ihre Ärmel in die Pfütze tauchten, wissen nun, daß sie immer wieder hektisch das Unglück noch vergrößern würden. Und weil sie das wissen, wird ihnen bewußt, daß sie sich vor ihrem Wohnen, vor den verwendeten Materialien und deren Reaktionen fürchten müßten, daß sie in ihren edel ausgestatteten Räumen unfrei wären, daß sie vor lauter Vorsicht lieber schonen als wohnen.

Sie haben etwas erkannt, was ich Schrecksekundentyp nenne. Was kann schon einer lackierten Tischplatte, einem geölten Fußboden passieren, wenn Rotwein ausfließt? Wozu also die Panik? Aber die Schrecksekunde hat keine Logik. Sie ist jedoch ein Planungsfaktor.

Ein Gedankenexperiment: Wie reagieren Sie selbst? Bringen Sie vor allem sich selbst in Sicherheit vor der Katastrophe, die sich doch alltäglich am

Eßtisch, im Vorraum, in der Küche, im Bad ereignen kann, überall dort, wo mit Flüssigem hantiert wird? Welcher Fußboden, welches Möbelmaterial paßt zu Ihrem Schrecksekundentyp? Was brauchen Sie in Ihrer Reichweite, um einzugreifen, wenn der nasse Regenschirm, der Abdruck des nassen Schuhs, eine umgekippte Flasche die Pracht Ihres Bodens bedroht? Werden Sie danach greifen? Oder werden Sie jemanden herbeirufen, der das Malheur beseitigen soll? – Dann müßte derjenige über die Materialauswahl wenigstens mitbestimmen dürfen.

Und die andere Frage: Wie reagieren Sie, wenn ein schwerer Gegenstand zu kippen und zu fallen droht? – Versuchen Sie ganz automatisch, ihn aufzufangen? Hinzugreifen, um den Aufprall zu mildern? Es gibt Menschen, die den Gegenstand mit dem Fuß abfangen wollen. Oder lassen Sie das schwere Stück einfach fallen, um sich selbst nicht zu verletzen, gleichgültig, was es auf dem Fußboden anrichtet? Oder sind Sie, sogar während des Falls noch, imstande, überlegt zuzugreifen?

Wohnen, seine Ausstattung und Einrichtung können Angst machen – Angst, die Dinge zu beschädigen oder durch die Benutzung oder die Pflege überhaupt unbrauchbar zu machen, also zu vorzeitiger Neuanschaffung gezwungen zu sein, Angst aber auch, sich selbst durch die Dinge zu gefährden. Und tatsächlich steht der Haushalt in den Unfallstatistiken als Ort der Gefährdung von Leib und Leben ganz oben: Stürze auf allzu glatten oder nassen Böden und über eingebaute Stolpersteine, herabstürzende Gegenstände, das Fallen von Leitern oder improvisierten Auftritten führen zu Knochenbrüchen und Quetschungen; Verbrennungen, Verbrühungen zeigen, wie gefährlich der Umgang mit dem Feuer und der Hitze sein kann; Schnitt- und Platzwunden, Beulen, angebrochene Fingernägel, Vergiftungen mit Reinigungsmitteln oder Medikamenten durch Verwechslungen, Verätzungen der Haut, der Atemorgane, der Augen und die gefürchteten Wohnungsbrände mit ihrer starken, giftigen Rauchentwicklung, wenn Wohnmaterial in Flammen steht. Auch ohne die schleichende Umweltgefahr, die uns immer bewußter wird, ist die Wohnung bereits eine recht gefährdende Zone.

Beide Ängste machen den Menschen ausgerechnet dort vorsichtig, wo er bedenkenlose Sicherheit erwarten darf, zu Hause nämlich. Und Vorsicht lähmt.

Sie verhindert vor allem dort die freie Entfaltung, wo sie besonders wichtig wäre, bei Kindern nämlich, die in der falsch ausgestatteten und eingerichteten Wohnung ständig gewarnt, also im Alarmzustand gehalten werden müssen, damit sie sich nicht verletzen und andererseits selbst nichts kaputtmachen.

Der Wohnstreß für alle Personen, die Aufseher und die Beaufsichtigten, ist aber durch ehrliche Planung zu vermeiden.

Es leuchtet ein, daß wirklich frei und unbesorgt die Dinge nur benutzen wird, wer sich durch nichts gefährdet fühlt und ganz sicher ist, daß er selbst die Dinge nicht gefährdet, daß er im richtigen Augenblick auch das Richtige wird tun können, daß er also seinen Reaktionstyp kennt: ob er zu jener Gruppe gehört, die im Bruchteil einer Sekunde „automatisch" wegspringen und sich in Sicherheit bringen, ob er mit dem Eingreifimpuls den Schaden für sich und die Dinge noch vergrößert oder ob er das Richtige tut, sich selbst handlungsfähig hält und dann automatisch, aus seiner inneren Automatik heraus, die Dinge vor größerem Schaden bewahrt...

Wisch und weg?

Grundsätzlich lassen sich zwei verschiedene Arten von Möbeln und Ausstattungswaren unterscheiden: solche, die altern, und solche, die alt werden – solche, deren Benutzungsspuren Geschichten erzählen mit jeder Narbe, die sie erhalten, und solche, deren irreparable Schäden sie nach und nach unbenutzbar machen.

Der alte Bauerntisch beispielsweise, dessen Plattenkante Kerben, dessen Platte Risse aufweist, wirkt wie die Hirschlederhose, die erst richtig schön ist, wenn sie eingedreckt und eingetragen ist. Oder der antike Schrank mit seinem immer wieder ausgebesserten Furnier. Dunkle Schellackspuren zeigen, daß er benutzt wurde, daß er eine Geschichte hat. Auch die Art, wie die Bretter auf der Rückseite solcher Möbel behauen wurden, die malerischen Unregelmäßigkeiten der Falzungen, alle diese Eigenheiten machen das Möbel fast schon ehrwürdig persönlich und liebenswert, bereit, auch Spuren der heutigen Benutzer mit in seine Geschichte aufzunehmen.

Nicht anders Großvaters Lehnstuhl, wessen Großvater auch immer in diesem charaktervollen Möbel gesessen haben mag. Wenn es gekauft wird, ist es schon längst nicht mehr unangetastet neu und lädt damit erst recht zum behaglichen Gebrauch ein. Ihm kann fast nichts passieren, was seinen Gebrauchswert schmälert.

Der antike Orientteppich, der einen weiten Weg hinter sich und die Füße vieler Vorbesitzer gewärmt hat, der das Nomadendasein seiner Hersteller ebenso unbeschadet überstanden hat wie die möglicherweise häufigen Restaurierungen, der mit groben Bürsten und Seife geschrubbt wurde und doch nichts vom Glanz seiner Farben verlor in all den Jahren.

Der alte Klinker, unglasiert, unregelmäßig, da oder dort ausgeschlagen und deshalb um so lebendiger, ganz anders perfekt als die Massenware aus dem Supermarkt mit Full Service zum Selbstverlegen.

Das Leder des Polsterbankbezuges, die Tierhaut, der man das Leben in freier Natur ansieht: den Insektenstich hier, die Narbe da, gut verheilt alles, eine gesunde Haut, eine Verbindung, eine Beziehung herstellend, die zum Umgang mit dieser Oberfläche ermutigt. Leder will keineswegs fanatisch geputzt sein. Es verdaut manche Flecken lieber ganz allein, ohne Chemikalienzusatz. Langsam verschwindet die Benutzerspur im Laufe von Wochen, als werde sie aufgesogen.

Das sind Materialien und Oberflächen, die noch nicht durch Beschichtungen, Appreturen, Lackierungen vor dem Benutzer geschützt werden

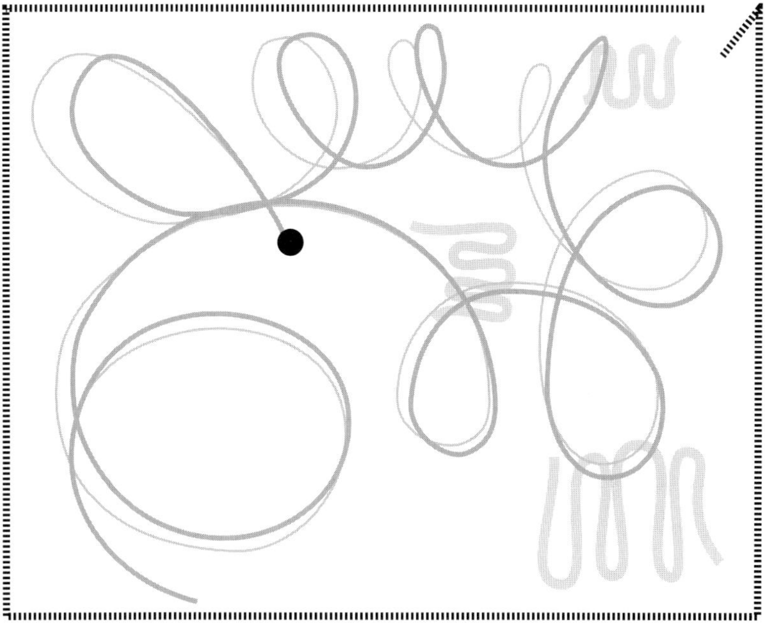

PLAN VON AR

mußten – im Gegensatz zu heutigen Möbeln. Wenn deren Schutzschicht einmal verletzt wird, treten ganz andere Trägermaterialien zutage. So perfekt diese Produkte auch für den täglichen Gebrauch sein mögen, bei der ersten ernsteren Belastungsprobe sind sie oft irreparabel beschädigt. Der meist krasse Unterschied zwischen innen und außen, der nun sichtbar wird, enthüllt den wahren Wert, die Wahrheit.

Käufer, so die Statistik, hegen eine meist unausgesprochene Hoffnung für die Lebensdauer der Produkte: üblicherweise sollen Möbel, die gleichsam von der Stange gekauft werden, etwa fünfzehn Jahre halten, und im stillen hoffen die Käufer, mit etwas Glück noch viel länger wohlversorgt zu sein. Diese Lebensdauer erwarten sie nicht nur von den Trägermaterialien und den Beschichtungen, die da hieb-, schlag- und stichfest sein sollen, sondern auch von den Bewegungsteilen, den Bändern und Scharnieren, den zarten Schrauben in den Türen, den Kunststoffschienen, mit denen die Schubladen geführt werden, den Dübeln, mit denen die Fachböden und Regalbretter fixiert sind, den Kanten und Ecken, deren Stoßfugen schon beim

Kauf kryptisch dunkel leuchten. Sie hoffen auf ein Wunder, auf den Glücks-treffer. Sie hoffen auf das pflegeleichte, gebrauchsfeste, eigentlich sich selbst versorgende Möbel, das möglichst wenig Arbeit macht, um das sie sich nicht zu kümmern brauchen, weil es gegen sie und ihre Benutzung und alle Strapazen und Eventualitäten des Alltags geschützt ist. Sie wollen keine Beziehung zu den Möbeln und den Ausstattungsgegenständen, sondern ausschließlich ihr klagloses Funktionieren.

Allerdings widersprechen sich bei allen Produkten für das Wohnen Strapazierbarkeit und Komfort: Was der Haut, den Händen, den Augen besonders wohltut, was unverkennbar gut riecht und appetitlich geschmackvoll wirkt, bedarf meist auch besonderer Benutzung und Pflege, also ständiger Bewußtheit, womit man da umgeht und was den Dingen, ob es sich nun um Fußböden, Wände, Möbel oder Textilien handelt, zugemutet werden kann.

Zwischen dem Benutzer und den Dingen muß also eine besondere Beziehung bestehen. Der Benutzer übernimmt Verantwortung. Sein Umgang mit den Dingen soll sie beleben. Und weder Ding noch Besitzer sollen zu irgendeiner Überforderung gezwungen sein. Zugleich sollte jedoch nichts und niemand unterfordert sein, denn nur die Benutzung, diese Entspannung zwischen Ding und Mensch, macht das Wohnbehagen aus.

Stellen Sie also jene Materialien und Verarbeitungstechniken und Stile fest, zu denen Sie wirklich Beziehung aufnehmen wollen. Gehen Sie hinaus in die Natur, und finden Sie dort die für Sie belebendsten Materialien: den Baum etwa, der Sie überzeugt, weil er Ihnen Geborgenheit bringt in seiner Holzart. Suchen Sie die Rinde, den Stein, das Metall, den Lehm, das Tier, die Pflanzen- oder Tierfaser, die Sie verstehen und als Teil der Natur in Ihr Wohnen, unter Ihre Obhut nehmen wollen, weil Sie ganz sicher sind, daß zwischen Ihnen und diesem Teil des Lebens Verstehen möglich ist. Finden Sie, was zu Ihnen paßt und was Sie in Ihren Gewohnheiten ganz natürlich verstehen wird. Tragen Sie Ihre persönlichen Materialien zusammen, das Richtige für Ihre Augen, Ihre Nase, Ihren Geschmack, für Ihre Haut, für Ihr Wärme-, Glattheits-, Feuchtigkeits- und Schwereempfinden. Und lassen Sie nur Dinge in Ihr Wohnen, die Ihnen entgegenkommen, weil sie eben für Sie lebendig sind.

Ich erinnere mich an eine aufgeregte Frau. Sie war schwanger, und ihre Freude auf das Kind wurde nur durch die Wohnung getrübt: mit Velourleder tapezierte Wände, große Spiegelflächen dazwischen, dazu eine modisch geschwungene Treppe ohne Kindersicherung, Seidenbezüge auf Polstermöbeln, ein heikler Teppichboden und dazu ein Mann, der das alles eingerichtet hatte und nichts ändern wollte. Die Frau hatte Angst, ihr Kind in diese luxuriöse Welt hineinzugebären und in ihr aufzuziehlen. Sie wollte ihr Kind nicht ständig mit Verboten bombardieren und seine Entwicklung hindern und es mit der Treppe zusätzlich gefährden. Ein größerer Wohnungsumbau schien unausweichlich, wenn sie nicht auf ihr Kind verzichten wollte.

Sie war sehr erstaunt, als ich sie die Traumwelt beschreiben ließ, die sie sich für ihr Kind wünschte. Es sollte umgeben von schmeichelnder Schönheit, inmitten des kostbarsten Materials aufwachsen und ein in allen Sinnen aufgeschlossener und reicher Mensch werden und lernen, mit all dem Edlen und Schönen verantwortlich und wie selbstverständlich umzugehen.

In der Wohnung wurde nur ein Treppengeländer installiert. Auf die scheinbar so praktischen Möbel, die Holz unter Klarsichtlackierung verschwinden lassen, auf den schmutzabweisenden antistatischen Kunststoffbelag für den Fußboden und die Wände mit der abwaschbaren Tapete, auf all die vor dem Benutzer geschützten Dinge der Wisch-und-weg-Ideologie wurde sogar im Kinderzimmer verzichtet. Es erhielt zuerst ein Schaffell für das Krabbelkind, danach einen ebenso robusten, hellen und preiswerten Orientteppich als Belag, den man mit Seifenwasser reinigen konnte. Die Wände waren einfach weiß gestrichen, wodurch sich jede Verletzung leicht ausbessern ließ. Bald durfte das Kind schon selbst mitmalen. Über die Entwicklungsjahre hin verschwanden die festmontierten oder eingebauten Möbel rasch; statt dessen standen eine richtige Malerstaffelei und eine Werkbank in dem Zimmer, später ein Sitz- und ein Schreibpult zusätzlich. Und das Schrankproblem wurde wie ein Puzzlespiel gelöst: nur selten widmungsneutrale Kisten, in die die Spielsachen mit einer Schaufel wieder eingefüllt und ebenso wahllos herausgekippt wurden, sondern für jeden Gegenstand seinen Platz.

Bewußte Unfallverhütung wurde nicht betrieben. Was sonst menschliches Versagen genannt wird, trat nicht ein, weil die Dinge, mit denen das Kind und seine Eltern umgeben waren, Respekt forderten, also bewußte Konzentration, nicht jene Sorglosigkeit, die nichts weiter ist als Beziehungslosigkeit, Gedankenlosigkeit, Unkonzentriertheit, alles Faktoren, die zu Unfällen und Malheurs führen.

Der Weg zur Unfallverhütung im Wohnen beginnt somit bei den Benutzern der Dinge. Zwar sind die Hersteller durch strenge Gesetze zur Entschärfung ihrer Produkte gezwungen, völlig harmlos aber werden diese niemals. Der Teppichboden, auf dem sich der Stürzende durch die Reibung seiner Haut über die Fasern verbrennen kann, das Bücherregal, das nach vorn stürzt, die Küchenlade, an der man sich die Hüfte wundschlägt, der

Topf mit kochendheißem Wasser, der durch den hervorstehenden Griff heruntergerissen wird, das Radio im Badezimmer, das in die Wanne stürzt und tötet, der Sessel, der umkippt, wenn er als Leiter benutzt wird, sind an sich ungefährliche Gegenstände. Sie fordern den sachgerechten Benutzer, der ihnen nur zumutet, wofür sie gemacht wurden. Alle Dinge haben somit unveränderbare Benutzungseigenschaften, die auf die Lebensgewohnheiten der Benutzer abgestimmt sein müssen, und diese kennt eben nur der Benutzer selbst.

Chemie und Physik

Aber selbst zu den Wisch-und-weg-Oberflächen der Möbel und der Ausstattung sind einige zusätzliche Überlegungen notwendig, die wieder mit dem Alarmsystem des einzelnen zu tun haben. Manche Menschen nämlich vertrauen der Scheuerkraft. Ihr Wischen ist ein Polieren, ein Reiben. Sie halten mehr von den physikalischen als von den chemischen Reinigungskräften. Und viele von ihnen gehen an feuchte Tücher mit so viel Widerwillen heran, daß sie ohne Gummihandschuhe nicht auskommen wollen. Jeder Weg zur Hausarbeit führt somit an der Ablage für diese Handschuhe vorüber. Ihnen sind verhältnismäßig trockene Reiniger wie Sprays oder Staubwedel am liebsten, Hilfen also, die Abstand schaffen, während der andere Typ, der eher auf Chemie setzt, den Duft der Sauberkeit braucht und über Spezialmittel verfügen muß.

Wer durch die falsche Oberflächen- und Möbelwahl zu einer Art der Reinigung gezwungen wird, die ihm fremd ist, wird Beschädigungen trotz aller Mühe nicht vermeiden können. Ein Mensch, der Sauberkeit durch Rei-

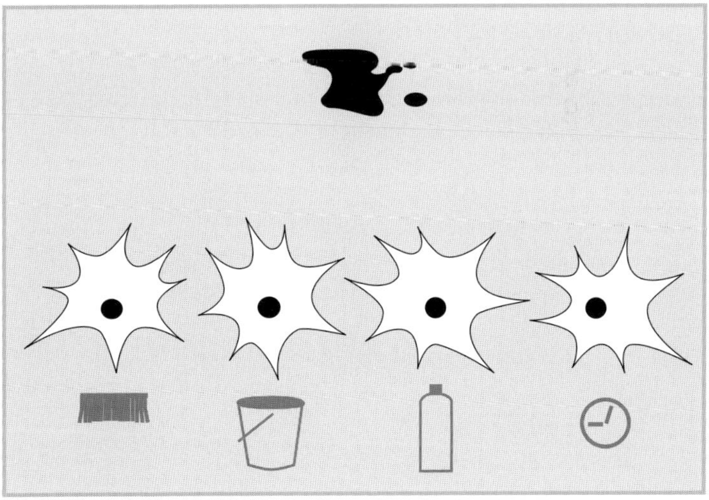

AR

bung erzeugt, kratzt Nirostaflächen auf, reißt lose gewordene Folien und Furniere ab, saugt mit voller Kraft auch den heikelsten Fußboden. Der Verschleiß gehört für ihn zur Arbeit. Und Menschen, die gern mit Reinigern arbeiten und auf die Chemie vertrauen, gehen mit diesen Mitteln auch an Metallnägel heran, die in Ledertapezierungen geschlagen sind. Sie verschmieren mit der Metallpolitur den Lederbezug und mit dem Lederputzmittel die polierten Nägelköpfe. Entsprechend ihrer Gewohnheit kommen sie auch mit sogenannten Schmutzzonen nicht zurecht. Überall dort etwa, wo glatte auf textile Böden stoßen, wo sie also verschiedene Reiniger und Pflegemittel benutzen müssen, laufen Sie Gefahr, durch die Reinigung des einen Materials das andere zu verschmutzen. Sie vertrauen oft auch der Chemie zu sehr, um das Wesen des Reinigers zu verstehen. Er soll nämlich die Verschmutzung weich machen, damit sie entfernt werden kann. Diese Eigenschaft behält er auch, wenn der sichtbare Schmutz längst weggewischt ist. Und nun müßte er selbst entfernt werden, soll er nicht weiter Schmutz annehmen, weich machen und verteilen... Das Problem wird aber noch deutlicher bei hochglänzenden Oberflächen: Wer allzu fest scheuern muß, um sich den subjektiven Eindruck von Sauberkeit zu verschaffen, wird sie zerkratzen. Und wer ihnen mit zuviel Chemie zu Leibe rückt, um den Glanz aufzupolieren, wird Schlieren erzeugen, die er dann erst recht entfernen muß.

Die Oberflächen ändern sich ja nicht entsprechend dem Pflegertyp. Und ebensowenig ist der Pflegertyp wirklich veränderbar. Zusätzlich gibt es auch bei den einzelnen Typen noch graduelle Unterschiede: Menschen, die sich vor Salzsäure fürchten, werden Probleme mit Klinkerböden bekommen, deren schützende Wachsschicht manchmal erneuert und dazu eben mit Salzsäure abgewaschen werden muß. Auch Silber will mit chemischen Mitteln geputzt sein, die manchen Menschen unheimlich sind, wenn sie mit ihnen in Berührung kommen.

Und gleiche Vorsicht und Voraussicht ist auch allen empfohlen, die lieber trocken mit dem Wischtuch reinigen: Statische Aufladungen, etwa bei Lacken und Kunststoffen, führen zu zusätzlicher Arbeit, die sich ohne die verhaßte Chemie kaum erledigen läßt.

Wer hier nicht darauf achtet, den Komfort eines Gegenstandes auch nach seinen Eigengesetzlichkeiten zu beurteilen, wird sich Ungeliebtes ins Haus holen. Das Problem ist allerdings insgesamt schwer zu lösen, denn nur noch selten zeigen die Einrichtungshäuser konkret, was sie dann nach Bestellung liefern. Die Kunden führen das Planungs- und Kaufgespräch meist Wochen vor der eigentlichen Lieferung. Und die kleinen Materialmuster machen es dem Kunden schwer, vor der Kaufentscheidung die Pflege- und Wartungsvorschriften zu überprüfen. Und doch hängt es ganz entscheidend von diesen Vorschriften ab, ob der Umgang mit dem Erworbenen nach der ersten Freude darüber, daß nun wieder ein gutes Stück im Haus ist, sich als Terror oder als leichte Hege und Pflege gestaltet, die auch noch Freude machen kann.

Ein kleiner Test, der Ihnen wieder zeigen soll, wo Sie stehen:

Was tun Sie mit einem kleinen Fleck? – Suchen Sie nach dem Reiniger? Ergreifen Sie entsprechend Ihrem Schrecksekundentyp irgend etwas und wischen oder kratzen damit über den Fleck? Holen Sie Wasser? Am liebsten möglichst heißes? Lassen Sie den Fleck antrocknen, um dann später etwas zu unternehmen? – Überprüfen Sie, wie Sie reagieren, und wählen Sie aus, welches Material Ihrer bevorzugten Reinigungstechnik entspricht – dem heißen Wasser, dem chemischen Reiniger, dem Kratzen und Bürsten, dem Antrocknenlassen. – Für jede dieser Techniken gibt es die richtigen Produkte!

Sinnvoller Wohnen

Noch weiterreichende Folgen hat die Pflegehäufigkeit. Es gibt Menschen, die täglich dafür sorgen, daß all der Schmutz, der hereinkommt, möglichst sofort wieder entfernt wird. Anderen wieder genügt es, diese Arbeit in einem mehrtägigen oder auch wöchentlichen Rhythmus zu erledigen.

Der Staub ist für alle der gleiche. Er wird aber auf glatten, spiegelblanken Oberflächen deutlicher sichtbar sein und harte, mahnende Schatten werfen. Auch Wassertropfen hinterlassen auf diesen Oberflächen, je nach deren Helligkeit und Farbgebung, Schlieren, Flecken und Ränder. Derartige Erscheinungen des täglichen Lebens können zu einem ständig wachen schlechten Gewissen führen und den erträglichen Wochenrhythmus unerträglich stören, so daß das Wohnen zur Reinigungspflicht entartet.

So sehr also Hochglanz, leuchtende Farbgebung, spiegelblanke Flächen, möglichst viele Horizontalen im Wohnen all jene Menschen bestätigen, die leidenschaftlich gern Jagd auf Staubkörner machen, so sehr werden ganz normale und alltägliche Verschmutzungen und Gebrauchsspuren jenen zum Terror, die nicht weniger sauber leben, aber eben auch nicht zum Putzsklaven der eigenen Wohnung werden wollen.

Nimmt man den Putzfanatikern ihren Hochglanz, verlieren sie ebenso viel dabei, wie die Putzscheuen gewinnen, die bei längeren Reinigungsintervallen auf möglichst alle offenen horizontalen Flächen verzichten, also offene Regale erst gar nicht vorsehen, matte Oberflächen bevorzugen, Schnörkel, Leisten, Simse ebenso meiden wie volle, großflächige Farben, das Rot, das Blau, das Braun, auf denen jede kleinste Schmutzfaser laut schreit. Die wesentliche Einsicht dazu: Weder das Produkt noch der Mensch ist wirklich veränderbar. Das Produkt, das sich anpassen soll, wird unsachlich behandelt und wird Schaden nehmen. Der Mensch, der sich, seinem Reinigungstyp zuwiderlaufend, den Pflege- und Wartungsanforderungen des Produkts unterwerfen muß, wird unter der Hausarbeit leiden. Er wird versuchen, diesem Leid auszuweichen, indem er Verhaltensmaßregeln aufstellt, die er ständig überprüfen und überwachen muß. Das Wohnen wird zum Schonen.

Legen Sie Ihren Reinigungsrhythmus fest. Von ihm hängen die Materialien, die Oberflächen, die Farben, ihre Helligkeit, ihr Glanz und ihr Stil bis hin zur Planung von horizontalen oder vertikalen Flächen im Sichtbereich ab, ob Sie offen oder lieber hinter Türen wohnen und aufbewahren.

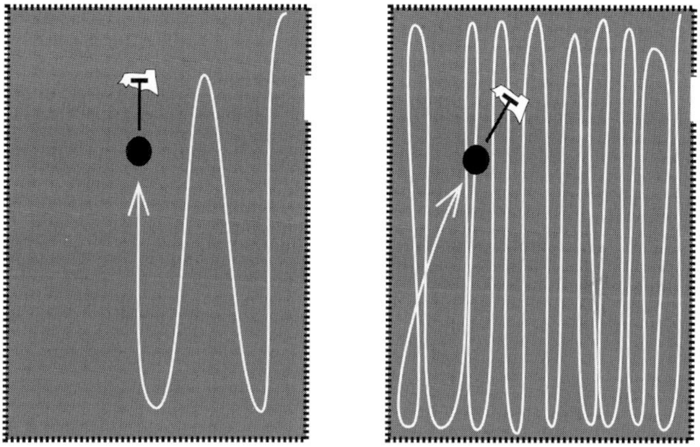

AR

Man sagt Teppichböden nach, daß sie Staubmengen bis zu ihrem Eigengewicht binden können, ein Vorteil, den sie mit vielen anderen Textilien gemeinsam haben. Antistatische Ausrüstung der Möbel, dazu die richtige Luftfeuchtigkeit und Dichtungen an Türen und Fenstern können all jenen helfen, die sich das Leben zwischen ihren eigenen vier Wänden einfacher machen wollen, indem sie den Pflegeaufwand reduzieren.

Umgekehrt aber sollte, wer die Beziehung zu den Dingen, die ihn umgeben, all die Liebe, die Hege und Pflege, zeigen will, auch Anspruchsvolles unbeeinflußt von allen, die einzig die Pflegeleichtigkeit gelten lassen wollen, hüten dürfen. Denn wieder geht die Freiheit des einzelnen so weit, bis sie die Freiheit des nächsten Menschen zu beengen beginnt.

Eine bulgarische Geschichte

Nur noch vereinzelt, erzählen mir Freunde aus Bulgarien, gibt es in diesem osteuropäischen Land Bauernhäuser mit gestampften Lehmböden, die so hell ledrig und so lebendig sind.

Jeden Morgen, wenn die Kinder und der Mann aus dem Haus sind, fegt die Frau diesen Boden, holt dann einen Eimer voll Wasser vom Brunnen, stellt sich in die Mitte des Raumes, greift mit der Hand in das Wasser und sprengt den Lehm, um den Staub zu binden. Sie dreht sich dabei um ihre eigene Achse im Kreis und wirft und streut das Wasser von sich.

Durch ihre Schleuderbewegungen, durch die Wassermenge, die sie greift, und durch die Drehung um sich selbst entstehen im Lehmboden Spritzmuster. Und je nach ihrer Stimmung, den Gedanken und Gefühlen, die sie bewegen, werden es ruhige, ausgeglichene, zerfahrene, panische, zackige, wütende oder müde, resignierte Muster, die nun, für alle Eintretenden den ganzen Tag sichtbar, bis zum Abend im Boden eintrocknen.

Der Fremde, die Nachbarin, der eigene Mann abends, wer immer das Bauernhaus betritt, kann sehen, wie es der Frau geht. Er empfängt eine Botschaft ohne Worte und kann nun auf dem, was hier auf dem Fußboden an Gefühlen und Stimmungen mitgeteilt wird, was durch ein großes, ausdrucksstarkes Ornament spricht, herumtrampeln oder sich behutsam, Rücksicht nehmend bewegen. Hausarbeit, die für Sauberkeit sorgt, ermöglicht hier persönlichen Ausdruck und bringt Kommunikation ins Haus, die täglich erneuert wird.

Nun ist der altehrwürdige Lehmboden, selbst wenn er sauber und appetitlich gehalten wird, aus unserer heutigen Sicht nicht praktisch. Aber die tägliche Beschäftigung mit ihm, die er fordert und mit besonderer Schönheit bedankt, weil er fast alles verzeiht, was ihm durch Benutzung zugefügt wird, hat eine tiefgehende Wirkung: Ein uraltes Bau- und Wohnmaterial ermöglicht täglich neu gestaltbare, fast zeremonienhaft ablaufende Mitteilungen über den Menschen, der für ihn verantwortlich ist und ihm, gerade wegen der Routine, die seine Pflege erfordert, aus einer unbewußten Mechanik heraus seine innere Verfassung aufprägt. Der Boden wird zum Medium, als das ihn auch die anderen Menschen verstehen und lesen gelernt haben.

Diese Geschichte steht als Beispiel dafür, was Wohnen, selbst auf dem Fußboden noch, sein kann. Was hat uns die Ideologie der Pflegeleichtigkeit, dieses scheinbar problemlose Wisch- und weg, diese scheinbar auf ewig er-

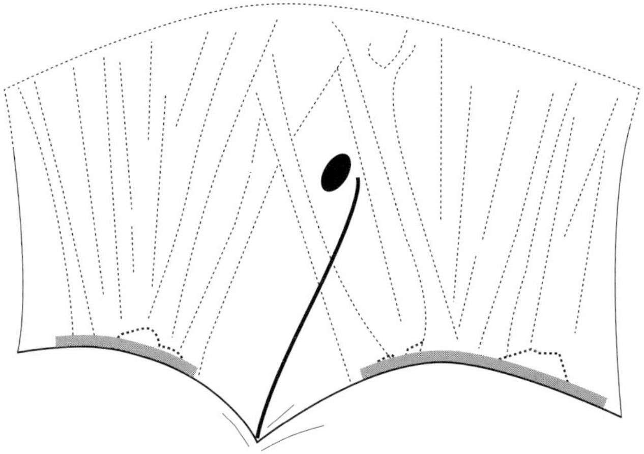

AR

starrte Schlag-, Kratz- und Hitzefestigkeit genommen! Bei den Möbeln von heute kann man bei normalem Gebrauch kaum mehr Schaden anrichten, und doch sind sie so anfällig, und wir kommen nicht wirklich an sie heran, ohne sie zu beschädigen. Vielleicht wirken die alten Gasthaus- und Bauerntische, die ausgewaschenen, oft unbeholfen beschnitzten oder behackten Trame, die Brotkästen oder auch Borde, die ausgetretenen Schiff- und Klinkerböden deshalb so imposant: Kraftvoll erwarten sie Kraft. Sie sind verstehbares Material, in dem noch Leben steckt.

Was hat die Trennung von Arbeits- und Freizeit, diese coole Beziehungslosigkeit zwischen Geldverdienen und Geldausgeben, diese Betonung der smarten Zeitersparnis durch Instants gebracht? Diese Verurteilung der Arbeit? – Vielleicht pflegen manche Männer deshalb ihr Auto mit soviel Sorgfalt: Woran sollen sie Ihre Liebe zu den Dingen, die auch in ihnen ist, daheim austoben? – An diesen Möbeln aus dem Supermarkt?

Es ist sicherlich nicht einfach, freiwillig Verantwortung zu übernehmen, dem Leben auch mit Dingen seinen Sinn zu geben, die man in seine Obhut nimmt, um für ihr Gedeihen zu sorgen. Aber irgendein Möbelmaterial, eine Möbelform wird immer in das Wohnen kommen und gepflegt werden müssen; es könnte auch etwas sein, was Freude macht, wozu eine

Beziehung besteht, die mit den Fingerkuppen bei der Berührung aufgenommen wird, ein Möbel also, das zum Streicheln einlädt. Es könnte auch der Duft sein oder die Helligkeit, die beispielsweise eine unlackierte Tischplatte aus Kiefernhoz ausstrahlt, wenn sie gewaschen wird.

Ich erinnere mich an einen Mann, der mit seinem Wohnungsplan ins Einrichtungshaus kam. Sein Wohnzimmer war ganze neunzehn Quadratmeter groß. Er richtete an mich die Frage, in welcher Ausführung er den mächtigen Wandverbau bestellten sollte, für den er sich entschieden hatte – nur für die eine Wand oder auch noch über Eck. Bei unserem Gespräch stellte sich heraus, daß er gar nicht wußte, was er in den vielen Fächern und Schubladen oder gar in der vorgesehenen Vitrine unterbringen wollte. Er sammelte nichts, was dieses mächtige Schaufenster in der guten Stube gerechtfertigt hätte. Als ich ihn danach fragte, antwortete er: „Leer wird schon nichts bleiben."

Da gingen wir der Sache geduldig nach. Für den Wandverbau hatte er keinen wirklichen Bedarf. Das wußte er selbst. Aber zwischen sich und die Wand seiner Neubauwohnung, vor diese Wand, die ihm unheimlich war, wie er zugab, die er eigentlich fürchtete, wollte er Holz bringen. An eine Täfelung hatte er nicht gedacht. Die sei doch sicher zu teuer, wehrte er ab. Und außerdem habe er noch nie eine in den Einrichtungshäusern gesehen. – Was er aber überall gefunden hatte, waren die mächtigen Wandverbauten, von denen er annahm, sie wären aus seinem ersehnten Material, dem Holz.

Da brachte ich ihm ein Materialmuster, und er sah, daß es beschichtete Spanplatte war, was er für Eiche gehalten hatte. Aus dem ersehnten Vollholz, stellte er fest, waren nur die ganz schmalen, maschingefrästen Leisten, die die Türen faßten. Er hätte sich, sagte er, Schnitzwerk auch anders vorgestellt. Und sicherlich würde er eine geschnitzte Holzfigur kaufen, wenn er erst einmal seine Wohnungseinrichtung bezahlt hätte. Da suchten wir in seiner kleinen Wohnung einen Platz, wohin er seinen Engel, den er sich vorstellte, hängen könnte.

Erst jetzt, als er erkannte, daß er mit dem Wandverbau, wie der Name schon sagt, die einzig gute Wand seiner Wohnung verbauen wollte, entschied er sich für eine Anrichte, deren Platzangebot ihm vollauf genügte. Seine neunzehn Quadratmeter waren damit locker und umstellbar möbliert. Er hatte Platz behalten und Geld dazu, um sich den Holzengel sofort vom Schnitzer zu holen. Der Engel, sagte er, werde ihn vor der Mauer besser schützen als die Spanplattenfestung.

Ein Spruch aus dem Fernen Osten sagt: Gott schläft in den Steinen; er träumt in den Blumen; er erwacht in den Tieren; er ist sich seiner Wachheit im Menschen bewußt.

Sie müssen für das nächste Experiment nicht gläubig sein, aber vielleicht weit fahren.

Fahren Sie, bevor Sie Ihre Materialien wählen, hinaus in die Natur. Sehen Sie sich an, was ein Stein aushält – Feuchtigkeit, Reibung, Aufprall, Hitze, Frost-, was Pflanzen, ob Bäume oder Gräser, ertragen, wie widerstandsfähig die Wolle der Schafe gegen Verschmutzung, Sonne, Regen ist. Legen Sie sich auf die Erde, wenn Sie den Wunsch verspüren, fassen Sie die Rinde an, umarmen Sie den Baum, streicheln Sie die Tiere, und spüren Sie, wie der Stein, den Sie in die Hand nehmen, Ihre Wärme annimmt und zurückstrahlt. Fühlen Sie den Waldboden unter Ihren Füßen, in Ihren Gelenken und Bandscheiben, wie er Sie federnd trägt. Und wie lebendig das Gras auf Ihre Schritte reagiert in seiner Zartheit im Verhältnis zu Ihrem Gewicht. Ziehen Sie die Schuhe aus, und laufen Sie barfuß.

So entdecken Sie die Magie der Dinge, Ihren Lieblingsstein, Ihr Lieblingsholz, weil Sie hier die sicher stabilisierende Schwere des Steins, die ermutigende, aufwärts strebende Kraft des Baumes spüren und verstehen, daß das Holz Ihrer Möbel Ihnen dieses Gefühl nur dann wiedergeben kann, wenn seine Maser von unten nach oben verläuft.

Danach suchen Sie ein Möbelhaus auf. Beachten Sie, was man dort unter Naturnähe versteht, wieviel das Möbel, und sei es „Bio", mit dem Baum noch zu tun hat, wie sich Holz, Stein, Wolle hier anfassen, wie hier riecht und schmeckt, was durch aufwendige technische Veränderungen vom Naturprodukt zum Einrichtungsgegenstand verwandelt wurde, und was gewonnen wird, wenn Naturprodukte zerschnitten, zerfräst, zerfasert, mit Kunststoffen versetzt und vermaischt und neuerlich gepreßt, wenn sie gebeizt, lackiert, in Folien kopiert und zu großen Platten gewalzt werden, die nicht mehr das geringste mit dem Baum gemeinsam haben.

Wenn Sie aufmerksam über den Waldboden und dann über den Stein gegangen sind, werden Sie wissen, wie Sie sich Ihren Fußboden wünschen, ob weich und elastisch oder hart. Nun haben Sie, mit Ihren Fußsohlen, mit Ihren Gelenken, die Wahl.

Staubfänger

Was das Leben in Naturnähe und im verbauten Raum der Städte und Wohnungen unterscheidet, ist nicht nur über die Augen feststellbar. Vor allem die Nase und mit ihr die Lunge fühlen den Unterschied. Und nicht nur die bessere Sauerstoffversorgung des Organismus läßt uns in der Natur, im unverbauten Raum, freier atmen – es ist, als ob dort alles atmet. Nichts, was uns draußen umgibt, ist so hermetisch von seiner Umgebung abgeschlossen wie das Material des Wohnens. Kein Lack schützt die Pflanze, den Stein, das Metall, keine Appretur die Wolle und die Haut, alles ist feinporig und atmet mit, bindet und entläßt Feuchtigkeit, bindet Staub und Ballaststoffe, die damit der Atemluft entzogen werden.

Im Wohnen jedoch ist, von den Fenstern mit ihren Scheiben und lackierten Holzteilen, den Wänden und ihren staub- und schadstoffabweisenden Fassaden, ihren Innenanstrichen und Tapezierungen, von den Möbelflächen bis hin zur Faser des modernen Teppichbodens, möglichst alles abgedichtet. Fliesen werden gesintert glasiert, sogar Metalle oder Stein sind lackiert, und selbst die sogenannte offenporige Lackierung des Holzes ist eine Versiegelung. Hier atmet fast nichts mehr. Hier können die Materialien kaum noch klimatisieren, indem sie die Luft je nach Bedarf mit Feuchtigkeit versorgen oder sie ihr wie ein Saugtuch entziehen. Hier, wo das Stadtleben mehr Staub erzeugt als im eigentlichen Lebensraum des Menschen, in der Natur, kann die Umgebung kaum noch zur Entsorgung beitragen.

Der Grund für die Isolierung der Wohnmaterialien ist einleuchtend: Was in dieser Umgebung atmet, verschmutzt. Es müßte gesäubert oder ausgetauscht werden, und das würde Arbeit und Kosten verursachen. Beides könnte dem Absatz, dem Verkauf der Produkte schaden. Wir haben lieber für möglichst lange Zeit unversehrbare, pflegeleichte, wohlversiegelte Oberflächen um uns, die wie neu aussehen. Damit bürden wir die Arbeit der Luftreinigung fast ausschließlich der Nase auf und hoffen auf die Leistungsfähigkeit der Lunge. Und was sie nicht schafft, müssen die anderen Entgiftungsorgane des Körpers bewerkstelligen.

Einen Großteil dieser Arbeit könnte das Wohnen, seine Ausstattung und Einrichtung, übernehmen. Was Tapeten vergilben läßt, Teppich und Möbel angraut, auf rauhen Flächen verstärkt liegenbleibt, das Spülwasser verschmutzt, den Staubsack füllt, belastete vorher die Atemluft und kann im Wohnmaterial gebunden sein, bevor es die Lungen erreicht.

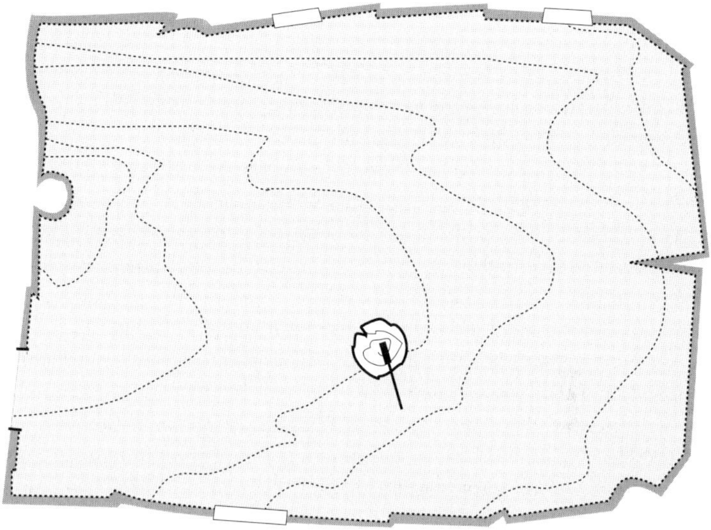

PLAN VON AR

Der Schutz, den die Möbel und die Raumausstattung vor uns und zum besseren und längeren Gebrauch durch ihre Versiegelungen erhalten, beläßt die unvermeidbaren Schadstoffe im Raum. Und das macht besonders die Heizperioden in unseren glatten, unzureichend belüfteten Wohnungen zu einer heiklen Dauerbelastung für die Lungen.

Denn nun sind wir mit dem Staub eingeschlossen, der durch die Thermik der normalen Luftheizgeräte nicht mehr zur Ruhe kommt, und tun alles, um die Luftfeuchtigkeit zu erhöhen, obwohl doch unsere eigenen Erfahrungen dagegen sprechen: Wo nämlich atmet es sich freier als in klarer Winterluft, die aber doch recht trocken ist. Die Lunge selbst ist feucht. Sie belädt die eingeatmete Luft mit 42 Promille Wasser, bevor wir sie ausatmen. Je trockener es draußen ist, desto mehr Wasser und desto mehr Schadstoffe können abtransportiert werden.

Und trotzdem spüren wir das Bedürfnis nach Feuchtigkeit in den Räumen, weil sie den vorhandenen Staub, der von der Heizungsthermik, vom Temperaturgefälle im Raum von oben nach unten und zum abkühlenden Fenster hin gewirbelt wird, wenigstens einigermaßen zu binden scheint. Aber irgendwo bleibt er ja auch, wenn er durch die Feuchtigkeit, die er aus der Luft annimmt, schwerer wird – zum Beispiel in Betthöhe angesammelt in der Luft, wo er uns geballt erreicht, wenn wir liegen.

Überfeuchtete, staubbeladene Luft ist eine teuflische Kombination, mitverursacht durch allzu glatte, schmutzabweisend gemachte Oberflächen und das Vertrauen auf Luftheizgeräte, obwohl seit Jahren die nicht nur hinsichtlich der Staubverteilung wesentlich gesündere Strahlungsheizung angeboten wird. Den Trugschluß, daß Oberflächen unserer Umwelt um so glatter, pflegeleichter, verschmutzungssicherer gemacht werden müssen, je gefährdender die Atemluft ist, müssen wir mit unserem Wohlbefinden bezahlen. Man hat zwar weniger Reinigungsarbeit zu leisten, und die Dinge bleiben auch länger schön sauber, dafür aber haben wir uns die möglichen Filter und Klimatisierungshilfen genommen, die Staub und Feuchtigkeit für uns binden, bevor sie in die Lunge gelangen und den gesamten Organismus belasten können.

Wieder also ist nicht das Hygrometer, das Meßgerät an der Wand, Maß des Wohlfühlens, sondern die bewußte Wahrnehmung, in diesem Fall von Nase und Lunge, die Individualität also, die das eigenartige Zusammenwirken von Mensch und Umgebung steuert, wenn man das eigene Empfinden das Maß sein läßt und, davon ausgehend, die Zusammenhänge sucht, neu überdenkt und, wenn nötig, verändert.

Auf einen Zusammenhang zwischen Luftfeuchtigkeit und Temperatur soll noch hingewiesen werden: Ein trocken-kalter Wintertag ist anders trocken als ein trocken-heißer Sommertag. Die auch von Ärzten empfohlene fünfzigprozentige Luftfeuchtigkeit bedeutet nämlich bei 0 Grad Celsius 2 und bei 3o Grad Celsius 13,5 Promille Wasser. Schwüle Gewitterluft ist mit etwa 10 bis 15 Promille Wasser beladen. Und dann schafft die Atmung nur noch 25 Promille Wasser aus der Lunge anstatt der 40 am kalten, klaren Wintertag...

Was aber geschieht mit der überschüssigen Feuchtigkeit in der Atemluft? – Sie könnte wieder durch atmende Materialien normalisiert werden, vom Holz beispielsweise, allerdings nur vom anderen Holz, wie es sich in alten Fußböden, alten Tramen, alten Bauernmöbeln findet.

Auch wenn den Menschen vor mehr als hundert Jahren vielleicht noch nicht bekannt war, daß Holz überwiegend aus Zellulose und der eigentlichen Holzsubstanz Lignin und zuckerhaltigen Kohlehydraten besteht, so wußten sie doch, daß man es am besten bei Neumond in der saftarmen Zeit, also im Winter, schlägt. Dann flößten sie es in der Wuchsrichtung des Baumes. So wurde soviel Zucker wie nur möglich aus den Holzzellen gewaschen. Weniger Zucker bedeutete weniger Gefahr für Pilzbefall, wenn das Holz zusätzlich nach dem Flößen ausreichend in frischer Luft getrocknet wurde.

Selbst Brennholz wurde früher drei bis fünf Jahre trockengelagert, bevor es in den Ofen kam, weil nur grünes Holz den gefürchteten Glanzruß erzeugt. Deshalb wurde das Brennholz nach der Lagerzeit noch für eine Weile in der Nähe des Ofens gestapelt, damit Zellgewebe, Harze und Säfte beim Heizen vollständig verbrennen konnten.

Zwar kannten die Menschen damals die chemischen Zusammenhänge noch nicht – wie spezialisierte Zellgewebe das Holz aufbauen, indem sie den Organismus mit nährstoffhaltigem Wasser versorgen, während andere Zellen als Speicher für die nötige Feuchtigkeit, die Harze oder die Beistoffe verantwortlich sind. Dafür konnte man aber besser den Stamm mit den Jahresringen von innen nach außen lesen, sein Kernholz verstehen, das weitzellige des Frühjahrs, das engzellige, meist dunklere Spätholz, Jahr für Jahr. Vielleicht wußte man auch mehr davon, daß sich Weich- und Hart-, Kern- und Splintholz durch die in den Zellen enthaltene Luftmenge unterscheiden. Je härter das Holz, desto weniger luftgefüllte Hohlräume, desto mehr Holzsubstanz. Je mehr Lufträume, desto mehr Feuchtigkeit können die Zellen wieder aufnehmen, auch nachdem das Holz getrocknet ist. Man wußte auch sicher, daß jedes Holz, ob hart oder weich, wenn es ausreichend gepreßt wurde, auf das gleiche spezifische Gewicht gebracht werden konnte. Und man hatte durch Erfahrung erfaßt, wie Holz nach der Schlägerung und Flößung trocknen muß, damit das in den Zellen eingeschlossene Wasser langsam verdunstet und die Zellwände in Ruhe aushärten können. Damals richtete man sich nach der Erkenntnis, daß allzu rasch unter Hitze getrocknetes Holz mit überforderten, unreifen Zellwänden erneut Wasser aufnimmt wie ein Schwamm, daß es zu quellen beginnen würde, wie es das heute tut, wenn es nicht – mit Chemie – stabilisiert wird. Denn nur in seiner Eigengesetzlichkeit trocknendes Holz wird die Temperatur- und Feuchtigkeitsschwankungen ausgleichend und klimatisierend überstehen, ohne sich zu verformen und Schaden zu nehmen.

Man wußte auch – das ist in alten Schreinerhandbüchern nachlesbar -, daß weiches Holz zwar sehr viel mehr Wasserdampf aufnehmen kann als hartes, daß aber dieses harte Holz schon durch wenig Wasserdampfaufnahme in den Zellen sehr viel mehr quillt und unstabil wird und das Möbel stärker verzieht als weiches Holz, weil bei diesem immer nur die Zellwände, nicht aber die Hohlräume quellen und Platz dazu haben.

Früher zerlegte man auch die Stämme anders als in den modernen Sägereien. Heute wird, wenn der Stamm nicht überhaupt mit dem Astholz zusammen zerfasert und dann zu Spanplatten neu verklebt wird, tangential geschnitten, immer quer durch den Stamm. Die qualitätvollen Bretter aber entstanden früher durch radiale Behauung. Was vom Mittelpunkt des Stammes als Brett nach außen entsteht – viele Furniere von heute versuchen diesen Eindruck zu vermitteln -, hat wenig Neigung, sich zu verziehen. Es muß deshalb nicht künstlich stabilisiert werden, noch wenn dazu zur rechten

Zeit geschlägert, geflößt, gelagert und dann verarbeitet wird – und zwar entsprechend seinen natürlichen Eigenschaften, die eben von Holzart zu Holzart verschieden sind und seinen Gebrauchswert ausmachen. Heute sind solche Spezialisierungen nur noch vereinzelt spürbar: wenn beispielsweise bestimmte stabile Holzarten für Bilderrahmen verwendet werden, andere für Schneidbretter, wieder andere für Saunaanlagen, wo sie extreme Hitze und Feuchtigkeit aushalten müssen.

Im Möbelbau sind diese Spezialisierungen längst verschwunden. Die gleichen Möbel, und das gilt als Tugend des Erzeugers, sind in vielen Holzsorten erhältlich, und es scheint einzig eine Preisfrage zu sein, ob nun Esche, Buche, Kirsche oder Eiche gewählt wird. Technisch sind sie alle gleich gemacht und – indifferent auf das Geschmäcklerische ihrer Oberflächengestaltung beschränkt – unter ihren Lackierungen völlig neutralisiert, schon lange kein Holz mehr, sondern nur noch Musterlieferant für Spanplattenbeschichtung ohne klimatisierende Wirkung und immer noch atmosphärisch wirksam!

Was aber die Stabilität des Schneidbretts ausmacht, das Tag für Tag dem gewetzten Messer, färbenden Säften, Wasser, Reinigungsvorgängen, der Hitze ausgesetzt ist, was in Saunakammern duftend klimatisiert, was hölzern belassene Messergriffe für sehr viele Menschen so anziehend macht, beweist nicht nur, wie leistungsfähig dieses Material in seiner Beanspruchbarkeit ist, sondern vor allem, daß diese Eigenschaften auch für die Möblierung nutzbar gemacht werden könnten, daß also die Schutzbeschichtungen und sogenannten Vergütungen der Oberflächen möglicherweise gar nicht nötig sind für all jene, die die Dinge in ihrer Ehrlichkeit unter ihre Obhut nehmen wollen, die sich sogar nach Beziehung zu den Dingen sehnen.

Was hier für das Holz etwas ausführlicher dargestellt wurde, gilt ähnlich für Metall. Es ist ein optisch nur kleiner, für das ganze Wohngefühl aber gewaltiger Unterschied, ob das, was wie Schmiedeeisen aussieht, tatsächlich geschmiedet wurde oder ob es eine nur heiß über Schablonen gebogene Legierung ist. Das trifft erst recht auf Wolle, Leder oder Felle zu, auf Daunen, auf Baumwolle und auf Stein: Wenn das Auge solche Dinge wahrnimmt und die Hand auf Schutzschichten oder Imitate greift, entsteht ein fühlbarer Entfremdungsprozeß, der eine eigenartige Automatik verursacht: Wir begegnen dem Material mit einem Verhalten, das sich unwillkürlich an dem orientiert, was das Auge erkennt. Und dann ist es, weil Imitation, empfindlicher, griffkälter, es atmet nicht, es ist schwerer als erwartet, riecht und schmeckt anders, hat uns in die Irre geführt. Und diese Polarität baut erst recht Spannung auf: Auge und Hand widersprechen einander. Das Wohlfühlen, die Harmonie sind gestört.

Nochmals lädt Sie dieses Buch ein, sich mit einem dicken Tuch die Augen zu verbinden, um einige Zeit „blind“ zu leben. Sollte Ihnen dieser Vorschlag Angst machen: Sie können ja die Binde jederzeit wieder abnehmen, vorsichtig die Augen an das Licht gewöhnen, wenn Sie es nicht aushalten.

Aber Sie sollen jetzt entdecken, wie deutlich die anderen Sinne zu Ihnen sprechen, wenn das Sehen fehlt, und um wie vieles besser das Tasten, das Riechen, das Schmecken die Echtheit von Materialien und Oberflächen unterscheiden. Sie sollen erkennen, deutlich fühlen, wie wenig sich die Hände, die Fingerkuppen, die Haut belügen lassen, wenn das Auge die Diskussion der Sinne nicht, wie sonst, zu seinen Gunsten beendet. Sie werden erleben, was Sie an Eindrücken verdrängen, mit denen Ihre Sinnesorgane Ihren Organismus auf die Umwelt vorbereiten, und wie echt alles sein müßte, was Sie umgibt, um das notwendige Wohlfühlen zu schaffen, die Übereinstimmung in Ihnen, in der ein Sinnesorgan das andere bestätigen kann.

Sie wissen nämlich schon lange, seit Ihrer Vorschulkindheit, wie sich Holz anfaßt, wie es schmeckt, wie es riecht, wie der Geruch wechselt, wenn es feucht und wenn es trocken ist. Sie kennen auch alle anderen Materialien. Und was Sie damals als Summe der Eindrücke aller Ihrer Sinnesorgane erlebten, die noch geschärft waren, weil sie arbeiten durften, was sich zu Materialerfahrungen sammelte, will bis heute bestätigt sein. Jeder Widerspruch zwischen dem Sehen und dem Riechen oder Tasten wirft Fragen auf, muß eines der Sinnesorgane unsicher und schließlich stumpf machen.

Das Erleben mit verbundenen Augen wird intensiver, weil die anderen Sinne zu Wort kommen dürfen. Und was sie zu sagen haben, ist wahrer als der Augenschein, denn die Möbelindustrie erreicht mit ihren imitierten und beschichteten Materialien noch nicht die Greif- und Geruchsqualitäten der Originale. Sie sind in diesen Fragen weit von der angestrebten „Echtheit“ entfernt, ob es sich nun um Holz-, Metall-, Faser-, Haar- oder Lederimitate handelt. Nur ganz wenige Textilfasererzeuger schaffen den Flausch und den Griff, der das Original sogar noch übertreffen kann.

Verstehen Sie nun Ihre Unsicherheit in der Handhabung der Dinge?

Versuchen Sie es auch eine Zeitlang ohne Ihr Hören. Verstopfen Sie die Ohren, und registrieren Sie, was Ihnen fehlt. Materialien haben auch ihre speziellen, unverkennbaren Geräusche in Ihr Gedächtnis eingeprägt. Sie werden in der Zeit Ihrer Taubheit erleben, wie wichtig das Hören für die gesamte Orientierung ist. Nicht umsonst befindet sich im Gehörgang auch das Gleichgewichtsorgan.

Gegenstände müssen also auch nach den Materialien klingen, nach denen sie aussehen. Sprechen Sie Ihren Partner mit einer anderen als der gewohnten Stimme an, und erleben Sie sein Erstaunen.

Oder den Schreck, wenn Sie irgendeinen Gegenstand im verborgenen erwärmen und ihn dann ein anderer anfaßt, der mit einer ganz anderen Temperatur rechnet!

Und nicht anders ist es mit dem Gewicht: Irgend etwas in uns weiß genau, wie schwer Dinge aus bestimmten Materialien in bestimmter Größe sind, beispielsweise Holzmöbel. Wenn diese aber aus der viel schwereren Spanplatte gefertigt sind, die nur wie Holz aussieht, so ist das Berühren eine Erfahrung, die dem Benutzer schon Schranktüren und Schubladen entfremden kann, weil sie seinen Sinnen paradox erscheint.

Suchen Sie, wo immer Sie können, Ihre Möbel und die Waren für Ihre Wohnausstattung auch mit geschlossenen Augen aus. Zwar sind wohl die Augen im Konzert der Sinne am lautesten, doch der Kaufmann spielt in seinem Möbelhaus nicht aus Menschenfreundlichkeit Musik: Durch die Berieselung soll das wahre Empfinden abgelenkt werden. Die sanften Klänge sind kein Service am Kunden, sondern ein aggressiver Akt der Desorientierung. Wohnen ist von Augenblick zu Augenblick eine ständige Folge von Millionen Eindrücken aller Sinnesorgane am ganzen Körper. Achten Sie also ganz besonders darauf, was Sie riechen, tasten und hören. Und seien Sie sich dabei bewußt, warum.

Es gibt eine Reihe von Menschen, die gerade mit den Naturmaterialien nicht leben wollen. Schon bei der leisesten Berührung von unversiegeltem Holz bekommen sie eine Gänsehaut. Manche von ihnen hassen Fell bis hin zu allergischen Reaktionen. Manche können Leder nicht ausstehen und reagieren bei Berührung, als hätte man ihnen einen Eisblock untergeschoben. Für viele von diesen Menschen muß aber dennoch das Wohnen naturnah, also nach Naturmaterialien aussehen. Nur wenige aus dieser Gruppe gehen so weit, ausschließlich nach kunststofforientiertem Wohnen zu suchen, das sich deutlich sichtbar auf das Maschinenzeitalter und sein High-Tech beruft und es konsequent bis hin zum Schaumstoffbett durchhält, das dann auch noch in Neonfarben bezogen sein soll, eine eindeutige und konsequente Abkehr von der Naturimitation hin zur zeitgemäß anderen Umgebung dieser Gegenwart, ein Loslösungsprozeß, der über die optische Verfremdung der Lebensmittel in ein Utopia des Gedachten und Denkbaren führt, weg aus der Erfahrung ohne jede Nostalgiebelastung, ausgerichtet allein auf den ästhetisch geformten physikalisch-chemischen Zusammenhang. Sie brauchen selbst die Imitation nicht mehr, und ihre Sinne zeigen ihnen eindeutig, was der Organismus zu erwarten hat.

Was geschieht mit denen, die im Plastikwald wohnen, mit Riesenblumen aufs Papier an den Wänden, umgeben vom Tannennadelduft aus der Spraydose in der Luftbefeuchterluft?

Werkstatt, Atelier, Studio

Viele träumen von den kommenden Ruhejahren. Für die Zeit, da sie nicht mehr täglich zur Arbeit müssen, haben sie Großes vor.

In den letzten Jahren kam diese Zeit für manche von ihnen früher als erhofft. In ihrer Arbeitslosigkeit sicherte sie zwar das soziale Netz, nicht alle kamen durch noch laufende Zahlungsverpflichtungen in Schwierigkeiten, aber selbst jene, die körperlich fit und finanziell einigermaßen versorgt waren, konnten nun die vorgezogene Gelegenheit nicht nutzen. Sie sanken in sich zusammen, verzweifelten, saßen erschöpft daheim und verloren sich. Ihnen zeigte sich mit unvermittelter Eindringlichkeit, daß das Wohnen keineswegs für die arbeitsfreie Zeit eingerichtet war. Denn was sollte man in dieser üblichen Raumaufteilung und zwischen diesen üblichen Möblierungen in der üblichen Ausstattung schon beginnen?

Auch zerbrechende Partnerschaften bringen eine unvorhergesehene Wendung ins Leben. Plötzlich fehlt der andere Mensch, und ein Neuanfang in einer anderen Wohnung wird nötig. Und hier beweisen viele Einzelfälle, wie das Wohnen zur Rehabilitation vor sich selbst führen kann: Single-Wohnungen, in denen Menschen nach den Enttäuschungen der gescheiterten Beziehung wieder nach Ruhe und Geborgenheit suchen, um zu sich zu kommen, unterscheiden sich meist wesentlich vom bisher Gewohnten.

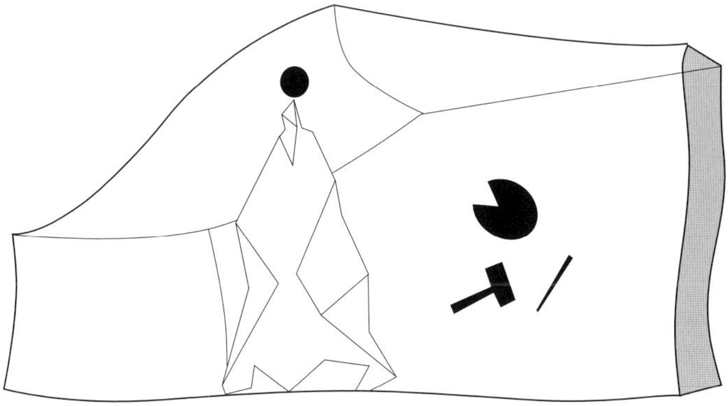

AR

Das Leben hat diese Menschen verletzt. Und nun umgeben sie sich nur noch mit Dingen, zu denen sie eine ganz besondere Beziehung, ihre eigene nämlich, haben. Mit großer Sorgfalt wählen sie Formen und Materialien aus, die ihnen die Mühe, die sie sich machen, auch sichtbar danken. Jetzt, da nichts mehr drängt, da alles auf den Menschen selbst zurückverweist, richten sie ihr Leben neu ein, mit hohem Anspruch, der eine Art Zwiegespräch mit den Dingen erfordert, ganz für sich allein.

Am Rande sei erwähnt, daß Rehabilitationen bei Abhängigen, sei es von der Nadel oder der Flasche, nur gelingen, wenn der Betroffene, der es dann allein versucht, ausschließlich Dinge um sich duldet, zu denen er eine ähnlich tiefe Beziehung hat, wenn er sich eine Umgebung schafft, in der alles, jedes erdenkliche Detail, persönliche Bedeutung bekommt. Alles muß ihm, indem er es benutzt, Freude machen, zu ihm sprechen und ihn zu sich selbst zurückführen. Bestätigung, Ermutigung durch Tun, das gelingt, nicht Vermeidung, sondern die Erfahrung gebraucht zu werden, für jemanden zu sorgen, etwas zu hegen, gibt dem Leben Bedeutung und Unentbehrlichkeit. Nicht das entlastende, sondern das voll engagierende Wohnen mit allem, was man hier tun kann und will, ist also das Ziel, das Erfüllung bringen kann, weil es Produktion möglich macht, selbstbestätigende Selbständigkeit.

Was könnte Ihr Leben erfüllen, indem Sie irgend etwas schaffen? Nicht nur das Übliche, das man einfach haben muß, weil es alle haben, sondern das ganz Eigene?

Lehnen Sie sich wieder zurück, und denken Sie zuerst an das Material, das Sie dazu brauchen. Nur an das Material und das dazugehörige Werkzeug. Wenn Sie nochmals zur Welt kommen könnten, was würden Sie anders machen in Ihrem Leben? In Ihrer Berufswahl? Als was wollen Sie geboren werden?

Was den Alltag bereichern könnte, muß nicht immer außerhalb der Wohnung liegen. Es kann auch das Wohnen selbst sein, das den Umgang mit dem liebsten Material erlaubt, ob es nun Papier, Holz, Textil, Metall ist, Feuer, Wasser, Erde, Herstellung oder Weiterverarbeitung, was auch immer das Bewußtsein der eigenen Autonomie fördert: daß man schaffen kann, was man schaffen will.

Diese Überzeugung erst wird das Wohnen angstfrei machen und Heimat geben. Diesen Zufluchtsort wenigstens kann man selbst in seiner Ordnung halten, und von hier aus läßt sich alles weitere aufbauen. Hier beginnen Wege nach draußen. Und dieses Zentrum wird um so wichtiger, je fragwürdiger die Strukturen draußen werden, je mehr sie versagen.

Helligkeit und Farbe

Wenn Menschen längere Zeit blauem Licht ausgesetzt sind, verändert sich ihr Blutdruck. Der Pulsschlag wird langsamer, der Blutzuckerspiegel sinkt, weil Blaulicht die Bauchspeicheldrüse beeinflußt. Die Zahl der weißen Blutkörperchen, so die Untersuchungsergebnisse, verringert sich radikal, erhöht sich aber nach etwa zehn Stunden wieder.

Das sind meßbare Erscheinungen, die selbst bei manchen Arten der Blindheit noch auftreten. Farben wirken, nicht nur das Blau und nicht nur über die Augen. Sie sind schwingende, fließende, lebendige Energie, genau nachmeßbare physikalische Größen mit möglicherweise sogar therapeutischem Effekt. Und dabei gibt es Farben überhaupt nicht. Sie sind Lichtwellen, eine besondere Art elektromagnetischer Energie, die in Wellenlängen und Schwingungszahlen im Millionstel-Millimeterbereich, in sogenannten Nanometern, gemessen wird.

Wenn sich das Licht in 400 bis 470 Billionen Schwingungen auf einer Wellenlänge von 800 bis 650 Nanometern bewegt, entsteht Rot. Bei 470 bis

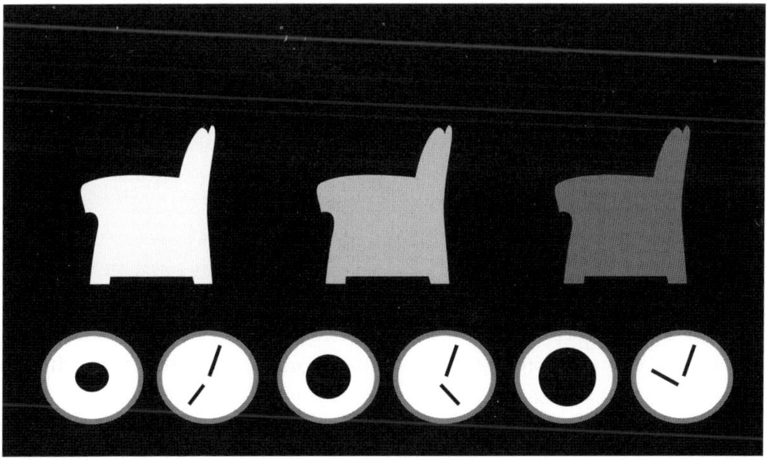

AR

520 Billionen Schwingungen pro Sekunde und einer Wellenlänge von 640 bis 590 Nanometern entsteht Gelb. Grün bei 590 bis 650 Billionen Schwingungen und einer Wellenlänge von 530 bis 490 Nanometern.

Alle diese Farben sind im Licht verborgen, bis es auf eine Oberfläche trifft: Sie absorbiert entsprechend der Größe und Art ihrer Pigmente alle Lichtanteile bis auf jene, die reflektiert werden. Die Oberfläche selbst ist in ihrer molekularen Struktur farblos. Sie braucht das Licht, das ihr ausschließlich durch Absorption und Reflexion erst Farbe gibt.

Es ist somit jeweils ein Lichtrest, der auf das Auge trifft und dort als Farbe registriert wird. Insgesamt könnten wir etwa eine Million verschiedener Farbeindrücke, also Differenzierungen des Lichtes, unterscheiden. Bei strenger Prüfung unserer Sensibilität bleiben immer noch an die zehntausend unterscheidbare Nuancen übrig. Aber wir haben bestenfalls, je nach Schulung, für fünfzig verschiedene Farben Namen. Wie also über Farben reden? Daraus wird auch verstehbar, daß Farben die Helligkeit des Lichts reduzieren: Kalkweiß gibt etwa 80 Prozent des auffallenden Lichts zurück, Zitronengelb 70 Prozent, Elfenbein- und Cremetöne ebenfalls, Strohgelb und Hellocker nur noch 60 Prozent, reines Orange nur noch 25 bis 30 Prozent, ebenso Hellbraun oder reines Beige. Mittelbraun 15, Lachsrosa dagegen 40 Prozent. Sattes Scharlachrot 16, Zinnoberrot 20, Karminrot 10 Prozent, Tiefviolett nur noch 5 Prozent. Anders die Blautöne: Hellblau gibt bis zu 50 Prozent Helligkeit zurück, Himmelblau 3o, Türkisblau 15; Grasgrün 20, pastelliges Lindgrün 50 Prozent; Silbergrau 35, Kalkputz-Aschgrau 4o, Betongrau 32, gelber Ziegel 32, roter Ziegel 18, dunkler Klinker 10 Prozent, mittlere Steinfarbe 35, trockener Asphalt 20 Prozent, um nur einige Farben und Baumaterialien zu nennen.

Farbe kostet also Helligkeit.

Farbe färbt aber auch die Helligkeit ein. Was von farbigen Flächen abgestrahlt wird, was, etwa durch einen Lampenschirm, gefiltert wurde, wirft farbige Reflexionsreste auf das Auge und ist, je nach Farbe, unterschiedlich hell. So ist rotes Licht dunkler als grünes. Und auch im Tagesablauf und je nach Sonnenstand und Jahreszeit wird das immer anders gefärbte Licht anders gefärbte Reflexionsreste als Farbe an unser Auge bringen.

Versuchen Sie dies einmal mit einem Meßgerät festzustellen, das es in fast jedem Haushalt gibt: Fotografieren Sie in regelmäßigen Abständen, ohne Kunstlicht vorerst, den Tag über immer das gleiche Motiv in Ihrer Wohnung. Schalten Sie dann für Aufnahmen zwischendurch auch das Kunstlicht an. Nehmen Sie am besten einen weißen Gegenstand mit ins Bild, vielleicht diese Buchseiten. Achten Sie dann später auf die Farbunterschiede auf den entwickelten Fotos. Sie sind deutlich sichtbar, obwohl sich doch beim Fotografieren für Ihr Auge nichts verändert hatte. Die Emulsion des Films, die Linse der Kamera, nichts hatte sich verändert. Und doch diese verschiedenen Farben im Raum?

Messen Sie auch mit dem Belichtungsmesser die Helligkeit draußen im Freien und dann im Innenraum. Versuchen Sie sich diese Helligkeitsunterschiede mit Zahlen bewußtzumachen! Draußen ist es – was das Auge aber keineswegs meldet – meist fünfzigmal heller als am hellen Fensterplatz drinnen. Ihr Sehsystem gleicht das alles aus. Das Weiß dieses Blattes im Buch erscheint Ihnen draußen ebenso weiß wie drinnen.

Natürlich stellt sich das Auge auch von selbst auf geänderte Lichtverhältnisse um. Die Pupille weitet und verengt sich automatisch wie die Linse einer elektronischen Kamera. Aber wird auch die Belichtungszeit länger? Schauen Sie langsamer, wenn weniger Licht auf das Motiv fällt?

Und nicht einmal das Helligkeits- oder Dunkelheitsempfinden ist bei allen Menschen gleich. Ältere, aber auch erschöpfte Menschen erleben die Welt dunkler. Bei gleicher Beleuchtungsstärke von 100 Lux kann der Lichtbedarf eines Sechzigjährigen doppelt so groß sein wie der eines Zwanzigjährigen, damit beide die gleiche Sehaufgabe gleich gut erledigen. Mit zunehmender Beleuchtungsstärke reduzieren sich die Unterschiede: Bei 900 Lux beispielsweise müßte der Ältere nur noch um 22 Prozent mehr Licht als der Jüngere bekommen.

Dieses relative Helligkeitsempfinden hat starken Einfluß auf das Wohnglück! Der ältere Mensch erlebt nämlich, weil sein Auge mehr Licht braucht, auch die Lichtreflexion, die Farbe, dunkler. Er lebt ja wie in einer Dämmerung. Ein Teil der Farbigkeit seiner Umgebung erhält für ihn so wenig Licht, daß ihm schon unter Raumlichtverhältnissen, die junge Menschen als normal empfinden, Rot, Braun, Türkis, Nußbaumfurnier oder dunkel gebeizte Eiche als Schwarz erscheinen können. Nun sind seine Farben, die die Wohnung angeblich so behaglich machen, zusätzlich ermüdend, deprimierend, leblos. Und meist genügt es nicht einmal, die Stärke der Glühbirne zu verdoppeln. Er sollte auch kälteres Licht haben, Licht, wie es im Süden verwendet wird, wo die Rottöne reduziert wurden, damit es etwas kühler wird.

Ich habe von einer Frau gehört, die ihrer alleinstehenden und deshalb in tiefe Depression verfallenen Mutter auf Anraten eines farbpsychologisch dilettierenden Einrichtungsberaters zur Vitalisierung eine rot-orange Zimmereinrichtung verpaßte. Was die Tochter aufregte und einen Blindenhund zum Knurren brachte, tötete die alte Frau, weil sie dieses Rot, das junge Menschen aktiv machen kann, weil es den Blutdruck hebt, als Schwarz erlebte. Sie lebte in einem schwarzen Zimmer! Und sie konnte nicht darübersprechen, denn ihre Umgebung war sich darüber einig, daß ihr Zimmer in Rot-Orange gehalten war. Wir wollen uns doch wenigstens auf unsere Augen verlassen können!

Das wenige Licht, das die Lackierung der Möbel übrigließ, wurde von der alten Frau nicht mehr registriert. Und so entstand, wo Möbel waren, für sie, was für uns ein tiefer Schatten oder späte Dämmerung bringt: zunehmende Schwärze.

Daß Licht, richtig eingesetzt, Produkte attraktiver macht, wissen seit einiger Zeit nicht nur die Lebensmittelhändler, die das rohe Fleisch in den Kühlvitrinen oder das Obst unter Spezialbeleuchtung anbieten. Auch der Handel für Möbel und Waren der Raumausstattung, der auch gern mit Wersprüchen aus der Farbpsychologie operiert, setzt bereits solche Spots ein.

Beachten Sie bei Ihrem nächsten Besuch im Möbelhaus die Beleuchtung der Schauräume! – Da gibt es an den Decken meist das gesetzlich vorgeschriebene Orientierungslicht, das den Arbeitsplatz der Möbelverkäufer auszuleuchten hat; meist Leuchtstoffröhren, mit oder ohne Abschirmung. Dazwischen manchmal noch Glühbirnen, das Licht, das von draußen durch die Schaufenster hereinkommt, Sonne, Schattenreflexionen, Farben, die sich aus der Umgebung des Geschäfts dazumischen, eventuell die Straßenbeleuchtung. Und dann das Licht, das eine wohnliche Atmosphäre schaffen soll und das der rührige Verkäufer anschaltet, sobald Sie Interesse zeigen. Ein wüster Lichtsalat also, der mit den Lichtverhältnissen in Ihrer Wohnung nichts zu tun hat. Von diesen aber sollten Sie ausgehen, denn dort müßten die Möbel ja wenigstens ebenso attraktiv wirken wie in der Koje des Schauraums.

Nicht einmal die Abstimmung von Farben vor den Geschäften, bei Tageslicht, entspricht den Verhältnissen in den eigenen vier Wänden, weil ja nur gleiche Farbpigmente in bewußter Abstimmung aufeinander, also das Farbprogramm, Übereinstimmung schaffen kann, wie sie wahrscheinlich all jene erwarten, die vor allem mit Farbe gestalten wollen.

Für Sie bieten sich zwei Auswege aus dem Dilemma an. Der erste: Suchen Sie Möbel und Ausstattung nicht wie Mode und die dazugehörigen Accessoires zusammen, sondern kaufen Sie sie wie Kosmetikartikel. In kosmetischen Kollektionen sind ganz bewußt Farbprogramme durchgehalten, vom Puder über den Nagellack bis hin zu Lippenstift und Schminke, eventuell sogar bis zur Haartönung. Die Hersteller sind darauf bedacht, Mattes und Glänzendes, in Fett oder Azeton Gelöstes, zu Talkum oder Harzen Gemischtes in einem immer genau passenden oder identischen Farbton zu halten.

Vielen Menschen setzen die hier erfahrenen Superlative den Maßstab auch für die Farbgebung und –Kosmetik ihres Wohnens. Und tatsächlich gibt es die Farberzeuger, die ganze Systeme für möglichst alle Anwendungsbereiche des Wohnens kreieren, so daß Fasernfärbungen mit Beizen und Lacken, sogar mit der Ledergestaltung abgestimmt sind, harmonisierend für jedes Licht geplant. Man muß sich dann nur um den Farbenzulieferer für die einzelnen Produkte kümmern, möglichst für alle denselben suchen und in einer seiner Kollektionen bleiben – ein nicht ganz einfacher, aber, gemeinsam mit dem wirklich guten Händler, der diesen Wunsch versteht, gangbarer Weg.

Der andere Weg ist meditativer und führt über das Erleben der Farbe im Raum, über das Erfühlen und langsame Aufbauen Ihrer persönlichen Farbharmonie. Dazu brauchen Sie Zeit. Denn – wie schon das Experiment mit dem Fotoapparat gezeigt hat -: Welches Licht auch immer auf diese Buchseite fällt, die Sie gerade lesen, und welche Farbe deshalb wirklich reflektiert wird, Sie werden dieses Blatt Papier so lange und gegen alle Wirklichkeit als Weiß erleben, bis Sie die tatsächliche Farbe wahrnehmen, auch die des Schattens, der fast niemals wirklich grau ist. Und dann werden Sie vielleicht eine Ahnung davon haben, wie Kunstmaler die Welt sehen.

Das neue Planen

Die folgende Übung soll das Buch abschließen und Ihnen ein letztes Mal jene Kräfte und Energien in Ihnen bewußtmachen, die Sie zur Planung Ihres Wohnens einsetzen können. Wieder brauchen Sie wenigstens eine Stunde Zeit an einem ungestörten Ort, am besten in dem – möglichst noch möbelleeren – Raum, den Sie gestalten wollen.

Bitte schließen Sie die Augen, und stehen Sie auf. Gehen Sie langsam einige Schritte, und konzentrieren Sie sich dabei auf Ihre Fußsohlen, die den Boden berühren, der Sie sicher tragen soll. Fühlen Sie Ihr Gewicht, das über diesem Boden in Bewegung ist, sich auf ihn aufsetzt, sicher haftet, in einer sanften, schweren Bewegung weitergeht, wenn die Fußsohle den Boden verläßt und sich auf den anderen Fuß verlagert, zuerst in einer sanften Berührung, dann mit stärkerem Druck, bis alles Gewicht auf ihm in Bewegung ruht, von der Ferse über die Sohle bis zu den Zehen nach vorn fließt, bevor der nächste Schritt erneute Verlagerung erfordert.

Stellen Sie sich nun, weiterhin mit geschlossenen Augen, die Farbe des Bodens vor, auf dem Sie so gehen wollen. Die für Sie sicherste Farbe, die Sie trägt. Sehen Sie diese Farbe vor sich? Ihre Kraft? Ihre Helligkeit? Ihre Intensität? Ihre Sicherheit? Liegt sie vor Ihnen?

Erinnern Sie sich an Farben, die vor Ihrem Schritt zurückweichen? Als sinke der Boden vor Ihnen ab wie ein Hang?

An Farben, die sich Ihren Füßen entgegenstrecken, so daß diese wie aufwärts steigen müssen, ehe sie Halt finden?

Sie aber gehen auf einer ebenen Farbe und erleben auch ihre Elastizität, die Sie sich genau einprägen.

Überprüfen Sie bitte Ihre Farbvorstellung und die Elastizität und Trittsicherheit Ihres Traumbodens, indem Sie so lange auf ihm bleiben, wie Sie wollen. Und genießen Sie ihn.

Öffnen Sie nun die Augen, und halten Sie die Farbe und das Material fest.

Ich stelle in meinen Seminaren dazu einen großen, mit verschiedenen Buntstiften und Kreiden gefüllten Topf auf den Tisch, damit jeder sich den ihm wenigstens annähernd entsprechenden Farbton heraussuchen kann, indem er eine Fläche damit bemalt und dazu seinen Boden auch mit Worten beschreibt.

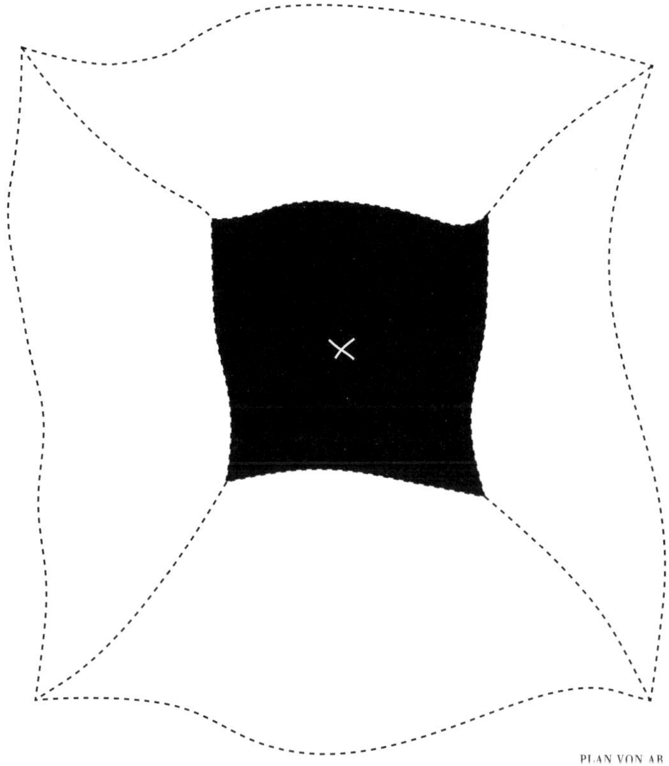

PLAN VON AB

Den Seminarteilnehmern stehen etwa hundert verschiedene Farbtöne zur Auswahl, aus denen sie die Farbe aussuchen, die sie am allermeisten anspricht und lockt. Dabei muß Ruhe sein.

Ausgewählt wird jener Farbstift, der in seiner Tönung und Konsistenz das für den einzelnen allerbeste Fußbodenmaterial wiedergibt. Trockene, fast staubige Kreiden werden ebenso angeboten wie glatte, fast schmierende Ölstifte. Der einzelne hat eine schwerwiegende, ernste Entscheidung zu treffen. Sie schafft Erfahrungen, erfüllt oder enttäuscht Erwartungen, bietet aber in jedem Fall einen Ausgangspunkt für Gespräche über Ein- oder Mehrfarbigkeit, Wünsche zur Griffigkeit der Oberfläche und damit zur Entscheidung über glatte, rauhe oder textile Böden, wie dicht, weich oder hart sie sein und was sie tatsächlich aushalten sollen. Denn je schmeichelnd-komfortabler, desto heikler wird ein Boden sein.

Und noch viele andere Wirkungen liegen in der Farbe.

Ich erinnere mich an eine Familie, die ziemlich weit oben im Hochhaus wohnte. Sie hatte einen Teppichboden in suggestivem, unendlichem Blau gewählt und wagte dann das Zimmer, in dem er lag, kaum zu benutzen. Alle Familienmitglieder fühlten die Höhenlage ihres Wohnens und eine unendliche Tiefe unter sich. Und bei jedem Schritt fühlten sie sich wie Seiltänzer über dem Abgrund schwebend, Halt suchend von Girlande zu Girlande, mit denen der Teppich gemustert war. Sie wagten es nicht, besonders wenn sie müde waren, das Blau zu betreten.

Die Mitglieder einer anderen Familie hoben, wie ich beobachten konnte, auf dem einfarbig tiefbraunen, hochflorigen Wollteppich ihres Schlafraums die Füße bei jedem Schritt deutlich sichtbar höher als auf dem glatten Fliesenboden der anderen Räume. Das Braun, sagten sie nach der Übung, käme ihnen gleichsam entgegen . Das gäbe ihnen zwar ein starkes Gefühl von Sicherheit, als würden sie aufgenommen, gleichzeitig aber war es ihnen, als wollte sie dieser Boden festhalten. Es kam ihnen so vor, erzählten sie, als wäre der Boden in seinem dunklen Braun unendlich tief.

Wie müßte ein Boden aussehen und sich anfühlen, auf dem Sie schreiten, wie einer beschaffen sein, auf dem Sie laufen wollen? Ein Boden, der aufhebt, und einer, der hinunterzieht? Und welche Wirkung soll der Boden in dem Raum haben, den Sie nun gestalten wollen? Und welche Hauptfarbe müßte er deshalb tragen? Wie soll seine Oberfläche beschaffen sein?

Bitte gehen Sie zu Ihrer Mitte des Raums, an jene Stelle, die Sie als Mittelpunkt erleben, in Balance zwischen der Fensterfront und der gegenüberliegenden Wand, in Balance zwischen der Tür und den anderen drei Wänden. Wenn Sie auf diesem Punkt stehen, schließen Sie wieder die Augen. Lassen Sie Ruhe in sich einziehen, indem Sie ruhig atmen und sich nur auf Ihren Atem konzentrieren, bis er wie von selbst fließt.

Und nun versuchen Sie, die Decke über Ihnen ebenfalls in den für Sie besten Abstand zu bringen. Näher zu Ihnen herunter oder weiter hinauf, wenn es nötig ist. Fühlen Sie Ihre Decke. Und fühlen Sie ihre Helligkeit und womit Sie sie bewegen können. Mit tiefer Dunkelheit? Mit heller Weite? Mit warmer Nähe? Mit kalter Höhe?

Beachten Sie bitte die Färbung Ihrer Decke und die Oberfläche, ob sie glänzend glatt oder rauh-matt ist in ihrer Tönung.

Und beachten Sie den Übergang dieser Decke zu den Wänden um Sie herum. Spüren Sie die weiche Kehlung oder die harte Ecke, den sanften Übergang von oben nach unten? Die beruhigend klare Linie, die Ihnen zeigt, daß die Platte über Ihnen sicher auf den Wänden aufliegt?

Und sind Wände um Sie herum, in denen Ihr Fühlen weitergehen kann, hinaus durch das Material und die Oberfläche hindurch? Oder sind es Wände, die Ihnen in Ihrem Tagtraum entgegenkommen, als bögen sie sich zu Ihnen hinab? Tief wie unter mattem Glas? Weich wie zum Hineinfassen? Im Wechsel von Vorder- und Hintergrund? Und was macht diesen Vordergrund und diesen Hintergrund aus? Sehen Sie Ihr Muster? Und Ihre Farben? Fühlen Sie diesen Raum um Sie, bis Sie sich ganz sicher sind, und genießen Sie ihn.

Und nun öffnen Sie wieder die Augen, und halten Sie die Farbe und die Oberfläche, den Glanz oder die Mattheit, die Glätte oder die Rauheit Ihrer Decke fest. Und beschreiben oder zeichnen Sie den Übergang von der Decke zu den Wänden, auch in seinen Farben, Oberflächen und Mustern.

In der Innenarchitektur gelten alle diese Wirkungselemente als optische Tricks: die Farben für Wände, Decken und Fußböden und deren graphische Gestaltung, der Hoch-, Längs- oder Querstreif einzelner Bauteile, die Helligkeit oder Dunkelheit der Decke, die Wahl kalter oder warmer, nach vorn kommender oder zurückweichender Farben. Mit ihnen, heißt es, ließen sich Raumproportionen korrigieren. Und tatsächlich sind die kalten, das heißt blauhaltigen, und die warmen, das heißt rothaltigen Farben, die aufwärtsweisenden, schlankmachenden Vertikalstreifen und die in die Breite weisenden, sich also horizontal ausdehnenden Linien ebenso wirksam wie die harte Kante zwischen den Wänden und der Decke, die streng begrenzend die Höhe zeigt, oder der weiche Übergang, der die Decke noch etwas zu heben scheint, angenehme Hilfen bei der Gestaltung von Räumen. Aber nicht auf den Raum selbst kommt es an, sondern auf seine auf den einzelnen Menschen abstimmbare Wirkung. Ästhetik und Proportion sind Mittel zum Wohlfühlen – nicht für den außenstehenden Gestalter, sondern ausschließlich für den Benutzer.

Und da gibt es wieder Menschen, die lieber quadratische Räume haben, während andere längliche Räume bevorzugen. Menschen, die die hohe Decke brauchen, während andere am liebsten dicht unter ihr leben wollen, umgeben von dicken Wänden, die fast schon wie Gewölbe wirken, oder von klaren, stabilen, dünnen Hüllen, die noch zusätzlich Bewegungsraum freigeben, der sonst verbaut wäre. Manche leben gern zwischen leerstehenden Ecken im Raum. Andere möblieren gerade von den Ecken ausgehend, um ihr Zentrum freizuhalten.

Welchem Typ sich der einzelne zugehörig fühlt, kann nur er selbst herausfinden. Kein Berater kann das für ihn übernehmen. Er tut, immer in bester Absicht, möglicherweise genau das Gegenteil von dem, was die Typenzugehörigkeit seines Kunden erfordern würde.

Der aber muß dann in diesen Räumen leben und sollte sie deshalb auch selbst erträumen! – Die erwünschte Wirkung jeder Wand festlegen: ob sie nach vorn kommen soll – dann dürfen dort auch Möbel stehen; ob sie zurückweichen soll – dann könnten dort Spiegel, ein Bild, die entsprechende Färbung und Bemusterung, der entgegenkommende Glanz oder die zurückweichende Mattheit eingesetzt werden.

Und nun konzentrieren Sie sich mit geschlossenen Augen in der Mitte Ihres Raumes stehend ein letztes Mal, bevor Sie das Buch schließen. Fühlen Sie Ihren Raum, in dem noch alles geschehen kann. Und lassen Sie nun Ihre Wohnwerkzeuge, die Möbel, aus den Wänden wachsen. Sie wissen ja durch die vielen Übungen inzwischen genau, was Sie sich erträumen. Nun kommen Ihnen aus den Wänden, aus den Ecken, aus dem Raum, der Sie umgibt wie Ihre Haut, all die Dinge entgegen, die Sie zum Leben hier brauchen. Die Ablagen gleiten in die Griffweite Ihrer Hände, die Aufbewahrungsmöbel, die alles, was Sie brauchen, für Sie bereithalten, übersichtlich vor Ihre auswählenden Augen und die zugreifenden Arme, die Sitze dorthin, wo Sie in Ihrem Rücken Schutz und nach vorn Aussicht brauchen, damit Sie sich sicher fühlen und zuhören, vor allem in sich hinein.

Sie erleben auch das Tageslicht und wie es von der künstlichen Beleuchtung unterstützt, ergänzt und ersetzt wird. Und Sie heben den Arm, der Ihr stärkerer ist, mit dem Sie die meisten Tätigkeiten verrichten, und sehen, ob er Ihnen Schatten dorthin wirft, wo Sie Licht und Helligkeit erwarten und Aufhellung nötig wäre. Künstliche Beleuchtung soll das Tageslicht ergänzen oder ersetzen. Die Leuchte gehört also für Menschen, die in der Morgen- oder Abenddämmerung tätig sind, auf jene Seite des Tisches oder Raums, von dem auch das Tageslicht einfällt, sollen Doppelschatten, Zwie- und ungeordnetes Mischlicht und der Schatten vermieden werden, durch den Arm oder Körper genau dort Dunkelheit schaffen, wohin sie sich zielsicher bewegen müssen.

Sie drehen sich langsam um Ihre eigene Achse und betrachten Element für Element, wie jedes Raumdetail für Sie entsteht, für alles, was Ihr künftiges gutes Leben ausmacht, das Sie in diesem Raum führen werden.

Und Sie denken an viele Details, an den Lichtschalter, den Ihre Finger gern berühren wollen, wie an die angenehmen Griffe an den Türen. Sie sind angekommen und daheim, und alles ist, wie Sie es sich wünschen und wie Sie es daher auch brauchen. Alles stimmt, die Helligkeit, die Wärme, der Raum, der Ihnen bleibt und den die Möbel ergänzen.

Und nun, da Sie alles für sich genau wissen, zeichnen Sie diesen Raum auf. Sie machen einen Grundriß. Ganz allein für sich und nur geleitet von Ihrem ehrlichen Empfinden, damit Sie sich wohl fühlen, ohne irgend jemandem gefallen zu müssen, ohne irgend jemanden übertrumpfen zu wollen. Voll bewußtem Machtverzicht. Nur für sich, weil es der Raum ist, in dem Sie viele Stunden Ihres privaten Lebens verbringen und sich dabei wohl fühlen wollen, eins mit Ihrer Umgebung und deshalb frei und offen für alle, die mit Ihnen leben.

Und wenn auch alle anderen, die mit Ihnen leben, ihre Pläne nach diesen Grundsätzen aus sich wachsen ließen mit den Übungen dieses Buches, so liegen nun die Vorstellungen aller gemeinsam auf dem Tisch. Jetzt ist klar, was jeder will und jeder braucht. Und jetzt können Sie das Miteinanderleben gemeinsam beginnen.